卓越经管人才培养系列教材

国际税收

汤旖璆 主编

科学出版社

北京

内 容 简 介

国际税收是一门理论与实践紧密结合的学科。随着经济全球化的影响日益加深，国际税收领域发生了系列重大变革，国际税收秩序也经历了重塑。本书在全面、准确地阐述国际税收基本理论的基础上，结合大量教学案例，根据各国相关税法，详细介绍国际税收制度、规则和管理办法，同时也分析了近年来国际税收领域的重要发展趋势，以培养学生运用理论工具分析和解决实际涉税问题的能力。

本书能够满足财政学、税收学、会计学等相关专业本科生及研究生的教学需求。

图书在版编目（CIP）数据

国际税收/汤旖璆主编. —北京：科学出版社，2024.5
卓越经管人才培养系列教材
ISBN 978-7-03-078411-7

Ⅰ. ①国⋯ Ⅱ. ①汤⋯ Ⅲ. ①国际税收-教材 Ⅳ. ①F810.42

中国国家版本馆 CIP 数据核字（2024）第 078606 号

责任编辑：王京苏 / 责任校对：贾娜娜
责任印制：张 伟 / 封面设计：有道设计

科 学 出 版 社 出版
北京东黄城根北街 16 号
邮政编码：100717
http://www.sciencep.com
天津市新科印刷有限公司印刷
科学出版社发行 各地新华书店经销

*

2024 年 5 月第 一 版　开本：787×1092　1/16
2024 年 5 月第一次印刷　印张：13 1/2
字数：318 000
定价：58.00 元
（如有印装质量问题，我社负责调换）

前　言

近年来，国际税收领域的政策变化非常快。从国际上看，特朗普当选美国总统后，加快推进美国的税收制度改革——自2018年开始，不仅美国公司所得税的税率大幅下降，而且美国采用的避免国际重复征税的方法改成了免税法。经济合作与发展组织（Organisation for Economic Co-operation and Development，OECD）在推出了15项应对BEPS（Base Erosion and Profit Shifting，税基侵蚀和利润转移）行动计划后，对《经济合作与发展组织关于避免对所得和财产双重征税的协定范本》（简称《经合组织范本》）和《跨国企业与税务机关转让定价指南》都进行了修订。此外，许多国家对各自的国际税制也进行了相应的改革。从国内看，党的十八大以来我国财税部门出台了一些新的国际税收政策和法规，修改了外国税收抵免政策，完善了"受益所有人"的判定标准。此外，2018年修订的《中华人民共和国个人所得税法》也于2019年1月执行，这些新的变化都要求一本"与时俱进"的国际税收书籍来反映，也便于读者了解国际税收领域的新内容。除了反映国际税收领域的新变化之外，本书还更新了许多数据资料，加入了很多案例，尽量贴近生活。

党的二十大报告指出："我们要坚持教育优先发展、科技自立自强、人才引领驱动，加快建设教育强国、科技强国、人才强国，坚持为党育人、为国育才，全面提高人才自主培养质量，着力造就拔尖创新人才，聚天下英才而用之。"教材是教学内容的主要载体，是教学的重要依据、培养人才的重要保障。在优秀教材的编写道路上，我们一直在努力。

本书由汤旖璆担任主编，各章节安排如下：第一章由许方懋编写；第二章至第六章由汤旖璆编写；第七章至第八章由卢光熙编写；第九章由施洁编写。全书由王佳龙校对，汤旖璆总纂定稿。

当然，由于作者水平的制约，本书难免存在不尽如人意之处，衷心希望广大读者提出宝贵意见，以供修订采纳。

汤旖璆

2024年1月20日

目　录

第一章　导论 ··· 1
　　第一节　国际税收的含义 ······································· 1
　　第二节　国际税收问题的产生 ··································· 4
　　第三节　国际税收的发展趋势 ··································· 8
　　第四节　国际税收的研究对象和范围 ····························· 11
第二章　税收管辖权 ··· 17
　　第一节　税收管辖权的含义与类型 ······························· 17
　　第二节　地域管辖权 ··· 20
　　第三节　居民管辖权 ··· 31
第三章　国际重复征税 ··· 43
　　第一节　国际重复征税的概念和分类 ····························· 43
　　第二节　国际重复征税的成因 ··································· 45
　　第三节　国际重复征税对经济的影响 ····························· 47
第四章　国际重复征税的解决办法 ····································· 50
　　第一节　减除国际重复征税的思路、原则与方式 ··················· 50
　　第二节　减除国际重复征税的办法 ······························· 54
　　第三节　税收饶让 ··· 77
第五章　国际避税 ··· 85
　　第一节　概念界定 ··· 85
　　第二节　国际避税地 ··· 90
　　第三节　国际避税主要方法 ····································· 101
　　第四节　滥用税收协定 ··· 119
第六章　转让定价的税务管理 ··· 125
　　第一节　关联企业与关联关系概述 ······························· 125

第二节　转让定价发生的领域·····································128
　　第三节　转让定价与国际避税·····································130
　　第四节　调整转让定价的原则与方法·····························134
第七章　其他反避税法规与措施···145
　　第一节　受控外国公司法规··145
　　第二节　防止滥用税收协定··151
　　第三节　限制资本弱化法规··155
　　第四节　限制避税性移居···160
　　第五节　应对间接转让股权的反避税措施·······················162
第八章　国际税收协定···164
　　第一节　国际税收协定概述··164
　　第二节　国际税收协定的主要内容·································168
　　第三节　《经合组织范本》和《联合国范本》的主要区别·······180
　　第四节　中国对外缔结税收协定的情况···························183
第九章　商品课税的国际税收问题··191
　　第一节　关税制度的世界性协调····································191
　　第二节　商品课税管辖权原则的世界性协调····················199
　　第三节　区域经济一体化与商品课税的国际协调···············202
参考文献···207

第一章

导　论

■ 第一节　国际税收的含义

一、什么是国际税收

税收是政府为提供公共产品服务和履行其职能，凭借政治权力，无偿地向社会成员征收实物或者货币来筹集收入的方式，是取得财政收入的基本手段。取得这种收入的重要前提是拥有政治权力。税法是主权国家的产物，不是国际性的，而国际社会并不存在超国家的政治权力，不存在高于主权国家的国际税收法律。那么，什么是国际税收？"国际税收"一词该如何界定？国际税收问题并不是国家税收产生以来就有的，而是随着国与国之间经济贸易的发展而产生和发展的，是历史发展到一定阶段的产物。由于国与国之间税收制度存在差异和冲突，当商品、资本、人员、劳务和服务等资源发生跨境流动，或者发生跨境经济活动时，国际税收问题便伴随着国际经济活动产生了。

（一）国际税收的概念

尽管国际税收问题由来已久，但是对于其概念的界定，学术界仍然存在很多不同观点。葛惟熹认为，国际税收分配就是指两个或两个以上国家政府，在对跨国纳税人行使各自的征税权力而形成的征纳关系中，所发生的国家之间对税收的分配关系。范信葵认为，国际税收是两个或两个以上的国家政府凭借其政治权力，对跨国纳税人的跨国所得或财产进行分别课税，由此产生的国家之间的税收分配关系的总和。杨志清指出，国际税收是两个或两个以上的国家政府，各自基于其课税主权，在对跨国纳税人进行分别课税而形成的征纳关系中，所发生的国家之间的税收分配关系。

基于以上认识，本书对国际税收的概念给出定义。

国际税收是在开放经济条件下，由于国与国之间税法差异或冲突，在商品、劳务、资本、人员、服务等资源跨境流动和跨境经济活动的过程中，产生的税收问题及其解决机制。因此，国际税收存在两个重要前提：一是跨境经济活动的产生和社会资源的跨境流动，二是国与国之间的税法存在差异或冲突。在封闭的经济条件下，不存在跨境经济活动和资源跨境流动，国家只针对本国社会资源和经济活动征税，更不存在国家之间税法差异和冲突的问题。在开放经济条件下，一国的商品、资本、人才等会随着国际贸易流入他国；一国的纳税人可以从境外取得收入、拥有境外财产及从事境外投资等国际经济活动。由于国与国之间的税法存在差异，从事跨境经济活动的纳税人除了服从母国的税收法律制度，还必须尊重相关利益国家的税收制度；另外，跨境经济活动使得各国面对税收管辖权、国际重复征税、国际避税等具体问题；探讨以上两大问题的解决框架和机制便是国际税收研究的主要问题。

（二）理解国际税收的两个方面

国际税收不是国家税收，不是外国税收，更不是关税。可以从以下两个方面进一步去理解国际税收的含义。

1. 涉及国际税收问题的具体场景

从抽象场景来说，国际税收问题就是商品、资本、人才等资源跨境流动过程中，国与国之间税法存在差异和冲突而导致的税收问题。将商品、资本等资源流出国称为母国或居民国，将资源流入国称为来源国。在商品、资本、人员等资源跨境流动的过程中，企业和个人会面临一些独特的税收问题，如企业和个人在来源国取得的收入如何纳税，向居民国纳税还是收入来源国纳税，这就是税收管辖权中的一个重要问题。

就具体而言，通常以下行为可能会涉及国际税收问题：

（1）居民企业和个人出境：①某国个人赴境外生活或工作。②某国企业或个人赴境外销售商品。③某国企业或个人在境外提供服务。④某国企业或个人向境外提供商标、技术并收取特许权使用费。⑤某国企业或个人向境外机构提供资金并收取利息。⑥某国企业或个人向境外投资。⑦某国企业或个人转让其在境外的财产。

（2）非居民企业或个人入境：①某国企业或个人聘用境外人员在境内工作。②境外企业在某国境内销售商品。③某国企业或个人接受境外企业的服务。④某国企业或个人使用境外企业或个人的商标、技术并对外支付特许权使用费。⑤某国企业或个人向境外融资并支付利息。⑥某国企业或个人向境外母公司支付股息。⑦境外企业或个人转让其在某国的财产。

实际上，除了以上情况，由于居民企业和个人出境、非居民企业或个人入境而产生的国际税收问题很多，在此只列举一些比较常见的情况以帮助读者理解国际税收问题。

2. 国际税收的两层含义

1）国际税收与国家税收的联系和区别

不论是国际税收还是国家税收，都是对收入进行再次分配，都体现着财富在不同主体之间的分割和转移，都需要凭借国家的政治强制力进行征收。但税收作为一国主权在税收领域的体现，必须在一定的政权管辖范围内、依附于主权国家的征纳双方。因此，国际税收不能离开国家税收而单独存在。

国家税收反映的是在一国内的税收征纳关系，是凭借国家政治权力向纳税人强制进行的物质产品的分割转移，处理的依据是国家法律、法规。国际税收源于国家之间的经贸往来，其本质是国与国之间的税收分配和税收协调问题，处理国际税收问题的规范是国与国之间税收协议或在国际社会起到示范作用的税收协定。

2）国际税收不能离开跨国纳税人而存在

如果不存在跨国资本、人员和服务等资源的国际流动，就不存在国际税收分配关系。在封闭经济情况下，纳税人纳税义务被限制在一国范围内，便不存在跨国纳税人，每一个纳税人都只承担某一个国家的纳税义务，那么国家与国家之间便不存在税收分配关系。在开放经济中，纳税人一旦产生跨国经营、所得或拥有财产等，就可能需要同时承担几个国家的纳税义务，形成跨国税收分配关系。所以，上述概念特别指明，国际税收分配所依附的国家税收分配中的缴纳者，必须是跨国纳税人。

二、国际税收的目标

国际税收在国际经济活动中产生，对国际经济活动的影响不容忽视，一国在制定国际税收政策法规或者国与国之间在进行税收协调时，都应该推进以下三个目标。

（一）保证主权国家应有的税收权益

国际税收产生于国际经济活动，将税收对国际经济的负面影响降到最低也是其研究的目标之一。对某一主权国家而言，为确保国家之间税收分配的公平，首先要做的是保护其国内税基，其次是制定并完善其国际税收政策法规，确保主权国家应有的税收管辖权和税收收入，确保国家之间税收分配的公平。

（二）促进纳税人税收负担公平

从跨国纳税人所得课税方面考虑：当纳税人产生跨国所得时，出于所得税调节收入分配的考虑，无论跨国纳税人所得来源如何，我们都应该对纳税人的境内外所得进行全面考察，并施以公平合理的税收负担使其与自身纳税能力相对应，以达到公平。另外，随着国际经济的发展，跨国所得来源越来越多样化。例如，某 A 国居民纳税人在 A、B

两国都有所得和经营收入，但由于国与国之间的税收合作不充分，该收入既逃过了 A 国的征税也逃过了 B 国的征税。所以，各国应该进行较强的税收合作并制定适当的国际税收规则，共同对跨国纳税人施以公平合理的税收负担，并且在核定征收环节与外国合作，来促进纳税人税收负担的公平。

（三）促进资本输入、输出中性，维护平等的国际经济贸易关系

单从某一国来看，国际税收政策体系既要关心非居民的福利，也要充分考虑本国公民的经济利益，在与他国签订税收协定和制定本国国际税收政策时，应该着力于提高本国的经济竞争力。但在开放经济条件下，本国的国际税收政策应致力于消除可能导致资本和就业外流，或者限制资本和就业输入的规定，促进资本输出和资本输入中性。长期来看，税收竞争或者报复性国际税收政策会损害政府对流动资本所得进行公正、有效的征税的能力，进而损害本国财权利益。

资本输出中性要求各国国际税收政策既不鼓励也不限制资本外流，但在实践中，政策制定者们通常认为，资本流入是有益的，会制定相应的经济政策鼓励；同时认为资本外流会减少国民财富，通常会采取措施限制资本外流。实际上，采取限制资本外流的政策可能也会限制资本流入。例如，如果向非居民企业征收过高所得税，则可能减少非居民企业向该国的投资。另外，为避免国际重复征税，对本国居民控制的外国公司所取得的来源于境外的所得应当不予征税。因此，在制定国际税收政策时，其目标应该是促进资本输入和资本输出中性，维护平等的国际经济贸易关系。

第二节 国际税收问题的产生

国际税收问题并不是第二次世界大战以后才出现的，它成为税收学的重要分支，是一个循序渐进的过程，是人类文明发展到一定程度的结果。但在第二次世界大战以后，国际经济往来日益频繁，经济生活越来越趋向于国际化，跨境商品流通、跨境劳务所得和跨国拥有财产等活动使得国际税收越发受到世界各国的重视，对国际经济活动产生了重要影响，也逐渐成为税收研究的重要课题，国际税收问题受到越来越多的关注，税收学的研究延伸到国际领域。本节首先分析国际税收的产生条件，然后分别阐述商品课税、所得和财产课税国际协调活动从酝酿到最后形成的整个发展过程。

一、国际税收产生的前提条件

根据税收的定义，税收是一种具有法律强制性的征纳关系，它是一国政府凭借其政治权力，与其辖区内的纳税人之间所发生的征纳关系。由此可见，税收的产生有两

个前提：一是政治条件，即国家的产生和发展，税收的无偿性、强制性和固定性是由国家政治权力来保证的。二是经济条件，即私有财产制度的产生和发展。公民没有私有财产，所有财富都属于国家，征税就无从说起。只有具备以上两个条件，才能产生税收。

从税收产生和发展的历史进程来看，其征纳关系长期被严格限制在一国范围内，国家之间在税收分配上的关系几乎为零。国际税收则不然，从理论上讲，国际税收产生的基础是国家税收。具体来看，国际税收的产生也有两个重要前提：一是商品、资本、服务等的国际流通，这是国际税收产生的直接原因；二是世界各国普遍征收商品劳务课税、所得税和关税等税种并行使不同的征税权力，这是国际税收产生的根本原因。以上两个前提，使得国家之间存在税收分配关系，并且需要进行国家之间的税收协调。

（一）商品、资本、服务等资源在国际社会普遍流通与国际税收的产生有直接的必然联系

商品、资本、服务等资源在国际社会普遍流通是国际税收产生的基础。当纳税人从事跨国经营、从事劳务等国际经济活动后，便会产生跨国收入或者产生跨境商品交易，从而形成跨国经营或劳务所得，使得商品劳务课税、所得课税等税收分配关系跨越了国境，两个或两个以上国家出现共同的征税对象，征纳关系也就有可能跨越国境，有关国家便需要协商针对同一个征税对象的国家间的税收分配问题。跨国商品、资本、服务等国际经济活动的普遍出现为国际税收的产生提供了前提条件。

（二）商品课税、所得税等税种在世界各国的普遍征收和不同税收管辖权的行使同国际税收的产生有着本质的联系

商品、资本、服务等资源在国际社会普遍流通为国际税收的产生提供了物质基础，而商品课税、所得税等税种在世界各国的普遍征收和各国行使不同的税收管辖权则是国家间税收分配关系的发生根源所在。由于国际经济的发展和壮大，大量的跨国商品、资本和服务流动使得商品课税、所得课税等税种成为国家税收的主要收入来源，由于各国税制不尽相同，对以上税种行使不同的税收管辖权，国家间在这些税收领域的利益冲突便成为国家间税收分配最本质的矛盾。

相比过去很长一段时间，当代社会商品经济已经取得了长足发展，劳务所得普遍成为居民的主要收入，国际经济与贸易的发展已经相当成熟，所以各国将商品课税、所得税等税种列为国家税收收入的主要来源；国家与国家之间由于国情不同，税制体系不同，行使着不同的税收管辖权。以上两个因素同时出现，使得国际税收问题产生和发展，并成为目前税收学研究的重要课题。

二、国际税收形成的历史进程

人类进入资本主义社会以后，国际经济活动日益频繁，诸多国际税收问题在日益频繁的国际经济关系中逐渐露出雏形。国际税收产生的历史并不长，但国际税收的产生对国际经济产生了一定的影响，国际经济的发展也需要国际税收制度的配合。本节将从历史发展的角度，从商品课税和所得、财产课税的国际协调活动两个方面阐述国际税收产生的全过程。

（一）商品课税国际协调活动的产生

在商品课税国际协调活动早期，关税一直是商品课税国际协调的唯一领域。在重商主义时代以前，关税仅仅作为一国的财政收入手段，筹集财政收入的功能更加明显。重商主义认为，一国积累的金银越多就越富强。主张国家干预经济生活，禁止金银输出，增加金银输入。重商主义时期，各国纷纷采取贸易保护政策，对进口制成品征收高额关税以限制进口，对进口原料和出口产品给予关税减免以鼓励出口。由于各国都力图通过奖出限入来实现本国贸易顺差和财富积累，所以国际贸易摩擦不断，这种摩擦逐渐演变成关税战和贸易战，甚至升级为军事战争，给交战双方带来了巨大损失。

为避免经济战争和军事战争，重商主义后期，各国开始寻求用协调关税的方式调节国际贸易摩擦。但国际社会的认识还停留在贸易顺差积累财富的层面。例如，1703年，英国与葡萄牙签订《梅休因条约》（Methuen Treaty），英国对葡萄牙的葡萄酒给予关税优惠，葡萄牙对英国的呢绒和其他毛织品给予一定的关税优惠。虽然当时的英国愿意与葡萄牙签订关税协定，但当法国想跟英国进行类似的关税协调时却遭到英国拒绝，因为这不能保证英国从中获利。

从历史发展的角度看，主要是因为当时的国际经济发展还不够成熟，两国不能在该关税协定中实现互惠互利，所以关税协调的基础并不稳固。再者，受重商主义思想影响，这种国际关税协调活动还不是国际社会的主流，当关税协定不能给本国带来好处时，各国宁愿进行贸易战也不愿进行税收协调。

随着资本主义的发展，生产力大大提高，各国国内市场已经无法完全消化自身的生产力，各国纷纷寻求海外市场。而且随着机器大工业的发展，各国开始寻求国际分工协作以实现优势互补，提高本国的生产力。19世纪60年代，资本主义国家经济实力已经有了很大提高，关税壁垒逐渐成为阻碍各国工业发展的障碍，关税战最后的结果对双方都不利，各国开始在平等原则下签订关税协定。然而国际税收的发展并不是一帆风顺的，当各国经济发展不平衡时，经济实力薄弱的国家又会转向贸易保护主义。第二次世界大战结束以后，国际政治经济格局发生重大变化，世界各国签订《关税及贸易总协定》，《联合国关于发达国家与发展中国家间避免双重征税的协定范本》（简称《联合国范本》）和《经合组织范本》相继发布并多次修订，国际税收分配关系逐步趋于合理，国际商品课税向更加纵深发展。

（二）所得、财产国际税收问题的产生

伴随着商品课税国际协调的产生，所得课税的国际协调活动也随之而来。由于国际经济的发展，人员的国际流动也变得十分寻常，当一国的纳税人在境外取得收入时，根据税收管辖权属人原则，纳税人应就这种境外所得在本国纳税，而根据税收管辖权属地原则，这种境外所得也应该在所得来源国纳税，从而导致国与国之间出现所得税的国际重复征税。

在这种跨国所得产生的早期，所得税并不是世界各国的主流税种，因此并没有引起各国的重视。19世纪末20世纪初，资本主义国家税制结构开始发生变化，各国税制结构开始由商品课税为主转向以所得课税为主。20世纪中后期以后，所得课税普遍成为世界各国税收收入的主要来源之一，各国开始重视跨国所得课税问题。19世纪后期，跨国投资所得逐渐增加，投资所得国际重复征税问题开始受到国际社会重视。起初一些国家开始单方面进行国际重复征税的减免，再后来一些经济联系密切的国家通过签订避免双重征税协定的方式来解决国际重复征税问题。以此来达到消除跨国投资税收障碍、促进本国经济发展的目的。OECD国家主要税种收入占税收收入总额的比重，如表1-1所示。

表1-1　OECD国家主要税种收入占税收收入总额的比重

年份	商品劳务税	公司所得税	个人所得、工资税	财产税
1965	37.74%	8.60%	28.42%	7.48%
1975	31.93%	7.33%	33.02%	5.91%
1985	32.21%	7.98%	32.42%	5.12%
1995	33.16%	7.93%	26.97%	4.87%
2005	32.41%	9.90%	25.06%	5.32%
2015	32.12%	8.19%	25.74%	5.56%

资料来源：https://data.oecd.org

财产税在西方国家有很较长的历史，是某些国家的主要税种之一。随着国际投资活动的频繁，财产跨国拥有和国际财产的重复征税问题逐渐引起了各国的关注。此后，为避免国际重复征税，所得课税和财产课税的国际协调成为首要任务。

跨国公司的发展不仅加剧了国际重复征税问题，也带来了国际避税和转让定价问题。某些跨国公司为实现自身利益最大化，在海外设立分支机构，必要时通过转让定价将利润转移到低税国去实现以达到避税的目的。这种情况会影响高税国的税收利益，一些国家通过立法的形式限制跨国公司的转让定价行为。国际税收历史事件时间表，如表1-2所示。

表 1-2　国际税收历史事件时间表

时间	具体事件
1843 年	法国与比利时签订人类历史上第一个国际税收协定，以促进两国税收情报互换和相互合作
1872 年	英国与瑞士签订世界上第一个避免财产税国际重复征税的协定
1899 年	奥匈帝国与普鲁士王国签订世界上第一个综合性的税收协定，进行了两国某些国际税收权益的划分
1922~1928 年	1922 年国际联盟成立税务工作小组，工作小组在 1922~1927 先后起草了 4 个双边税收协定文件，提供给世界各国作为参考。并于 1928 年对文件作出修订，首次提出"常设机构"一词
1929~1935 年	1929 年国际联盟成立财政委员会，通过多方调研和多次讨论起草了关于国家间所得课税的税收协定范本，并于 1935 年在财政委员会全体会议上修改并批准为"1935 年协定范本"
1940~1943 年	1940 年，国际联盟财政委员会对 1928 年和 1935 年的税收协定范本做出修订，1943 年又于墨西哥城召开会议拟订新的税收协定范本，该范本采取资本输入国有利的课税原则，规定非居民所得由来源国征税、经营所得由实际经营地征税，被称为"1943 年墨西哥协定范本"
1946 年	1946 年，国际联盟财政委员会对 1943 年范本再次修订，对股息所得实行有限制的来源国课税
1956~1963 年	1956 年，欧洲经济合作组织财政委员会宣告成立，并于 1958 年开始拟订新的国际税收协定范本，被称为"1963 年 OECD 协定范本草案"，得到了国际社会的广泛认可
1967~1977 年	1967 年 OECD 财政委员会开始对 1963 年范本加以丰富，并于 1977 年发布，被称为"1977 年 OECD 协定范本"
1977~1979 年	1977 年，联合国专家小组起草并修订了《联合国关于发达国家与发展中国家间避免双重征税的协定范本（草案）》，最后于 1979 年发布该范本

第三节　国际税收的发展趋势

税收问题和经济问题是密不可分的，同样国际税收问题和国际经济问题也是密不可分的。第二次世界大战以后，世界政治经济格局发生重大变化，世界经济一体化进程迅速加快，跨国商品、资本、劳务服务流动频繁，国际贸易、国际投资十分便利。区域经济一体化和国际组织如雨后春笋，对国际税收的协调起到了不可替代的作用，总结国际税收，有以下几个发展趋势。

一、经济全球化下的国际税收协调活动

在经济全球化的趋势下，为消除本国税制对商品、资本等要素国际流动的消极影响，维持国际经济关系的平衡，世界各国开始修改本国税制，推进或共同促成区域经济一体化、建立、参与国际组织。在国际社会的共同推动下，各国纷纷签订自由贸易协定，大幅降低了商品课税（包括增值税、消费税和关税）对国际贸易的影响，国际税收协调迎来更广阔的前景。

（一）商品课税国际协调

第二次世界大战以后，世界各国普遍渴望和平与发展，为了促进关税降低、消除贸

易壁垒、促进国际经济发展，在关税及贸易总协定（简称关贸总协定）的主持下，世界各国进行了八轮降低关税和消除贸易壁垒的谈判，致力于在全世界范围内降低关税。1954年，法国为了减轻关税降低对国内财权利益的影响，开始征收增值税，之后其他国家纷纷效仿，并且尽可能在制度设计上减少税制对国际贸易的影响。为解决增值税的国际重复征税问题，国际社会规定统一由商品进口国课征增值税，出口国在商品出口环节将该商品在国内流通环节缴纳的税款退还给出口商。2008年，南部非洲发展共同体14国设立自由贸易区，旨在消除成员国之间商品课税（主要是增值税、消费税）的关税壁垒，推动区域贸易发展。

（二）所得课税国际协调

1985年以后，以美国为首的资本主义国家开始大幅降低公司所得税税率，进行扩大税基和简化税制的改革，进入21世纪以后，各发展中国家也纷纷效仿，通过降低税率减轻企业负担，同时扩大税基、简化税制。这样的改革使得世界各国税收收入普遍上升，成为国际社会的主流。1996年，OECD开始着手协调日益激烈的跨国所得税收竞争问题，国际避税地首当其冲成为OECD的关注对象。经过国际社会长达13年的努力——2009年，避税地国家均从OECD"不合作避税地"名单中除名，避税地国家与各国签订的税收情报交换协定超过300个。2017年，美国政府公布其税制改革方案，将企业所得税税率从35%降至15%。美国作为全球超级大国，这种行为将引起全球所得税的减税大潮。现在乃至今后一段时期，防止所得税国际竞争的最优方案仍然是进行国际所得税税率、税基的协调，区域经济一体化组织和国际组织将继续发挥重要作用。

二、跨境电商给国际税收带来新的挑战

第二次世界大战以后，国际政治经济格局发生重大变化，国际关系缓和，和平与发展成为时代的主题，加之新科技革命的推动，跨国公司迎来了蓬勃发展的黄金时代。20世纪70年代，全球的跨国公司约有7 000家，到90年代则有36 600家，截至2008年，这一数据上升至82 000家。在国际投资取得长足发展的同时，互联网信息与技术也取得了很大的发展，尤其是进入21世纪以后，伴随着电子商务，互联网信息与技术更是取得了突飞猛进的发展。1999年全球互联网用户为1.5亿人，2009年增加到17亿人，2019年更是突破了40亿人。国际互联网用户快速增长且规模巨大，推动了数字经济的大发展。以中国为例，2001年中国电子商务交易总额为540亿元，而2018年11月11日中国阿里巴巴旗下的天猫商城仅一天的交易额就达到了2 100亿元。跨境电商给国际税收带来的挑战，如表1-3所示。

表 1-3　跨境电商给国际税收带来的挑战

序号	存在的困难和挑战
1	跨境电商纳税主体通过网上交易，足不出户即可完成，脱离了地域限制，相关税收管辖地难以确定相应的纳税主体
2	跨境电商交易中，既可以交易有形商品，又可以交易无形的商品和服务。当商品和服务以数字化的形式存在时，征税对象难以确定，加剧了国际避税问题
3	跨境电商交易便捷、多渠道、少环节等特点给环环相扣的传统纳税体系带来挑战，国际税收数字化能力亟待提升
4	由于电子商务的虚拟化特点，商品的生产地、销售地难以确定，进而引发各国税收管辖权冲突
5	数字经济条件下商品和服务交易具有隐蔽性，税务机关对纳税人的交易信息、收入确认时间等信息监控困难，难以确定纳税人纳税期限，增加了税收征管的复杂性

跨境电商在全球互联网信息技术不断进步的背景下迅速发展，使得国与国之间的经济相互渗透、联合，各国需要紧跟历史潮流，共同加强全球税收治理。数字经济大发展意味着国际避税更加隐蔽，国际社会该如何防范制止？国际避税越来越成为一种普遍现象，需要国际社会给予足够重视并采取防范措施。在跨境电商交易中，跨国销售商未必在客户所在国设立经营场所，是否对其商品销售课税？再有，电子商务交易所得的性质和类别难以确定，相关国家征税权如何区分？随着跨境电商的发展，国际税收领域还将面临许多新问题，亟待各国政府和国际社会共同研究解决。

三、国际税收协调向规范化发展

商品、资本和人员等资源的国际流动，加快了税收问题的国际化进程，税收的国际化直接导致了国与国之间税收利益的分配问题，最终必将阻碍国际经济的发展。实际上，国际税收的发展是一个由小到大，由不完善到比较完善的过程。在历史发展进程中，国际税收的起点首先是国家间的经贸关系。当这种经贸关系不能实现共赢时，国家之间便开始从关税战、贸易战演变为军事对峙，直到爆发军事战争。随着国际经济社会的发展，各国意识到经济对抗、军事冲突不会使任何人受益。一些国家开始进行对话协商，希望通过和平的方式，解决国与国之间的税收争端，共同探讨国际税收问题的解决方法。但这种国际税收协调只是利益相关方为处理短期内经贸摩擦和国际重复征税的方法，协调的基础不够稳固，签订的税收协定尚未达成国际共识。

第二次世界大战以后，国际关系趋于缓和，和平与发展成为时代主题，国际经济与贸易发展迎来了更加光明的未来。随着国际经济的发展，国与国之间的经济联系普遍密切，以往的国际税收协调方案已经无法适应当下的需要，国际税收协调亟须完善和规范。1963 年，OECD 制定公布《关于对所得和财产避免双重征税的协定范本（草案）》，并根据国际经济形势的不断变化，进行了十几次的调整，目前最新版本于 2017 年 12 月 28 日正式对外发布。由于 OECD 范本较多地考虑发达国家的利益，随着联合国成员中发展中国家的增多，1968 年，联合国根据相关决议，组织税收协定专家小组制定了《关于发达国家与发展中国家间避免双重征税的协定范本》，并经过多次修订后于 1979 年对外公布。截至目前，该范本最新版本为2017年修订版本。

虽然这两个范本对各国政府并不具有法律约束力，但多年来这两个范本紧跟全球经济发展形势进行了多次修订，凭借其条款的成熟性和完备性在国际社会起到了示范作用，成为国际税收分配关系的规范。在两个范本的指导下，国家之间的税收协定十分活跃。未来，国际税收协定将成为国际经济关系中的重要特征，必将对国际经济发挥重大作用。

第四节 国际税收的研究对象和范围

一、国际税收的研究对象

国际经贸往来日益频繁，国与国之间经济、税收关系的交织，是国际税收产生的根本原因，国际税收的研究对象就是基于上述背景的国家之间的税收关系。国际税收产生之初往往体现为涉外税务，因此有西方学者将国际税收定义为涉外税务。中国学者通常将国际税收定义为涉及两个及以上国家财权利益的分配活动和分配关系。这种观点实际上是对涉外税收的一般抽象，是站在全世界的视角对国际税收的重新定义，它不仅包括中国的国际税收，也包括其他国家的国际税收，还包括国际涉税领域的一般惯例和规范。它主要表现在以下两个方面。

（一）国与国之间的税收分配关系

在开放经济条件下，国家之间经济利益、财权利益相互交织，当跨国经济活动产生时，如果利益相关国家都对某一课税对象征税，势必加重纳税人负担。为了避免重复征税，当一国针对某一课税对象多征税时，另一国则需要少征税，这样一来，便产生国与国之间的税收分配关系。

研究国与国之间的税收分配关系，主要涉及以下三个领域，即所得课税、商品课税和财产课税。为了避免国际社会税收管辖权的相互冲突，利益相关国家往往需要对跨国经济活动的征税问题进行财权利益的划分。例如，当纳税人产生跨国所得时，目前国际社会的惯例是：先由纳税人的所得来源国对该课税对象征税，如果纳税人居住国税率高于所得来源国，则由纳税人居住国再次进行补征；如果纳税人居住国税率低于所得来源国，则不征；又或者，纳税人居住国直接放弃本国对该征税对象的征税权，完全由所得来源国征税。以上情况都属于国际惯例，其本质是国与国之间税收利益划分的结果，属于国与国之间的税收分配关系。

资本都是逐利的，集团公司进行跨国经营活动时，为了尽量少缴税，往往分别在出口国、进口国和国际避税地设立子公司。例如，商品出口时，商品并不直接进入国际市场，而是先将商品销售给集团在国际避税地的贸易子公司，再由贸易子公司转卖给进口国设立的子公司，最后把大部分利润转移到国际避税地去实现。这种操作实际上降低了相关国家税基，损害了进口国和出口国的利益。又如，为了避免国际重复征税及提高本国商品国际竞争力，在商品出口环节，商品出口国对出口商品进行部分或全部退税。商品进入进口国，再由进口国对该商品征税。以上情况实际上将出口国的税收权益划分到了进口国，也会涉及国与国之间的税收分配关系。除此之外，现实生活中还有很多国际税收问题也会涉及国与国的税收分配关系。这些，都是国际税收研究的对象。

（二）国与国之间的税收协调

在国际税收分配活动中，各国结合本国国情和国际形势，合理地进行国家间的税收分配协调，具体包括国与国之间的税收负担的政策原则、针对双边或多边关系的规范、对国际税收的协调等。在国际税收协调中还有许多问题复杂而具体，不仅涉及国与国之间的税收分配关系，还涉及许多税收学难以囊括的问题，如本国税收利益和税收管辖权、国际经济合作和收入的取得、国际经济现状和国际税收制度、国际资本流动和经济效益问题、国际税收政策和惯例等。这些，都是国际税收要研究的问题。

国际税收的规则会对国际经济活动产生一定的影响，国际经济的发展需要国际税收规则的配合。国际税收的研究对象应当是：在开放经济条件下，各国政府结合国际经济环境，对国际税收分配关系进行的一系列国际税收协调，以促进国际经济与国际税收的均衡发展。

二、国际税收的研究范围

国际税收的研究范围取决于其概念和研究对象。国际税收的概念和研究对象揭示了国家之间的税收分配关系这一主要矛盾，明确了国际税收的研究范围。目前，学术界对国际税收的研究范围有两种观点。广义观点认为，在国际经济与贸易频繁发生的条件下，无论是商品课税还是所得课税，都具有税收国际化的特征，都应该纳入国际税收研究的范畴。狭义观点认为，商品课税反映的是国家之间的经贸关系，不应列入国际税收研究的范围；只有所得课税才涉及国家之间的税收利益划分，应把所得课税列入国际税收研究的范围。

我们认为，随着国际经济关系的发展，国际经济活动中对同一经济行为的课税，既可能包括商品课税，也可能包括所得课税。在考虑国际税收时不仅要考虑所得税、财产税等直接税，也应该把增值税、消费税、关税等纳入研究范围，这些都会对国家之间的税收利益分配产生影响。具体来说，包括以下两个方面。

（一）国际贸易商品课税

对于参与国际贸易的商品，商品出口国对商品具有征税权，而商品进口国也具有征税权，这就可能产生国际重复征税问题。例如，针对某出口商品，A 国作为该商品生产地和出口国,根据商品产地原则对该商品课征了流转税;商品进口到B国,B国作为该商品销售地和进口国,根据商品销售地原则也对该商品课征流转税。这样就产生了国际重复征税的问题,为了避免这一现象,出口国通常在商品出口环节将该商品在国内缴纳的税收部分或全额退还给商品出口商,而在商品进口环节,进口国也会根据本国税法针对该商品征税。这样就会直接或间接地涉及进口国和出口国之间税收利益的分配,应当属于国际税收研究的范围。

另外,由于各国国情不同,税法和税制体系存在差异,在国际贸易活动中,国与国之间难免存在流转税税负不一致的问题,进而影响到商品、资本等经济要素的国际流动。此时各国都会从自身利益出发,相互协商商品流转课税和关税问题以促成经济要素的国际流动。这种国际商品流转税制协调不仅影响了跨国纳税人的利益,而且也影响到国家之间的财权利益分配关系。

(二)跨国纳税人的所得(收益)课税

所得税是直接税,直接与跨国纳税人的所得和财产相联系。当跨国纳税人取得收入时,该纳税人可能被其跨越的两个或两个以上国家交叠重叠征税。而且纳税人所得来源国际化以后,有关国家的征税权难以界定,各国征税权交叉重叠,常常会对同一纳税人的同一所得重复征税。又或者,纳税人的跨国流动性,使得该税类的税收征管比较复杂,进而出现偷、漏税等问题。尤其是在经济发达的国家,商品输出、资本输出、技术输出不断扩大,纳税人收入渠道和形式繁多,针对跨国纳税人的所得和财产课税会更加广泛和复杂,加上各国所得和财产税制度差异较大,国际协调存在较大问题。因此,跨国所得征税一直是世界各国十分关注的问题。国际所得课税的准则和规范,是目前国际社会亟待完善的内容,是国际税收研究范围的核心,是影响国家间财权利益的关键因素。

三、国际税收的核心问题

国际税收的研究范围主要包括跨国纳税人的所得(收益)课税和国际贸易商品课税,它体现了国际税收研究的广度。国际税收的核心问题是税收管辖权问题、国际重复征税问题、国际避税与反避税问题和国际税收协定问题,它体现了国际税收研究的深度。国际税收研究的核心问题就是国家之间的税收分配与协调,具体包括协调的规范和准则。不论是从国际税收的深度还是广度看,都应该以国际税收研究的目标为落脚点,致力于保证主权国家应有的税收权益,促进纳税人收入分配公平,促进资本输入、资本输出中性,维护平等的国际经济贸易关系。

(一)税收管辖权问题

国家主权神圣不可侵犯,征税权或者说税收管辖权也属于国家主权的一部分,国际税收研究的核心问题之一就是国家之间的税收管辖权。税收管辖权是国际税收研究领域的基本问题，跨国经营活动需要区分不同的税收管辖权，包括来源地管辖权、居民管辖权和公民管辖权。厘清不同的税收管辖权，才能进行国家之间的税收分配和协调，深入研究税收管辖权问题，就是为了探讨和规范公平合理的国际税收分配关系。

（二）国际重复征税问题

国际重复征税，就是两个及以上国家对同一税源同一税种征收两次以上税收。国际重复征税矛盾的根源来自税收管辖权的属人和属地原则，与各国行使交叉的税收管辖权密切相关。因此，国际重复征税影响的不仅仅是跨国纳税人的利益，根据税制不同，国际重复征税对相关国家财权利益分配也有不同程度的影响，是国际税收研究的核心问题之一。研究国际重复征税问题，就是要厘清国际重复征税问题产生的形式及处理的方法，并探讨解决国际重复征税问题的最佳方案。

（三）国际避税与反避税问题

国际避税是指跨国纳税人利用各国税法差异和漏洞，在全球范围内尽可能减少或延迟纳税的行为。在当今及以后很长一段时间，商品流转税类和所得（收益）税类仍然是世界各国的主体税种，跨国公司国际避税问题严重影响各国的财权利益，将会受到国际社会的普遍重视。国际避税会减少各国政府的税收收入，进而影响到各国的社会福利和经济建设。因此，各国需要制定相关法规以打击国际避税行为。由于国际避税往往涉及资本、人员的国际流动，除了依靠主权国家法律法规以外，各国还需要加强合作，共同推进国际社会的反避税工作。因此，国际避税与反避税是国际税收研究的重要问题之一，研究国际避税的手段，探讨有效的国际反避税措施，就是要促进纳税人公平税负，保障国家财权利益不受侵犯。

（四）国际税收协定问题

国际税收协定是国与国之间税收利益、权力划分的规范，主要包括国际重复征税和国际避税的内容。目前，在国际社会两个范本（《经合组织范本》和《联合国范本》）的指导下，国家之间签订了大量的税收协定，这些都统称为国际税收协定。国际税收协定主要有两种功能：第一，由于国际社会不存在国际税法，各国通常需要在现有国际税收协定的指导下，在相互尊重和平等协商的基础上，通过签订税收协定的方式来解决国与国之间的财权利益分配问题。第二，通过签订国际税收协定可以有效防范和打击国际避税行为。因此，国际税收协定也是国际税收研究的核心问题之一。由于各国经济发展水平不同，国际税收协定有助于缓和国际经贸关系，促进国际经济技术交流与合作和国际经济交往与发展。

【例 1.4.1】

M公司国际化经营中的国际税收问题

中国居民赵某于2010年在中国北京成立了M公司，其主营业务是移动智能设备及周边产品的生产、批发和销售。公司成立之初，主要在中国境内进行智能移动设备的生产、销售业务，没有境外经营活动。

2014年3月，国内智能移动设备市场饱和，公司准备扩大市场走向国际，开始尝试在印度销售自己的手机。起初公司仅仅在印度的智能移动设备展会上推销本公司产品，然后在展会上将自己的产品销售给印度居民。

2014年9月，M公司开始与印度的代理商和经销商签订合作协议。由当地代理商与公司签订合同，由代理商向M公司采购，代理商再将产品销售给印度的经销商和消费者。至此，M公司退出了自家产品在印度的业务推销活动，由印度代理商和经销商全权负责自家产品在印度的业务推销活动。

2015年3月，M公司在印度销量大幅上升，M公司开始在印度设立市场管理处，市场管理处负责与印度经销商联系，并收集市场信息，协调经销商的采购、发货和售后服务等事宜。

2015年9月，M公司在北京的总部决定在印度设立子公司，并由印度子公司开启在印度的互联网销售渠道。印度子公司在印度建立销售网络，出口印度的产品由M公司总部销售给印度子公司，再由印度子公司销售给印度代理商和经销商。

2016年3月，M公司总部在新加坡设立贸易子公司，所有出口产品由M公司总部销售给新加坡的贸易子公司，再由新加坡贸易子公司销售给印度子公司，然后印度子公司再销售给印度代理商和经销商。通过这种销售方式，将出口贸易的大部分利润留在新加坡的贸易子公司，而在中国和印度保留很低的利润。

思考问题： 上述案例反映了国际税收的哪些核心问题？M公司在发展的不同阶段，分别涉及哪些国际税收问题？该向哪些国家纳税，以及如何纳税？

四、国际税收研究方法

（一）国际税收研究的指导思想

在人类文明发展的历史长河中，经济全球化和区域经济一体化进程只有短短的300~400年，在此期间，国际税收伴随着国际经济活动的历史进程，成为一门新兴的边缘学科。国际税收从属于税收学研究领域，但它与国际经济学、国际贸易学等国际经济与贸易领域关联十分密切。国际税收学从属于经济学类，其研究应坚持马克思主义政治经济学基本原理的指导，运用唯物辩证法，紧密联系国际经贸关系的变化，从多角度多层次进行，运用事物普遍联系的观点和事物运动发展的观点看待；研究国与国之间税收分配关系的政策措施及其经验教训，探索发现国际税收问题的矛盾，遵循国际税收产生和发展的历史规律；本着一切从实际出发、实事求是的精神，根据世界各国国情、税法和税制，分析比较各国国际税收政策的运用和存在的问题，以妥善处理国与国之间的税收分配关系，促进国际经济不断发展。

（二）国际税收研究的具体方法

税收学的研究往往离不开经济学和法学，国际税收研究同样如此。

从经济学的角度研究国际税收，主要包括：①国际税收准则和规范对资源配置和经济发展的影响；②研究如何设计和完善国际税收规范以促进国际经济与贸易的发展；③研究国际税收分配活动以保障主权国家的财权利益。从经济学角度研究国际税收与其他经济学问题研究类似，具体研究方法如下：

（1）建立研究假设；
（2）通过数据验证研究假设；
（3）通过研究结果得出研究结论。

从法学的角度研究国际税收，主要涉及国际税收的实务领域，诸如：①研究如何设置和执行国际税收规则；②解决国家之间贸易活动中产生的税收冲突；③正确执行各国税法，促进税收中性。具体研究方法如下：

（1）厘清国际税收实务中的具体概念和事实；
（2）找出对应的税收法律法规；
（3）将法律法规适用于具体事实，判定纳税义务。

> 学习资源

由于各国税收政策不断调整，国际税收的理论与实务也在不断变化，学习国际税收，不仅要学习专业书籍，还可以参考以下网站。

1. 中国国家税务总局主页（http://www.chinatax.gov.cn/）、美国国内收入署主页（https://www.irs.gov/）、英国税务与海关总署主页（https://www.gov.uk/government/organisations/hm-revenue-customs）等国家或地区税务主管当局主页。

2. 经济合作与发展组织税收网页（http://www.oecd.org/tax/）、联合国主页（https://www.un.org/）、国际财政文献局主页（http://www.ibfd.org/）等国际组织网页。

3. 德勤会计师事务所（http://www2.deloitte.com/global/en/services/tax.html?icid=top_tax）、普华永道会计师事务所（http://www.pwc.com/gx/en/services/tax.html）、安永会计师事务所（http://www.ey.com/GL/en/services/tax）、毕马威会计师事务所（https://home.kpmg.com/xx/en/home/services/tax.html）等国际会计师事务所网站。

> 复习思考题

1. 什么是国际税收？国际税收的目标有哪些？
2. 国际税收产生的条件是什么？
3. 国际税收问题历史进程中主要包括哪几个方面？
4. 国际税收的发展趋势是什么？
5. 国际税收的研究对象是什么？它的研究范围和核心问题包括哪些？

第二章

税收管辖权

随着全球经济一体化进程的推进，跨国经济活动日益繁荣，同一纳税人的同一项所得有可能被两个或两个以上国家（地区）行使征税权，产生不同国家（地区）之间税收利益分配的矛盾，形成国际税收相关问题。因此，如何在最大限度上协调各国之间的征纳关系成为国际税收研究领域的重要问题。

第一节 税收管辖权的含义与类型

一、税收管辖权的含义

税收管辖权是国际税收的出发点和研究基础，是分析国家（地区）间税收关系的前提。税收管辖权是一国政府在征税方面享有的主权，具体表现为税收立法权和征收管理权，即一国政府有权决定对哪些人征税、征哪些税、征多少税等。

（1）纳税主体，即由谁来纳税。税收征收是国家（地区）主权之一，由国家（地区）的税务部门行使税收的征收管理权，这是税收管辖权的核心和实质；

（2）纳税客体，即对什么征税。纳税客体可以是商品流转额、所得额，也可以是财产和其他行为，通常包括收益、所得和财产等；

（3）纳税数量，即征多少税。通常包括宏观整体税负的确定，具体税种的确定，征税数量的确定，等等。

税收管辖权体现了以下两个原则。

1. 独立自主原则

税收管辖权根植于国家（地区）这一主体，对外表现为完全独立自主，不受任何外来意志的干预。

2. 约束性原则

尽管税收管辖权具有独立自主原则，但这并不意味着一国政府行使该权力时完全不受任何限制和约束。

一方面，作为国际社会中的一员，任何国家（地区）都需要尊重他国主权，不得凭借任何借口侵犯他国税收管辖权。因此，在没有国家（地区）之间条约安排的情况下，一国的税务机关不得在另一国内实施税务行政行为。

另一方面，外交豁免权（享有外交豁免权的外交代表机构及其人员、国际组织及其人员一般免予纳税）的存在也在一定程度上限制了一国税收管辖权的行使。

二、税收管辖权的确立原则

一国对纳税人的跨国经济活动所得征税时要受到本国政治权力所能达到的范围的制约。通常，一个主权国家（地区）的政治权力所能够达到的范围包含地域概念和人员概念。其中，地域概念是指该主权国家（地区）所属领土的全部空间，包含该国的领陆（该国领有的陆地及其地下层）、领水（该国陆地疆界以内的江、河、湖、海等内水及地下层）、领空（该国领陆和领水的上空）。一国领陆、领水、领空所构成的全部领土范围即该主权国家（地区）政治权力行使的地域范围，换言之，一个主权国家（地区）可以在其领土范围内充分行使政治权力，但不能在超出其领土范围之外的其他区域行使政治权力。人员概念是指一国的全部公民和居民。其中，公民是指具有本国国籍的，在法律上享有权利并承担义务的人；居民是指居住在本国境内并受本国法律管辖的一切人员，包括本国公民、外国公民、双重国籍人士、无国籍人士等。换言之，一个主权国家（地区）可以对其公民和居民充分行使政治权力，但不能对其他国家（地区）的公民和居民行使政治权力。上述地域概念和人员概念对应的是一国行使主权需要遵从的属地原则和属人原则。其中，属地原则是指一国可以在本国的领土范围内行使政治权力，即强调以领土为对象；属人原则是指一国可以对本国的全部公民和居民行使政治权力，即强调以领土为范围。

作为国家（地区）主权的重要组成部分，税收同样遵从属地原则与属人原则。其中，属地原则（或来源国原则）指一国有权在其领土范围内行使税收行政权力，而不论纳税人是否为该国的公民或居民，即一国有权对来源于本国境内的一切所得征税，不论取得该笔所得的是本国还是他国纳税人。据此原则确立的税收管辖权称为地域税收管辖权或地域管辖权；属人原则（或居住国原则）指一国有权对本国公民和居民行使税收行政权力，而不论这些公民和居民取得应税所得的经济活动是否发生在该国领土范围以内，即一国有权对本国居民和公民的一切所得征税，不论他们的所得来源于本国或他国。据此原则确立的税收管辖权称为居民税收管辖权或公民税收管辖权。

需要指出的是，地域管辖权中一国政府之所以对来源于本国的所得享有征税权，主要在于来源国为跨国经济活动在本国取得收入和利润提供了必要的保障和支持。实行地域管辖权的国家（地区）以纳税人的收入来源地为依据来判定该笔所得是否需要向本国纳税。基本的判定原则为：凡是来自本国领土范围内的所得或在本国境内开展的经济活动均需要依照本国税法向本国纳税；凡是来自本国领土范围以外的所得，不论其居住国是否对其征税，本国均不予征税。地域管辖权体现了国际利益分配的合理性及税务行政管理的便利性，故而被世界上多数国家（地区）所认可，得到了普遍采用。居民管辖权和公民管辖权依据取得应税所得的纳税人身份来判定该笔所得是否需要向本国纳税，对于本国居民和公民所取得的跨国所得，不论该笔所得的来源国是否对其征税，均需要向居住国纳税。因此，在居民管辖权和公民管辖权下，一国居民和公民不仅需要就来源于本国的所得履行纳税义务，还需要就来源于他国的所得向本国纳税。

税收管辖权的确立原则在国际上没有一致的规定，各国均有权依据本国经济、政治、法律及社会情况自主选择属地原则和（或）属人原则来确立税收管辖权种类。但在两种不同的税收管辖权中，地域管辖权处于优先地位已经成为国际公认的准则。其原因有二：一是行使地域管辖权所依据的一国领土范围较为明确，便于一国对其领土范围内发生的经济活动组织税收征收管理。随着跨国经济活动的日益昌盛，纳税人可能经常往来于不同国家（地区）之间，或纳税人的法律身份由于各国规定的不同而难以确定，此时行使地域管辖权明显优于居民税收管辖权或公民税收管辖权；二是在国际法领域中，属地原则优先于属人原则——经济活动所得首先在来源国纳税，纳税人的居住国政府只能在来源国课税之后进行征税，因此来源国的税收制度直接影响纳税人的经济利益。但实践中，为了维护本国的正当权益，目前多数国家（地区）仍然选择继续行使居民管辖权和公民管辖权，以此来保障财政收入的稳定性。

三、税收管辖权的类型

根据属地原则和属人原则，可以把税收管辖权分为三类：

一是地域税收管辖权（来源地管辖权），指一国对来源于本国境内的所得行使征税权，是按照属地原则确立的一种税收管辖权。一国在行使地域管辖权的时候，只考虑在本国领土范围内发生的应税所得，不考虑纳税人的居民或公民身份。

二是居民税收管辖权，指一国对本国税法中规定的居民（自然人和法人）的所得行使征税权，是按照属人原则确立的一种税收管辖权。其中，居民是指按照本国法律，由于住所、居所、管理场所或其他类似性质的标准所取得的本国居民身份，或被认定为本国居民的自然人和法人（也包括合伙企业、团体等非法人经济实体）。一国在行使居民管辖权的时候，只考虑纳税人在本国的居民身份，不考虑其国籍情况或应税所得的来源地及财产的存放地情况。

三是公民税收管辖权，指一国对拥有本国国籍的公民的所得行使征税权，也是按照属人原则确立的一种税收管辖权。其中，公民是指拥有本国国籍的自然人和法人。一国在行使公民管辖权的时候，只考虑纳税人的公民身份，不考虑其居住所在地或应税所得的来源地及财产的存放地。

第二节 地域管辖权

一、地域管辖权概述

地域管辖权是按照属地原则确立的税收管辖权，是一国政府仅对来自或被认为是来自本国境内的所得所行使的课税权力。对于实行地域管辖权的国家（地区）而言，其所关注的重点不是纳税人的居住地或者国籍，而是其所得的来源地。只有当纳税人的所得来源于本国时，才能对其行使地域管辖权。换言之，地域管辖权要求纳税人就来源于本国境内的全部收益、所得和财产向本国纳税，而不论该纳税人是本国还是他国的居民或公民。反之，若纳税人的收益、所得和财产来源于他国，即便该纳税人为本国居民或公民也无须向本国纳税。因此，一国在行使地域管辖权时仅对产生于或者位于本国境内的课税对象行使税收征管的权力，故而有"从源课税"之说。实际上，地域管辖权可以分为两种情况进行理解：一是对本国居民或公民纳税人而言，本国仅就其来源于本国的收益、所得，以及位于本国境内的财产征税（即便其存在来源于境外的收益、所得或财产也无须向本国纳税）；二是对本国非居民或非公民纳税人而言，本国有权对其源自本国境内的收益、所得和位于本国境内的财产征税。地域管辖权既体现了国际经济利益分配的合理性，也体现了税务行政管理的便捷性，目前已经得到世界各国的公认，并被广泛采用。

一国在对纳税人取得的所得行使地域管辖权之前，必须先判定该笔所得是否源自本国境内。国际税收中，所得来源地与所得支付地是两个不同的概念，从地理位置上看，二者有时一致，有时不同。实践中，有些所得虽然支付于某国，却不一定符合国际税收所得来源地的判定标准。因此，地域管辖权行使的前提是准确判断跨国所得的来源地，并对其做出科学合理的解释。一言以概之，实行地域管辖权的国家（地区），以应税所得来源地或财产所在地为征税标志。

二、所得来源地的确定

正确确定应税所得的来源地对于行使地域管辖权非常重要。然而，在实践中对于非居民纳税人的应税所得的来源地有时难以准确判定，可能引发国家（地区）之间税收利益的纠纷。因此，国际社会特别设计出判定所得来源地的标准和方法，以便行使地域管辖权的国家（地区）对非居民纳税人的纳税义务进行判定。与此同时，所得来源地的判定对于居民纳税人而言同样重要，原因在于当居民纳税人使用税收抵免法减除重复征税时，会涉及将境外所得的已纳税款从全部应纳税款中扣除，因此有必要对其全部所得的来源地进行详细划分。可见，所得来源地的确定对于居民纳税人和非居民纳税人而言同等重要。

（一）经营所得来源地的确定

经营所得是指通过进行经营性活动所取得的所得。在全球经济一体化的背景下，纳税人的生产所在地、购销货物成交地、货物交易地、收付款地等均可能位于不同国家（地区）。相较于本国居民纳税人的经济活动而言，一国对非居民（或非国籍）纳税人的所得来源地的判定更为困难。目前判定经营所得来源地的标准主要包括以下两种。

1. 常设机构标准

为明确经营所得来源地，OECD 在 1963 年拟定了《关于对所得和财产避免双重征税的协定范本（草案）》，正式使用"常设机构"这一概念对经营所得来源地进行判定。其后，许多国家（地区）也相继使用这一概念。常设机构是指纳税人在一国境内进行全部或部分经营活动的固定场所。其特征在于：

一是强调经营场所的存在性，即纳税人需要在一国境内"有"经营场所。一方面，该场所不仅局限于狭义的场地、房屋等，还包含机器设备等广义概念；另一方面，该场所的存在性与规模及所有权情况相互独立，即不论该场所是否宽敞、不论该场所是否自有，均不妨碍判定其存在性。

二是强调经营场所的常设性，即该场所的地理位置需要明确，即相对永久或非临时，以此来表明其"常设"性质。在经营场所开展的经济活动暂时间断或停顿时，并不妨碍对其常设性的判定。

三是强调经济活动的营利性，即通过该经营场所展开的经济活动必须以营利为目的，应当为企业用于进行全部或部分经济活动的场所，而非辅助性或准备性活动的场所。

只有同时满足上述三个特点的场所方可称为常设机构。

常设机构在国际税收中极为重要。通常，对于采用地域管辖权的国家（地区），如果纳税人在来源国设有常设机构，且其经营所得来自该常设机构，则该来源国可以判定该笔经营所得来源于本国境内，对其行使地域管辖权。实践中常设机构的判定由于常常存在较大的不确定性，故而目前多数国家（地区）采用正向列举的方式明确常设机构的范围，具体包括：

● 管理场所、分支机构、办事处、工厂、车间、作业场所；

● 矿场、油井、气井、采石场或其他自然资源开采场所（包括任何从事海洋或陆上自然资源开采的场所）；

● 建筑工地、建筑、装备或安装工程，或者与上述工地、工程有关的监督管理活动，但工地、工程或监督管理活动应具有一定的时间持续性，通常为六个月或一年以上；

● 非居民企业派有雇员或其他非独立代理人（包括本企业的子公司）在一国经常代表该企业从事经营活动，即便并未设立固定经营场所，也不妨碍将该企业判定为在该国设有常设机构。

与此同时，不能被判定为常设机构的情况主要包括：

● 企业从事非营利性质的辅助性或准备性活动的场所，具体包括：

a. 专门为储存、陈列本企业的货物（或商品）而使用的场所；
b. 专门为储存、陈列目的而保存的本企业的货物（或商品）；
c. 专门为委托另一企业加工目的而保存的本企业货物（或商品）；
d. 专门为本企业采购货物（或商品）或搜集情报而设立的固定经营场所；
e. 专门为本企业进行其他准备性或辅助性活动而设立的固定经营场所。

● 一个企业仅通过经纪人、一般佣金代理人或其他独立地位代理人在一国开展经济活动，而上述具有独立地位的代理人又同时正常开展自身日常业务的，不能将该企业判定为在该国设有常设机构。

但是，对常设机构的理解还需要注意以下三点：

● 对常设机构具体形式的列举并非限定的，上述列举只是列出属于常设机构的典型代表机构，并不影响对其他机构场所按照常设机构的概念进行判定。例如，上述列举中并未涉及种植园、养殖场等，但如果其能够同时满足常设机构的三个特点，则仍然能被理解为常设机构。

● 构成常设机构的管理场所不包括总机构。管理场所是指代表企业负有部分管理职责的事务所或者办事处等一类场所，不同于总机构，也不同于企业的实际管理控制中心。

● 常设机构不包括承包勘探开发工程的作业场所。列举中所提及的"矿场、油井、气井、采石场"是指经过投资、拥有开采经营权的场所，不包括为上述矿藏资源的勘探开发承包的工程作业。因为承包工程作业通常以其持续日期的长短为标准来判断是否符合工程常设机构概念。

实践中，一些国家（地区）还结合运用其他标准判定经营所得来源地。例如，法国税法规定，除在法国境内设有常设机构之外，凡是在法国境内经常性地从事经营活动或者在法国境内进行商品交易活动的非居民公司，法国均有权对其所取得的所得行使地域管辖权。澳大利亚、英国、加拿大、墨西哥等国也有类似规定。但这不妨碍常设机构标准仍然为这些国家（地区）判定经营所得来源地的最主要和最基本的依据。

一般地，来源国对经营所得征税原则为：只有纳税人在该国境内设有常设机构时，方对其课税。由于常设机构通常仅为纳税人总机构的派出机构，不具有独立法人身份，因此该原则的确定又产生了另一个问题：如何判定位于该国的常设机构的利润范围和数额？实践中，通常采用如下做法。

1）确定常设机构经营利润范围时采用：

（1）归属原则。常设机构所在国行使地域管辖权时，只能以归属于该常设机构的经营利润作为课税对象，而不能扩大至该常设机构所从属的位于他国的总机构的来源于他国境内的经营所得。尽管从实质上看，常设机构并不具有独立法人身份，但国际税收协定及各国税法均将其视为独立机构，按照"独立核算"原则计算其经营利润，并依法向经营所得来源国课税。实践中，归属原则获得了国际社会的广泛认可与采用。

（2）引力原则。来源国除了以归属于某常设机构的经营利润为课税对象外，还对并不通过该常设机构但经营业务与该常设机构相同或同类的所得一并征税，且上述所得需要归入该常设机构中，与常设机构经营利润合并征税。该方法有助于来源国应对纳税人利用国家（地区）间税负差异进行的避税活动，但在具体执行方面却存在一定难度——来源国（即常设机构所在国）难以掌握非居民企业通过常设机构以外的其他途径展开的经济活动及其所得情况。

引力原则曾经得到《联合国范本》的考虑，但OECD认为引力原则不适当地扩大了地域管辖权的行使范围，同时也不利于跨国公司精简机构，故而未将该原则囊括在《经合组织范本》中。实践中，引力原则适用范围较为狭窄，通常需要由国家（地区）之间协商确定。

【例2.2.1】 甲国居民公司A公司向乙国销售一批电视机，取得经营所得10 000美元。

● 如果甲国A公司并未在乙国设立常设机构，而是直接销售给乙国进口商，则乙国不能将该笔所得判定为源自本国，从而不能对此所得行使地域管辖权；

● 如果甲国A公司在乙国设有分公司B公司，且B公司能够被认定为A公司在乙国的常设机构，则依据归属原则，A公司通过B公司销售电视机取得的经营所得应当被判定为源自乙国，乙国有权对其行使地域管辖权；

● 如果甲国A公司通过位于乙国的独立代理商行C公司销售电视机，则依据引力原则，该笔所得同样应当被判定为源自乙国，乙国有权对其行使地域管辖权。

2）确定常设机构经营利润数额时采用：

（1）分配法（或总利润法），指按照企业总利润的一定比例来确定其设立在来源国的常设机构的经营利润数额的方法。来源国应以位于本国境内的常设机构分配获得的利润金额为依据，行使地域管辖权对其进行征税。实践中，位于来源国的常设机构有时仅负责联络、接洽等事宜，并不涉及具体的经营业务，仅存在经营成本，并无经营所得，但考虑到其经营成本的存在必然对应一定的所得和利润，只不过该所得和利润包含在位于他国的总机构账面上，并没有体现在位于来源国的常设机构账面上，因此有必要使用分配法将总机构利润的一定比例重新分配给该常设机构。此外，当常设机构无法提供准确凭证明确经营成本时，来源国也可以采用本方法核定其经营利润数额。目前，分配法已被一部分发达国家（地区）所接受并使用。

（2）核定法，指来源国按照常设机构的经营收入或经营成本费用情况推算利润数额。实践中，通常以该常设机构实际发生的费用支出额乘以规定的百分比（通常为5%~10%）作为其应税所得。

（3）独立核算法，指常设机构与其从属的总机构之间的交易往来和成本费用完全参照两个相互独立的企业进行处理，即除用于偿还垫付实际发生的费用之外，两个机构间不得再作其他任何费用扣除（包括但不限于相互支付的特许权使用费、为提供特殊劳务或管理而相互支付的佣金手续费、相互提供资金所产生的利息等）。

2. 交易地点标准

英美法系的国家（地区）通常不采用常设机构标准判定经营所得来源地，而是更加侧重于以交易或经营地点判定经营所得来源地。例如，英国的法律规定只有在英国进行交易所获得的收入才是来源于英国境内的所得。上述交易包含贸易、制造等经营活动，其中，判定贸易活动是否在英国境内发生的依据为合同签订地点，判定制造所得是否源于英国境内的依据为制造活动发生地。类似地，加拿大同样将合同签订的习惯性地点作为交易地。美国则以货物的实际销售地作为贸易所得来源地，以产品制造加工活动地作为制造利润来源地。此外，虽然中国香港同样采用交易地点标准判定经营所得来源地，但对交易地点的确认十分复杂：对于制造利润而言，中国香港将制造货物地点作为经营所得来源地，但销售完全由中国香港制造的货物所产生的利润需要全额在中国香港纳税，销售部分制造工序在中国香港、部分工序在他地的货物，仅就中国香港来源的制造利润在中国香港纳税；对于贸易利润而言，中国香港以购销合同的达成地确认经营所得来源地，但此处的"达成"包含"商议、签署及执行合同"等多重含义，故而在判定经营所得来源地时需要综合考虑全部相关操作：当购销合同在中国香港达成时，需按经营利润向中国香港履行纳税义务；当购销合同在中国香港以外的他地达成时，经营利润无须向相关机构纳税；购销合同中的部分条款在中国香港达成时，初步假设经营利润全额向中国香港纳税，并结合其他有关事项，综合判定经营所得来源地；当销售对象位于中国香港（含境外卖家在中国香港设立的办事处）时，相关购销合同应视同在中国香港达成；当与本次交易相关的人员在中国香港通过通信媒介（电话、互联网等）达成购销合同时，相关购销合同应视同在中国香港达成。需要特别指出的是，中国香港的贸易利润的判定遵守"全额认定"原则，即贸易利润只能被判定为全额源自中国香港，或全额源自中国香港以外，而不能分摊确认与中国香港有关的部分利润。

我国在判定经营所得时采用常设机构标准，但我国税法中提到的"机构、场所"与"常设机构"不同。我国税法中的"机构、场所"是指非居民企业在我国的经营存在，可以包括：管理机构、营业机构、办事机构；工厂、农场、开采自然资源的场所；提供劳务的场所；从事建筑、安装、装配、修理、勘探等工程作业的场所；等等。当我国税法中所述"机构、场所"具有相对的固定性和持久性时，便成了"常设机构"。

（二）劳务所得来源地的确定

目前，很多国家（地区）采用劳务所得来源地（劳务行为的发生地）标准判定劳务所得来源地。例如，《中华人民共和国个人所得税法实施条例》中明确规定"除国务院财政、税务主管部门另有规定外，下列所得，不论支付地点是否在中国境内，均为来源于中国境内的所得：（一）因任职、受雇、履约等在中国境内提供劳务取得的所得；……"美国税法同样规定凡是在美国境内提供劳务的纳税人，不论其雇主或雇员的国籍、居住地及劳务所得支付地情况，均将其所得判定为来源于美国境内。具体地，劳务所得可以划分为独立劳务所得和非独立劳务所得，分别适用不同标准判定所得来源地。

1. 独立劳务所得来源地的确定

独立劳务所得是指自由职业者（即非受雇或受聘于他人的人员）从事专业性劳务或者其他独立劳动所取得的所得。"专业性劳务或其他独立劳动"是指纳税人独立从事非雇佣的劳务或劳动，包括独立科学、文化、艺术、教育、教学等活动，以及独立从事医师、律师、会计师、建筑师、工程师等活动，但个人独立从事的工业及商业活动的所得属于跨国营业利润,不能归类为独立劳务所得。

独立劳务通常采用以下三种标准判定所得来源地。

(1)固定基地标准,即以纳税人是否在他国设有固定基地,且独立劳务所得是否通过该固定基地获得作为标准判定所得来源地。例如,纳税人在他国设有经常使用的诊所、事务所等固定基地,且其所得是通过上述诊所、事务所而取得,则可将其劳务所得来源地判定为诊所、事务所等固定基地所在国,由该国对其行使地域管辖权。

(2)停留期间标准,即当纳税人在一个会计年度中在除其居住国(或国籍所在国)以外的某国停留的时间连续或累计超过一定天数(通常为183天)时,则判定其独立劳务所得来源地为该国。本标准可适用于纳税人在他国未设立固定基地,但在一个会计年度内在该国停留时间超过规定天数的情况,此时该国可对其行使地域管辖权。

(3)所得支付者标准,即以从事独立劳务的纳税人所取得的所得的支付方(或负担方)是否为该国的居民或位于该国境内的常设机构为标准来判定独立劳务所得来源地的方法。实践中,部分纳税人可能在某国并未设立提供劳务的固定基地或者在一个会计年度内在该国累计停留时间并未超过规定天数,但由于其所取得的所得是由该国居民或位于该国的常设机构支付或负担,则仍然可以将该笔所得判定为来源于该国,由该国对其行使地域管辖权。

上述三种标准中,固定基地标准能够准确反映独立劳务所得的来源地,但若实践中仅依照该标准划分和协调所得来源国和居住国对跨国独立劳务所得的税收管辖权,则会过多地限制收入来源国一方的权益。鉴于此,《联合国范本》在此标准的基础上进一步放宽了对所得来源国的征税限制条件,规定跨国独立劳动者即使在一国境内没有固定基地,只要符合停留期间标准,该国仍然有权对其所取得的独立劳务所得行使地域管辖权。此外,考虑到国际经济活动中,有时纳税人在一国的停留期间难以完全准确掌握,因此又特别推出了所得支付者标准,该标准综合考虑了独立劳务所得的支付方所在地和实际支付地,显得更为严谨合理。

2. 非独立劳务所得来源地的确定

非独立劳务所得是指受聘或受雇于他人的工薪收入者所取得的工资、薪金、奖金、津贴及其他类似的报酬。

非独立劳务所得通常使用以下两种标准判定所得来源地。

(1)停留期间标准,即以受聘或受雇于他人的纳税人在一个会计年度内停留在某国(非居住国)的时间累计是否超过183天为标准来判定其所得来源地。当上述纳税人在一个会计年度内在某非居住国停留时间超过183天时,该国便可对其行使地域管辖权,故而本标准又称"183天规定"。"183天规定"能够有效促进专业人员的国际流动。实践中,也有部分国家(地区)采用"90天规定",即纳税人在一个会计年度内,在某非居住国停留时间连续或累计超过90天时,该国便可对其非独立劳务所得行使地域管辖权。显然,相较之下,"90天规定"在"183天规定"的基础上对纳税人提高了向所得来源国纳税的义务,扩大了来源国对跨国非独立劳务所得行使地域管辖权的范围,因此,当采用"90天规定"的国家(地区)与其他国家(地区)签订税收双边协定时,一般仍然按照

"183天规定"执行。

（2）所得支付者标准，即以受聘或受雇于他人的纳税人所获得的工资、薪金、津贴、奖金及其他类似报酬是否由他国雇主或位于他国境内的固定基地或常设机构来支付作为标准来判定其所得来源地。当从事非独立劳务的纳税人的所得由他国雇主或位于他国的固定基地或常设机构支付时，即可判定其非独立劳务所得来源于该国，由该国对其行使地域管辖权。

3. 其他劳务所得来源地的确定

除独立劳务所得和非独立劳务所得，实践中还存在董事费、文艺表演所得等收入类型，由于上述所得的特殊性，需要依据其他标准对其所得来源地进行确定。

（1）跨国政府服务所得。即跨国政府服务人员为某国政府提供跨国服务取得的所得。跨国政府服务所得由支付所得的政府所在国对其享有地域管辖权。

然而，当在政府所在国以外的其他国家（地区）为政府所在国的政府提供服务的人员同时拥有其提供服务所在国，即其他国家（地区）的居民或公民身份时，其提供跨国政府服务所得由提供服务所在国，即其他国家（地区）独占地域管辖权。

【例2.2.2】 某跨国的政府服务人员在位于甲国的乙国大使馆为乙国政府提供服务，由于该跨国政府服务人员所取得的所得完全来源于乙国的行政经费，故将此项所得判定为来源于乙国，由乙国对其行使地域管辖权。

【例2.2.3】 具有法国居民身份的里昂先生为中国政府服务，中国政府向其支付除退休金以外的其他报酬，依据跨国政府服务所得来源地判定标准，理应由支付所得的中国政府对其享有地域管辖权。然而，如果里昂先生在法国为中国政府服务，由于他同时拥有法国居民和法国公民身份，且其法国居民身份并非由于其在法国停留时间过长，而是因为其在法国拥有永久性住所等，此时法国政府有权对里昂先生行使地域管辖权。

（2）跨国董事费所得。董事费是公司支付给董事会成员的董事酬金。由于担任跨国公司董事或其他高级职位的人员经常需要在公司所在国以外的其他国家（地区）工作，因此国际上通常将这类人员提供劳务活动的地点确定为公司所在国。换言之，对于跨国公司董事或其他高级职位的人员而言，不论其自身属于哪国居民，也不论其在他国境内停留时间总计多少天以及其实际劳务活动发生在哪国，一律将其取得的董事费所得或其他类似报酬所得视为来源于公司所在国，并由公司所在国对其行使地域管辖权。

（3）跨国文体活动所得。进行跨国演出的表演者或参加国际体育赛事的运动员通常在目的国停留时间较短，表演者或运动员既无须受雇或受聘于他人，也无须依赖位于该国的固定基地展开活动，更不会在该国停留183天以上，因此其所获所得与独立劳务所得及非独立劳务所得均有显著的差异。目前国际上通行的做法是：不论此次文体活动所得是否归属于表演者或运动员本人，均由取得地的国家（地区）对其行使地域管辖权。但是，对于按照两国政府之间商定的文化交流计划所展开的文艺演出活动，演出地所在国通常对该笔所得免予征税。我国同日本、英国、美国、法国等国家签订的税收协定中也参照国际惯例做了同样的规定。

【例 2.2.4】 法国某演艺团体在中国北京某场馆举办了为期三天的表演,其演出收入一部分归主办方北京某场馆及该演艺团体所有,另一部分归演员所有。在判定其所得来源地时,尽管该演艺团体在中国停留时间仅为三天(不足 183 天),但由于其所得属于跨国文体活动所得,仍然需要由中国对本次文体活动的全部所得(包含属于演员的所得)行使地域管辖权。

(4)退休金所得。由于纳税人退休前工作性质及各国社会保障制度不同,退休金的资金来源也存在较大差异:支付给政府服务人员的退休金通常为政府预算资金;支付给其他单位工作人员的退休金通常为单位自有资金,部分国家(地区)的退休金还可能为政府专项资金。因此,一国对退休金所得行使地域管辖权的情况可能包含以下四种类型:

● 对于跨国政府人员的退休金所得,通常由支付退休金的政府所在国享有地域管辖权;但是,如果跨国政府服务退休人员并非政府所在国的居民,而是其居住国的居民或公民,则其退休金由居住国行使地域管辖权;

● 对于由非居住国居民或者位于非居住国的常设机构支付的退休金所得,通常由非居住国行使地域管辖权;

● 对于由政府专项基金支付的退休金所得,由支付该笔退休金的政府所在国行使地域管辖权;

● 除上述三种情况外,对于由过去的雇佣关系而取得的退休金所得,由纳税人的居住国行使地域管辖权。

【例 2.2.5】 张先生为中国居民,在下列情况下张先生所获得的退休金所得应当由澳大利亚政府行使地域管辖权,否则将由居住国中国行使税收管辖权:

(1)张先生在澳大利亚政府机构工作,其退休金由澳大利亚政府支付,且张先生虽然拥有中国居民身份,却因加入了澳大利亚国籍,而成为该国公民;

(2)张先生的退休金由位于澳大利亚的公司或机构支付;

(3)张先生的退休金由他国设立在澳大利亚的常设机构支付;

(4)张先生的退休金由澳大利亚的社会保险基金(专项基金)支付。

(5)学生所得。如果学生仅出于接受教育或培训的目的而停留在另一国家(地区),则其以维持生活、接受教育为目的所收到的来源于非居住国以外的所得,该国不对其征税。

【例 2.2.6】 中国的王同学在新加坡留学,她的父母定期为她汇款用于支付学费和生活费,则新加坡政府不对王同学的这部分所得征税。

(三)投资所得来源地的确定

投资所得是指投资者将其资金、财产或权利提供给他人使用所获得的报酬。这些所得不同于直接从事商业、工业、服务业等营利经济活动的所得,因此也被称为"消极所得"。

投资所得包括股息、利息、特许权使用费、租金等。其中，股息是指从股权或非债权关系中以分享利润的方式取得的所得；利息是指从债权关系中取得的所得；特许权使用费是指因向他人提供文学、艺术或科学著作、电影影片、无线电或电视广播使用的胶片、磁带的版权、专利、专有技术、商标、设计、模型、图纸、秘密配方或秘密程序等制造性无形资产及商标权、商誉、经销权、特许经营权等市场性无形资产的使用权而取得的所得；租金是指财产所有人向财产承租人收取的财产使用费。

投资所得具有支付方相对稳定，受益方相对分散的特点，尤其是在跨国间接投资活动中，投资者不一定在投资项目所在国活动或居住，因此需要对不同的投资所得来源进行详细辨析。

1. 股息所得

目前各国主要依据分配股息的公司的居住地判定股息所得来源地。《中华人民共和国个人所得税法实施条例》中特别规定："除国务院财政、税务主管部门另有规定外，下列所得，不论支付地点是否在中国境内，均为来源于中国境内的所得：……（五）从中国境内企业、事业单位、其他组织以及居民个人取得的利息、股息、红利所得。"《中华人民共和国企业所得税法实施条例》中同样规定："股息、红利等权益性投资所得，按照分配所得的企业所在地确定来源地"。因此，对于拥有中国境内公司、企业股权而从中国境内公司、企业取得的股息、红利都属于源自中国境内的所得，但非居民个人股东从我国境内外商投资企业在我国香港发行股票所取得的股息、红利免征个人所得税，即上述股息、红利虽然同样源自中国，但中国对其免税。

2. 利息所得

判定利息所得来源地的规则主要有四种：一是以借款人的居住地或信贷资金的使用地为标准判定利息所得的来源地；二是以用于支付债务利息的所得来源地为标准判定利息所得的来源地；三是以借款合同的签订地为标准判定利息所得来源地；四是以贷款的担保物所在地为标准判定利息所得来源地。

目前多数国家（地区）采用第一种判定方法，我国的个人所得税也同样采用这一标准。《中华人民共和国个人所得税法实施条例》中规定："除国务院财政、税务主管部门另有规定外，下列所得，不论支付地点是否在中国境内，均为来源于中国境内的所得：……（五）从中国境内企业、事业单位、其他组织以及居民个人取得的利息、股息、红利所得。"但《中华人民共和国企业所得税法实施条例》中规定"利息所得……按照负担、制度所得的企业或者机构、场所所在地确定，或者按照负担、支付所得的个人的住所地确定"，该规定与《中华人民共和国个人所得税法实施条例》的规定有所不同。按照《中华人民共和国企业所得税法实施条例》的规定，对于在中国境内使用的贷款，只要其利息支付或者负担方是中国境外的企业或者机构，则该笔利息所得就属于境外来源所得，无须负担我国的10%的预提所得税，且我国境内企业也不能将该笔利息在企业所得税前列支。美国是目前采用第二种判定方法的典型国家。美国税法中利息所得的"看穿规则"规定："如果支付利息的美国居民公司在支付期前三年中，其全球利润中有80%或80%

以上是外国经营所得，则其向非关联方支付的全部利息均被视为境外来源所得，向关联方支付的利息需要有 80%以上被视为境外来源所得。"此外，美国税法规定美国的银行所支付的利息通常不作为美国境内来源所得，除非该笔利息所得与在美国境内从事的经济活动密切相关。第三种判定方法的代表性国家（地区）包括澳大利亚、新西兰等，第四种判定方法的代表性国家（地区）包括奥地利、希腊等。

3. 特许权使用费所得

特许权使用费所得来源地包括如下几类判定标准：一是以特许权的使用地为标准判定所得来源地。美国税法中规定，特许权使用费以被许可人使用或者有权使用特许权的地点判定所得来源地，而与支付者、取得者的居住地无关，也与该笔费用的支付地无关。《中华人民共和国个人所得税法实施条例》中也有类似规定，"除国务院财政、税务主管部门另有规定外，下列所得，不论支付地点是否在中国境内，均为来源于中国境内的所得：……（三）许可各种特许权在中国境内使用而取得的所得"。二是以特许权所有者的居住地（即对该项无形资产提供法律保护的国家（地区））为标准判定所得来源地。南非目前正在采用这一标准。三是以特许权使用费支付者的居住地为标准判定所得来源地。例如，《中华人民共和国企业所得税法实施条例》中规定，"企业所得税法第三条所称来源于中国境内、境外的所得，按照以下原则确定：……（五）利息所得、租金所得、特许权使用费所得，按照负担、支付所得的企业或者机构、场所所在地确定，或者按照负担、支付所得的个人的住所地确定"，即凡是由境外企业支付或者负担的特许权使用费就不属于源于中国境内的所得。此外，法国、比利时等欧洲大陆国家（地区）也同样采用这一标准。四是以无形资产的开发地为标准判定所得来源地。阿根廷等少数国家（地区）目前采用本条标准。

需要特别指出的是，电影放映及计算机软件方面的特许权使用费在部分国家（地区）被视为经营所得，而非特许权使用费所得。

4. 租金所得

租金所得来源地主要依据产生租金的财产的使用地或所在地、财产租赁合同签订地或者租金支付者的居住地来判定租金所得的来源地。《中华人民共和国个人所得税法实施条例》主要采用租赁财产使用地标准判定所得来源地：将财产出租给承租人在中国境内使用而取得的所得，为来源于中国境内的所得。《中华人民共和国企业所得税法实施条例》则主要采用租金支付者标准判定所得来源地："租金所得按照负担、支付所得的企业或者机构、场所所在地确定"。

需要特别指出的是，如果完全按照上述标准判定股息、利息、特许权使用费及租金等消极所得的来源地，实践中极易被人们利用来规避一国的地域管辖权，因此为防止地域管辖权规则被滥用，包括中国在内的部分国家（地区）特别规定：发生在本国境外，但与本国国内经济活动及本国国内机构有实际联系的所得也同样被推定为源自本国的所得，需要向本国纳税。

（四）财产所得来源地的确定

1. 不动产所得

不动产所得是指出租和使用不动产所取得的所得。不动产通常指固定地存在于某个国家（地区）领土范围内，不能移动的财产，如机器、厂房、设备等。此外，不动产还包括附属于不动产的财产、农业和林业所使用的牲畜和设备，以及法律所规定的适用于地产的权力、不动产的使用权益及由于开采或者有权开采水源、矿藏和其他自然资源而取得所得的权利。不动产应当具有财产所在国的法律中所规定的含义。不动产所有人只有在取得财产所在国对其产权认可的条件下，才能出租和使用其不动产并取得租金等所得。

不动产所得的取得通常与不动产所处的地点紧密相关，因此不动产所得来源地通常依据不动产所在地或坐落地来确定，并由不动产所在地或坐落地的国家（地区）对其行使地域管辖权。例如，《中华人民共和国企业所得税法实施条例》明确规定："企业所得税法第三条所称来源于中国境内、境外的所得，按照以下原则确定：……（三）转让财产所得，不动产转让所得按照不动产所在地确定……"。《中华人民共和国个人所得税法实施条例》也表明："除国务院财政、税务主管部门另有规定外，下列所得，不论支付地点是否在中国境内，均为来源于中国境内的所得：……（二）将财产出租给承租人在中国境内使用而取得的所得。"

2. 财产收益所得

财产收益是指转让、销售动产和不动产的所得。不动产所得与财产收益所得有着显著的区别：不动产所得是因让渡不动产的收益权而取得的固定或不固定的收益（出租、使用不动产的所得），不动产的所有权没有发生转移；财产收益所得是因转让财产所有权而取得的所得（转让、销售不动产和动产的所得）。许多国家（地区）所开征的资本利得税即针对财产收益的税种。

对于财产收益，各国税法和国际税收协定都是分情况进行区别确定所得来源地的：

- 销售不动产收益，以不动产的存在地为依据判定所得来源地，即不动产坐落地的国家（地区）对该笔所得行使地域管辖权。
- 销售动产收益（特别是出售营业性商品、货物所取得的收益），通常依据转让者居住地判定所得来源地。动产包括存货、商品，也包括商誉、许可权等无形资产。
- 转让或出售位于非居住国的常设机构的营业财产或从事独立劳务的固定基地的动产，以常设机构或固定基地所在国为依据判定所得来源地，即由常设机构或固定基地所在国对该笔所得行使地域管辖权。
- 转让或出售从事国际运输的船舶或飞机，由于船舶、飞机的位置不易确定，通常由船舶、飞机企业（即转让或者出售方企业）的居住国征税。
- 转让或出售股票收益来源地的判定标准在国际税收实践中争议较大。《经合组织范本》主张对这类收益以转让者居住国为标准判定所得来源地;《联合国范本》则认为此类收益应该分情况区别对待：如果转让股票的公司的财产主要由不动产构成，则此次转让或出售股票所取得的收益由该公司的不动产所在国征税；如果转让或出售股票的公司的财产并非主要由不动产构成，且此次转让或出售的股票达到公司股权的一定比例（如25%），则该笔所得应当由该公司的居住国行使地域管辖权。

3. 遗产继承所得

对于跨国的遗产继承所得，国际上通常视不同情况分别判定不同的所得来源地：以不动产为有形动产为遗产进行继承的，以所继承的不动产或有形动产的存在国认定为遗产所在地，并由遗产所在国对遗产行使地域管辖权；以股票或债权为遗产进行继承的，以发行者或债务人的居住国作为遗产所在地，并由遗产所在国对遗产行使地域管辖权。

第三节 居民管辖权

一、居民管辖权概述

居民管辖权是按照属人原则确立的税收管辖权，是一国政府对其境内居住的居民（自然人以及法人）世界范围内的全部所得和财产行使的课税权力。一国行使居民管辖权所关注的重点在于纳税人的居民身份，即居民管辖权是以纳税人在本国居住并拥有本国居民的身份为依据，判定其所得是否需要向本国纳税。通常，凡是本国的居民（包括自然人和法人）不论其所得来源于本国还是他国（即使该居民纳税人的全部所得均来源于他国，在本国无任何所得），均需要向本国纳税，即本国有权对其居民纳税人的一切所得和财产行使居民管辖权。

实行居民管辖权的理论基础在于居住国对居民提供了社会公共服务和法律保护，使其居民能够在本国享有一系列合法权益，按照"权利义务相统一"原则，居民理应向居住国履行纳税义务。对于居民纳税人的境外收入而言，收入来源国不能独占税收管辖权，需要将税收收益与居住国进行合理分享。因此，尽管地域管辖权被国际社会公认为是合适的、优先的税收管辖权，但并非唯一的税收管辖权，居住国政府并不放弃对本国居民纳税人行使居民管辖权的权力。

与地域管辖权类似，居民管辖权同样可以从两个方面进行理解：一是对于本国居民而言，不论其是否实际居住在本国，也不论其收益、所得及财产是否来源于本国，均需要向本国履行纳税义务；二是对于非本国居民而言，即使其收益、所得来源于本国，或者财产位于本国，也无须向本国履行纳税义务。换言之，在居民管辖权下，一国的居民纳税人对其居住国负有"无限纳税义务"，即居民纳税人需要就其全球范围内的一切所得（不论来源于本国还是他国）向居住国纳税。与之相对应的，在地域管辖权下，纳税人仅对所得来源国负有"有限纳税义务",即仅就来源于该国的所得向其纳税。

二、居民身份的确定

国际税收中的"居民"是指按照某国法律,由于住所、居所、管理场所或其他类似性质的标准,负有纳税义务的自然人和法人,即在税收领域中与一国发生人身连接而又负有纳税义务的人。这与居住管理法规中对"居民"的定义完全不同。许多国家(地区)都制定了居住管理法,通过对外籍公民颁发居住许可证来表明其在本国的合法居民身份。然而,国际税收中的"居民"概念更加强调纳税人在本国长期居住的事实,换言之,即便某纳税人并不拥有本国居住许可证,但只要他事实上长期在本国居住,就会成为国际税收中的"居民"。

居民身份的确定是一国行使居民管辖权的关键所在,是确定行使居民管辖权的课税主体和课税范围的依据。通常,一国与他国所签订的国际税收协定只适用于缔约国一方或双方的居民纳税人,只有拥有缔约国居民身份的纳税人才能享受该税收协定中的税收利益。因此,准确判定居民身份对于行使居民管辖权的国家(地区)至关重要。目前,世界各国对纳税人居民身份的判定标准不尽相同。

(一)自然人居民身份的确定

1. 住所标准

住所是指一个人的固定或永久性的住处,通常为配偶、家庭及财产所在地。当一国采用住所标准判定自然人纳税人的居民身份时:凡是在本国设立住所的纳税人,均为本国的居民,对本国负有无限纳税义务。住所具有永久性和固定性,能够成为个人从事政治、经济、社会活动的主要地点,由于个人在该国获得了受国家(地区)保护的权利,因此理应向该国履行纳税义务。故而住所标准体现了权利义务相对应的关系。

关于住所的概念,不同国家(地区)均给出了明确的界定。例如,法国的法律规定,个人的定居之处为其住所;英国规定,个人的永久性居住之处为其住所,该住所是当期无理由继续停留在他国时所要返回的处所。目前多数国家(地区)采用客观标准确定自然人的住所,即依据该自然人在本国是否拥有习惯性居所或是否在本国定居来判定其居民纳税人身份。但也有部分国家(地区)同时还补充依据自然人的主观意愿加以判定:如果某人在一国有永久定居的意愿,则可将其判定为该国的居民纳税人。例如,希腊的法律规定,当一个人在希腊有安家意愿,且其住所位于希腊,则其成为希腊的居民纳税人;英国的法律也规定,一个成年人的住所取决于其永久居住意愿。美国在1984年税收改革法案实施之前同样依据纳税人的居住意愿判定其住所地点,即在移民法允许的前提下,若在美的外籍公民不打算离开美国,则将其判定为美国的居民纳税人。但1984年之后,美国的税收改革法案修改了这一主观标准,用在美国的长期居住证(绿卡)替代了上述主观居住意愿,并规定:凡是持有美国绿卡的外籍纳税人均为美国居民纳税人。

我国目前采用住所标准判定自然人纳税人的居民身份,并在《中华人民共和国个人所得税法》中规定:"在中国境内有住所,或者无住所而一个纳税年度内在中国境内居住累计满一百八十三天的个人,为居民个人。居民个人从中国境内和境外取得的所得,依照本法规定缴纳个人所得税。"《中华人民共和国个人所得税法实施条例》规定:个人所得税法所称在中国境内有住所,是指因户籍、家庭、经济利益关系而在中国境内习惯性居住。这表明,我国个人所得税法依据个人的"习惯性居住地"判定住所所在地。但需要特别强调的是,在中国境内有习惯性居住地是指个人由于住所在中国境内,故而在完成在他国的学习、工作、旅行等活动之后,必须返回中国境内居住的情况,而非强调个人在中国境内实际居住。换言之,只要某自然人的习惯性居住地位于中国,即便在某一纳税年度内,此人并未实际在中国境内居住,仍然不妨碍将其判定为中国居民纳税人,并向中国负有无限纳税义务。

在验定住所的客观标准方面,部分国家(地区)将个人家庭(配偶、子女)所在地作为判定住所的重要标志,也有一些大陆法系国家(地区)(如法国、奥地利、比利时、荷兰等)使用经济利益中心或经济活动中心标准判定住所所在地。经济利益中心是指能够给当事人带来主要投资收益的不动产、专利或特许权等财产的所在地;经济活动中心是指当事人的主要职业或就业活动的所在地。

2. 居所标准

居所是指一个人在某国境内持续停留一段时间且临时居住(不打算永久居住)的处所,是自然人纳税人的不定期居住场所,是为某种目的(如求学、经商等)而非长期居住的处所。居所的确认通常涉及自然人的居住、停留时间等因素,但居所的判定与其所有权和存在形式完全独立,即居所可以是自有房屋,也可以是租赁房屋;可以是公寓、宿舍,也可以是酒店、旅馆。

居所与住所的区别在于:

● 住所是个人的久居之地,而居所是个人因某种原因而暂居或客居之地;

● 住所通常涉及久居的意图,即个人打算在未来永久居住在某地,而居所通常涉及居住的事实,即个人已经在某地居住了一定时间或有条件长期居住,但并无久居的意图。

居所标准的优点在于:纳税人居民身份的确定与其实际经济活动地紧密相关。目前采用居所标准判定纳税人居民身份的国家(地区)有英国、德国、加拿大、澳大利亚等。其中,英国规定,凡是在英国拥有住宅的自然人,只要在某一纳税年度内曾在英国停留,不论其在英国实际居住时间长还是短,也不论其在英国期间是否实际使用该处住宅,一律被确认为英国居民纳税人。相似地,爱尔兰法律规定,凡是在爱尔兰拥有住房的个人,只要在一个纳税年度内曾在爱尔兰停留一天,便是爱尔兰的居民纳税人。德国规定,凡是在德国拥有非临时性住房的个人均为德国居民纳税人。实践中,部分国家(地区)还以个人在本国的居住时间长短及与居住地关系的持久性来判定其在本国的居所的存在性。

【例 2.3.1】 史密斯先生 1910 年在加拿大出生,1932 年在英国参军,1959 年退役,其后一直在英国的一家私人研究机构工作，直到1961年正式退休。退休后，史密斯先生与妻子选择继续在英国生活，但一直保留着他的加拿大国籍和护照，并经常与加拿大保持金融往来，且明确表示希望未来与妻子回到加拿大安度晚年（即使妻子先行去世，史密斯先生也要独自回加拿大度过余生）。尽管史密斯现在在英国实际生活了44年，但他在英国仅有居所而没有住所。

【例2.3.2】 1928年英国法院在审理一桩纳税案件时指出，即便是没有固定住处（经常性睡在公园里或马路便道上）的流浪汉，也可能成为英国居民纳税人。

3. 停留时间标准

停留时间标准是指以当事人在本国居住或者停留的时间长短作为判定其是否为本国居民纳税人的标准。如果一个纳税人在本国居住或者停留的时间超过了本国税收法律规定的期限，这个人就会被判定为本国居民纳税人，本国有权对其源自全球的所得行使居民税收管辖权。换言之，即使某自然人在本国没有住所或者居所，只要在一个纳税年度中，其在本国实际停留时间超过了规定天数，也同样可以被判定为本国居民纳税人。

通常而言，停留时间标准按照纳税年度确定，即在一个纳税年度内，如果某个自然人在本国连续或者累计停留的时间超过了规定的标准，则其便需要以本国居民纳税人的身份履行纳税义务。但这一规定也有例外：新西兰、越南等国规定，在任意12个月中（不局限于某一纳税年度中，也可以是跨年度的12个月），只要当事人在本国的停留时间达到了规定标准就被判定为本国居民纳税人。

● 关于停留时长的规定：虽然目前很多国家均以停留时间标准判定当事人的税收身份，但各国的具体停留时长规定各不相同。例如，澳大利亚、加拿大、丹麦、芬兰、德国、意大利、爱尔兰、印度、韩国、卢森堡、马来西亚、挪威、新西兰、葡萄牙、巴基斯坦、新加坡等国均采用半年期标准（通常半年期标准为183天，但印度、马来西亚等国将半年期标准设定为182天，泰国将半年期标准设定为180天）。对于实行半年期标准的国家（地区）而言，如果某自然人在一个纳税年度中（新西兰、越南等国为任意12个月内）在该国停留满半年，则其在该纳税年度或该12个月中属于该国的居民纳税人。此外，也有部分国家（地区）采用一年期标准（365天），如日本和阿根廷。我国在2019年个人所得税改革之前采用一年期标准，即按照原《中华人民共和国个人所得税法》及其实施条例规定，凡是在中国境内居住满一年的个人就为中国的税收居民，其中，在中国境内居住满一年是指在一个纳税年度内在中国境内居住满365天，临时离境期间并不扣减停留天数。但2019年开始实施的《中华人民共和国个人所得税法》将原一年期标准改为半年期标准，即不论当事人在中国境内是否拥有住所，凡是在一个纳税年度内其在中国境内居住满183天，其身份就需转变为中国的税收居民。

● 关于停留时间的判定方法：目前多数国家（地区）依据当事人当年在本国停留天数来判定其在本国的税收身份，但也有部分国家（地区）在计算当事人在本国停留时长时，不仅以其当年在本国的停留时间为依据，同时还考虑以往年度该当事人在本国的停留情况，换言之，这些国家（地区）在判定某自然人在本国的税收身份时，需要同时使用当年和以前若干年度中这名当事人在本国的停留时长，加以综合判断。以英国和爱尔兰为例，上述两国规定，除了采用半年期标准判定当事人在本国的居民纳税人身份之外，凡是在连续四年中，在本国停留时间达到平均每年三个月（91天）或以上的，也同样视为本国居民纳税人。类似地，印度规定，对于在某一纳税年度内在印度境内停留满182天，或者在该年度内在印度停留满60天，且在以前四个年度中在印度累计停留365天以上的当事人，均为印度的居民纳税人。此外，美国也有相关规定，但具体细则更为复杂。在一个纳税年度中在美国停留31天或以上，且在当年及当年以前的两个年度在美国停留的时间加权计算结果大于等于183天的当事人为美国居民纳税人。具体的计算办法为：当事人当年在美停留天数加上前一纳税年度在美停留天数的三分之一，再加上在前一纳税年度在美停留天数的六分之一，三者之和即判定该当事人在美综合停留时间的依据。如果计算结果少于183天，则该当事人并非美国居民纳税人；如果计算结果等于或者大于183天，则该当事人被判定为美国的居民纳税人。

● 关于停留时间的计算方法：尽管不同国家（地区）对当事人在本国的停留时间计算方法各不相同，但目前诸如美国在内的多数国家（地区）规定，即使在本国停留时间不足一天，也同样按照一天来计算（换言之，即便某人在一国仅停留了一分钟，当天也要按照一天来确认其在该国的停留时间）；爱尔兰等另外一些国家（地区）则规定，只有当事人在本国停留到当日午夜才按一天计算；此外，英国等国选择以小时为单位计算当事人在本国的停留时间，只要其在本国累计停留时长达到24小时，便确认其在本国停留一天。无住所个人一个纳税年度内在中国境内累计居住天数，按照个人在中国境内累计停留的天数计算。在中国境内停留的当天满24小时的，计入中国境内居住天数，在中国境内停留的当天不足24小时的，不计入中国境内居住天数①。

【例2.3.3】 约翰先生来自澳大利亚，他在2016年、2017年、2018年在美国各停留了120天，请问2018年约翰先生是否为美国居民纳税人？

$$120+120\times\frac{1}{3}+120\times\frac{1}{6}=180（天）$$

约翰先生在2016年、2017年、2018年三年中在美国停留天数的加权计算结果为180天，没有达到183天的标准，因此2018年约翰先生不是美国的居民纳税人。

但是，如果约翰先生在上述三年中在美国停留天数各为122天，则加权计算结果为183天：

$$122+122\times\frac{1}{3}+122\times\frac{1}{6}=183（天）$$

此时，2018年约翰先生成为美国居民纳税人。

通常，一国的停留时间标准与该国居民税收管辖权的行使范围成反比，即停留时间标准规定得越短，该国居民税收管辖权的行使范围就越大；反之则越小。

4. 意愿标准

意愿标准是指以当事人是否具有在本国长期居住的主观意愿为依据判定其是否为本

---

① 关于在中国境内无住所的个人居住时间判定标准的公告(财政部 税务总局公告2019年第34号)[EB/OL].http://www.gov.cn/xinwen/2019-03/17/content_5374435.htm，2019-03-17.

国居民纳税人。通常，实践中以当事人签证时间的长短、劳务合同的签订等为依据，对其在本国的长期居住主观意愿加以判定。由于意愿标准具有较强的主观性，实践中难以准确把握，因此目前多数国家（地区）将意愿标准与其他标准结合使用。例如，巴西规定凡是在巴西居住满一年的自然人，不论其在巴西的长期居住意愿如何，均将其判定为巴西居民纳税人。对于在巴西已经取得长期居住签证的外国人，如若其自愿成为巴西居民，即使其在巴西居住时间不满一年，也同样可以被判定为巴西居民纳税人。

（二）法人居民身份的确定

严格意义上说，国籍、居所、住所等均是自然人范畴的概念。但是，随着跨国经济交往的繁荣发展，越来越多的法人不仅局限于本国境内，还跨越国界开展境外经济活动，故而法人的"国籍"和"税收居民身份"便应运而生。各国对法人居民身份的判定标准各不相同，但概括而言主要包含以下几种。

1. 登记注册地标准

登记注册地标准，是指一个公司或企业按照一国的公司法，履行登记注册手续得到有关当局的批准，成为该国的法人，进而在税收上成为"居民"，对该国负有无限纳税义务。换言之，按照登记注册地标准，凡是按照本国法律在本国注册成立的法人，均为本国的法人居民，而不论该法人的管理机构所在地或者业务活动所在地是否位于本国境内，也不论其投资者是本国还是他国居民纳税人。由于一个公司或者企业的登记注册地是唯一的，因此登记注册地标准的优点在于容易操作和识别，且法人的居民纳税人身份一旦参照本条标准判定下来，便不会因其移居别国而发生税收身份的变动，因此避税空间较小。目前美国、英国、日本、芬兰、比利时、德国、挪威、新西兰、澳大利亚、瑞士、印度、泰国等均采用此条标准。

2. 总机构所在地标准

总机构所在地标准是指凡是总机构设立在本国的法人均为本国的法人居民纳税人，即以法人在本国是否设立总机构作为判定其税收居民身份的依据。其中，总机构是指法人的主要营业场所或者主要办事机构。通常而言，总机构负责制定法人的重大经营决策，并且负责统一核算法人的盈亏。实践中，法人的总机构常为法人的总公司或总部，即总机构标准强调的是法人组织结构主体的重要性。目前日本、法国、巴西等均实施本条标准。《中华人民共和国外商投资企业和外国企业所得税法》将总机构设立在我国境内的外商投资企业确定为我国的居民企业，即不论上述企业的所得是否来源于我国境内，均需要依法向我国缴纳企业所得税。

总机构所在地标准的优点在于判定依据客观明确，简单易行。但如果仅以总机构所在地作为唯一标准判定法人的税收身份，也存在将总机构位于他国，但实际控制中心位于本国的法人排除在居民纳税人之外的风险。

3. 管理机构所在地标准

管理机构所在地标准是指以法人在本国是否拥有管理机构为依据判定其税收居民身份，即不论该法人的注册地是否位于本国，只要其将管理机构设立在本国境内，便被判定为本国居民纳税人，此时其来源于本国境内外的全部所得均需要遵从本国居民（公民）税收管辖权向本国履行纳税义务。管理机构所在地标准强调的是法人权力或决策中心的重要性。

法人的管理机构所在地是指做出和形成公司的经营管理重要决策的地点。管理机构并不等同于日常业务经营机构，世界各国对管理机构与控制中心的判定依据各不相同，主要集中在公司董事会开会地点、股东大会召开地点、股息红利发放的公布地点等。

具体地，法人的管理机构可以细分为管理和控制的中心机构，以及实际（有效）管理机构：①管理和控制的中心机构是指公司的最高权力机构，主要负责与公司发展相关的战略的制定，同时还掌控公司的财权、公司财产的取得与处置权、公司经营活动的决策权、公司高级管理人员的任免权等。一般地，公司的董事为上述权力的实际掌控者，因此一些国家（地区）根据公司董事的居住地，或者公司董事会的召开地，或者股东大会召开地，或者公司账簿的保管地判定公司的管理和控制中心所在地。②关于实际（有效）管理机构的定义，目前没有统一而明确的解释。部分国家（地区）认为实际（有效）管理机构是指公司日常业务的管理机构，具体负责公司经营决策的执行和日常运营活动的管理；部分国家（地区）认为实际（有效）管理机构是指公司的决策机构，与管理和控制的中心机构没有本质上的差别，属于同一概念。联合国《税收协定范本注释（2001）》第四条第十段认为："在确定实际管理所在地时应考虑以下因素：①公司被实际管理和控制的地点；②对公司管理至关重要的最高决策的制定地点；③从经济和功能的角度来看对公司管理发挥重要作用的地点；④公司最重要账簿的保管地点。"目前澳大利亚、加拿大、德国、爱尔兰、新西兰、新加坡、英国等参照管理和控制的中心机构判定法人的居民纳税人身份；比利时、丹麦、南非、挪威、葡萄牙、西班牙等则采用实际（有效）管理机构标准判定法人的税收身份。

管理机构所在地标准的优点在于更符合公司的实际情况。但由于实践中多数国家（地区）依据董事会会议举行地点或公司董事的居住地点对法人的管理机构与控制中心进行判断，难以形成客观统一的判定依据，无法以法律条文的方式将本标准规范化，故本标准的实施多以案例方式加以裁定。

【例 2.3.4】 1906 年英国上议院在审理戴比尔斯联合矿业有限公司（De Beers Consolidated Mines Limited）的纳税案时，劳尔伯恩议员指出："对于所得税而言，一个公司的实际业务在哪里开展，哪里就是它的居住地……公司的实际业务是在其中心管理和控制机构实际所在地开展的……"

【例 2.3.5】 A 石油公司于 1946 年在喀麦隆注册成立，其总机构设立在喀麦隆的雅温得。1949 年英国政府要求 A 石油公司就其全部所得向英国纳税。对此，A 石油公司认为其注册地及总机构均位于喀麦隆，公司的产品和销售地也均位于英国以外的其他国家（地区），故而不具备英国居民纳税人身份，无须就全部所得向英国政府纳税。但英国法院认为，A 石油公司的绝大多数董事均居住在英国，大部分董事会议在英国举行，且有关公司发展的重要决策均在英国制定，故而有理由判定该公司的管理机构与控制中心位于英国，即该公司属于英国居民纳税人，应当就全部所得向英国纳税。

4. 选举权控制标准

选举权控制标准是指以掌握公司选举权股份的股东是否为本国居民为依据判定法人的居民纳税人身份。换言之，法人的选举权和控制权被哪国股东所掌握，法人的税收居民身份就属于哪国。选举权控制标准的优点在于纳税人身份判定标准易于量化，但是，由于跨国公司多采用多层组织结构，母子公司之间的股权分布错综复杂，因此实践中对控股权的认定较为复杂，管理难度较大。此外，如果一个法人被来自不同国家（地区）的居民股东共同控股或者公司的股票公开上市交易，则选举权控制标准难以实施，此时该公司的来自不同国家（地区）的居民股东应当就属于自己的利润向本国履行纳税义务。

5. 主要经营活动所在地标准

主要经营活动所在地标准是指依据公司或企业的主要经营活动地点判定其税收居民身份。其中，主要经营活动所在地是指法人的主要收入来源地、主要财产所在地、主要产品生产和销售地等。实践中，在采用本条标准时，通常依据公司占比最大的贸易额或者利润额的来源地判定该公司的税收居民身份的归属。主要经营活动所在地标准依据公司的主要收入来源地、主要财产所在地等判定其税收身份。相较于其他标准而言，本条标准的判定理由更充分，但由于实践中在判定某一公司或企业的主要经营活动地点时通常涉及大量的财务信息，因此征管方面的判定指标同样存在不够直观的问题。

上述五种标准中，目前最常用的是注册地标准和管理机构所在地标准，也有部分国家（地区）同时采用总机构所在地标准，但选举权控制标准和主要经营活动所在地标准实践中使用得相对较少。部分国家税收居民身份的判定标准，如表2-1所示。

表2-1 部分国家税收居民身份的判定标准

国家	自然人居民身份的判定标准	法人居民身份的判定标准
澳大利亚	（1）在澳大利亚有住所或长期居住地； （2）在纳税年度内连续或累计在澳大利亚停留半年以上（除非该个人在澳大利亚以外有经常性住所，并且该个人不打算居住在澳大利亚）	（1）在澳大利亚注册； （2）管理和控制中心机构在澳大利亚； （3）投票权被澳大利亚居民股东控制
比利时	（1）已婚夫妇的家庭设在比利时； （2）住所或经济基地在比利时（在比利时的社区办理了人口登记）	（1）在比利时注册成立； （2）公司的总部或实际管理机构设在比利时
巴西	（1）持有巴西的长期签证； （2）因签订有就业合同而持有巴西的临时签证（期限最多两年）； （3）在任何12个月中在巴西连续或累计停留超过183天	在巴西注册成立且公司的总部设立在巴西境内
加拿大	（1）在加拿大有全年可使用的住处，或配偶、子女在加拿大，或个人财产及经济利益关系在加拿大； （2）在一个日历年度中在加拿大停留183天或以上	（1）在加拿大注册成立； （2）管理和控制中心机构设立在加拿大
丹麦	在丹麦长期居住或在丹麦连续停留六个月以上（期间短期离境不扣减在丹麦停留的天数）	（1）在丹麦注册成立； （2）公司的日常管理机构设立在丹麦
法国	（1）在法国有家庭或经济利益中心； （2）在法国就业或从事职业活动； （3）一个日历年度中在法国停留了183天以上	依据法国商法在法国注册成立

续表

国家	自然人居民身份的判定标准	法人居民身份的判定标准
德国	（1）在一个日历年度中在德国连续停留超过六个月； （2）在一个日历年度中在德国累计停留超过六个月	（1）在德国注册成立； （2）公司的实际管理机构设立在德国
希腊	（1）重要的经济利益中心位于希腊境内； （2）在希腊停留183天以上（因看病或旅游而在希腊停留183天以上但不足365天的当事人除外）	（1）在希腊注册成立； （2）公司的实际管理机构设立在希腊
印度	（1）在纳税年度内在印度停留182天以上； （2）本纳税年度在印度停留60天或以上，且在以前四个纳税年度在印度居住365天或以上	（1）在印度注册成立； （2）公司的管理和控制活动全部在印度进行
爱尔兰	（1）在纳税年度内在爱尔兰停留183天或以上； （2）在纳税年度内在爱尔兰停留30天以上，且在当年及以前年度中在爱尔兰累计停留时间超过280天	（1）在爱尔兰注册成立； （2）公司的管理和控制中心设立在爱尔兰
意大利	（1）在意大利办理了居住人口登记； （2）在意大利有利益中心或经营地； （3）在纳税年度中在意大利停留183天以上	（1）在意大利注册成立； （2）公司的管理总部设立在意大利； （3）公司的主要经营活动在意大利展开
日本	（1）在日本有生活基地和生活重心； （2）在日本连续居住满一年	（1）在日本注册成立； （2）公司总部设立在日本
挪威	（1）有在挪威长期居住的意向； （2）在任意12个月内在挪威停留时间连续或者累计超过183天，或在36个月中在挪威停留超过270天	（1）在挪威注册成立； （2）公司的实际管理或控制机构设立在挪威
葡萄牙	（1）在任意12个月内在葡萄牙累计停留183天以上； （2）在任意12个月内在葡萄牙累计停留时间不足183天，但在葡萄牙境内有习惯性居所	（1）公司总部位于葡萄牙； （2）公司的实际管理机构位于葡萄牙
新加坡	（1）在新加坡定居或有定居的意向； （2）在纳税年度内在新加坡停留满183天； （3）在新加坡连续停留满183天，但该183天跨越了两个纳税年度，尽管此时每个纳税年度中该当事人在新加坡停留时间均不满183天，但仍需将该当事人判定为上述两个纳税年度中的新加坡居民纳税人	公司的管理和控制中心机构均设立在新加坡
西班牙	（1）在西班牙有经济或职业活动的基地； （2）在西班牙有家庭（配偶、子女）； （3）在一个日历年度内在西班牙停留超过183天	（1）在西班牙注册成立； （2）公司的总部设立在西班牙； （3）公司的实际管理和控制机构设立在西班牙
瑞士	（1）在瑞士有合法住宅并有定居的意向； （2）因从事收益性活动而在瑞士停留三个月以上，或因从事非收益性活动而在瑞士停留六个月以上	（1）在瑞士注册成立； （2）公司的实际管理机构设立在瑞士
泰国	在纳税年度内在泰国累计停留满180天	在泰国注册成立
英国	（1）在纳税年度中在英国连续或累计停留183天以上； （2）在英国有住房，且在一个纳税年度中拥有、租赁或生活在其中的天数满91天，同时在该纳税年度中当事人在英国居住满30天	（1）在英国注册成立； （2）公司的管理和控制中心机构设立在英国
美国	（1）有美国长期居住证（绿卡）； （2）当年在美国停留时间满31天，且近三年（含当年）中在美国停留天数的加权平均值为183天或以上	在美国注册成立

注：本表摘自朱青《国际税收（第九版）》第32-34页

需要特别指出的是，上述五种标准使用的前提是该跨国公司的确拥有独立法人地位。但是，实践中随着企业改组等活动的推进，法人的身份不是一成不变的，有可能转变为非法人企业（社团）。此时需要根据新的情况，重新决定如何对其行使税收管辖权。

【例2.3.6】 X公司是跨越美国和墨西哥两国的跨国法人，该公司依据美国的公司法规定，经由美国某个州批准注册设立，取得法人资格，并有来源于美国的所得。该公司的管理机构（董事会）设立在墨西哥，同时其在墨西哥的分支机构也同样有来源于当地的所得。股权结构方面，该公司是由五名股东平均认股投资组建，其中三名股东来自美国，两名股东来自墨西哥。现在该公司决定向美国原申请注册设立的某个州政府申请变更登记，将组织性质改为合伙企业。这种变更登记，虽然仍然按照美国法律进行，但是由于该企业已经不再具备法人身份，而是由五位自然人基于他们的契约所组成的非法人企业，因此美国政府不能再与这个并不具有独立法人资格的合伙企业产生税收征纳关系，而是应当分别向参加该合伙企业的有关合伙自然人行使税收管辖权。因此，该合伙企业不再适用任意一条法人税收身份的确认办法，只能遵从针对自然人的税收管辖权。鉴于该合伙企业中的五名合伙自然人中有三名为美国居民，两名为墨西哥居民，因此美国政府不能在该企业变更登记后继续对其全部所得行使税收管辖权，只能对该合伙企业的所得中归属于三名美国合伙人的部分行使居民税收管辖权，其余归属于两名墨西哥合伙人的所得，则由墨西哥政府行使居民税收管辖权。

三、特殊情况下跨国纳税人居民身份的确定

（一）自然人双重居民身份的判定

由于不同国家（地区）通常采用不同标准判定本国居民纳税人的身份，因此实践中会出现同一个跨国纳税人同时被两个或两个以上国家（地区）判定为本国居民纳税人的情况，继而产生双重居民身份及国际重复征税的可能性。针对这一情况，国际上的通行做法是按照一定的顺序判定该具有双重居民身份的纳税人究竟属于哪国居民，具体顺序如下。

（1）永久性住所。首先依据该跨国纳税人的永久性住所所在国判定其税收身份，由永久性住所所在国对其行使居民税收管辖权。

（2）重要利益中心。如果该当事人在两国均拥有永久性住所，则进一步依据其与两国的经济关系判定其税收身份。具体地，综合考虑该当事人的家庭、财产、社会关系、职业、政治、文化及经济活动所在地等因素，判定其重要利益中心位于哪个国家，进而确定其居民纳税人身份的归属。

（3）习惯性居所。如果该当事人的重要利益中心无法准确判定，则依据其习惯性居所做出判断，即该当事人的习惯性居所位于哪个国家，则其税收身份也属于这个国家。实践中，习惯性居所通常依据当事人在该国的居住和停留时间加以判定，即当事人在哪国停留的时间更长，则将哪国判定为其习惯性居所所在国。

（4）国籍。如果该当事人在两国均有或者均没有习惯性居所，则采用国际标准判定其税收居民身份。

（5）双方国家（地区）协商解决。如果该当事人同时有或者同时没有双方国家（地区）的国籍（同时是或者同时不是双方国家（地区）的公民），则需要由两国通过协商的

方式确定该当事人的税收身份归属。

【例 2.3.7】 贾先生在中国拥有永久性住所，妻子和孩子都居住在中国，同时他在日本经商，并且在日本停留的时间超过了一年。在判定贾先生的税收居民身份时，中国政府依据他在中国有永久性住所，将其判定为中国居民纳税人；日本政府依据他在日本的停留时间，将其判定为日本居民纳税人。因此贾先生成为具有双重居民纳税人身份的自然人。为了避免贾先生来源于世界范围的全部所得被两国重复征税，需要对贾先生的居民纳税人身份进行判定。按照判定顺序，永久性住所标准优先于其他标准，因此贾先生属于中国居民纳税人，其世界范围内的全部所得应当向中国履行纳税义务。

【例 2.3.8】 英国公民查尔斯先生常年在中国经商，并且在北京购买了一套公寓定居。查尔斯先生的夫人则与女儿继续定居英国伦敦。查尔斯先生常年往返于北京伦敦两地。那么，查尔斯先生究竟属于哪国居民纳税人呢？

由于中国与英国均采用"住所"标准判定自然人的税收居民身份，由于查尔斯先生在中国和英国均有固定的住所且经常居住，因此可能被中国和英国同时判定为各自的居民纳税人。

中、英双边税收协定为了解决双重住所冲突问题，特别采用了 OECD 1977 年公布的《经合组织范本》和联合国 1979 年公布的《联合国范本》共同建议的序列选择性冲突规范，即依次按照"永久性住所、重要利益中心、习惯性居所、国籍、双方国家（地区）协商解决"的顺序判定当事人的税收居民身份。由于查尔斯先生在中国和英国均拥有永久性住所，但其妻子与女儿仍居住在伦敦，可以认为其重要利益中心位于英国，故可将查尔斯先生判定为英国居民纳税人。

（二）法人双重居民身份的判定

法人具有双重居民身份时，通常采用管理机构所在地标准加以判定。但是，如果该跨国公司在一国设有管理机构，在另一国设有总机构时，双方国家（地区）通常采用协商的方式最终确定该公司的税收居民身份的归属。

【例 2.3.9】 A 公司在加拿大注册成立，其管理机构位于英国，加拿大和英国政府都将该公司判定为本国居民公司，使该公司具有了双重税收居民身份。依照国际惯例，应当按照管理机构所在地判定该公司的税收身份。因此，最终 A 公司被确定为英国居民公司，由英国对其行使居民管辖权。

（三）国际海运企业居民身份的判定

从事国际海运业务的企业，由于海运时间较长，有可能将管理机构设立在船舶上。由于船舶经常运行于不同国家（地区）的领海之间或者公海之上，不存在固定的场所，因此难以准确界定其实际管理机构所在国。鉴于船舶国籍证书是由船舶登记人办理舰艇所有权登记的港口所在地国家（地区）授予的，所以国际税收协定范本和有关国家（地区）之间签订的税收协定文本中的通行规范是，依照如下顺序判定上述国际海运企业的税收居民身份：①以船舶的船籍所在国或者母港所在国为依据，判定由哪国对该企业行使居民税收管辖权；②如果该船舶没有船籍，或者没有母港，则以船舶经营者的居住国为依据，判定该企业的税收居民身份（由船舶经营者的居住国对该企业行使居民税收管辖权）。

【例 2.3.10】 某远洋运输公司一艘名为"东方红二号"的万吨远洋运输货轮，1995年 7 月在日本大阪港抛锚，修复难度较大，需要支付巨额资金。中国远洋运输公司决定将此船舶就地抛售。经拍卖，该船舶被一家韩国船运公司购买。中国远洋运输公司的船舶销售收入应当向哪国缴纳税款呢？

中国远洋运输公司的售船收入应当仅向中国政府缴纳税款。对于转让从事国际运输的船舶或者飞机等所获得的收益，各国的税收协定中一般都规定其所得仅由转让者的居住国一方独占征税。

> ### 复习思考题

1. 税收管辖权的类型有哪些？
2. 如何判定位于该国的常设机构的利润范围和数额？
3. 简述自然人居民身份的判定标准。
4. 简述法人居民身份的判定标准。

第三章

国际重复征税

国际重复征税是国际税收中的一个重要问题,是由不同国家(地区)所行使的不同税收管辖权交叉重叠的结果。国际重复征税不仅有悖于税负公平原则,也会因降低跨国纳税人经济活动的税后收益水平而妨碍国际经济交往的正常运行。

第一节 国际重复征税的概念和分类

一、重复征税的概念

了解国际重复征税之前,需要先了解什么是重复征税。

重复征税问题可以从课税客体、课税主体及课税权主体三个角度进行阐述。

- 课税客体(课税对象)角度:税收是以一定的对象为客体进行征收的,其课税客体可能为收益、所得、财产价值等。因此,如果对某一课税客体同时进行两次或两次以上的课征,即使这种多次课征是通过不同税种实现的,仍然会产生重复征税问题。
- 课税主体(纳税人)角度:对同一纳税人的同一征税对象或者税源进行多次课征,会产生重复征税问题;对不同纳税人的同一征税对象或者税源进行多次课税,也可能产生重复征税问题。例如,对于股份制公司而言,具有独立法人地位的公司和全体股东显然是不同的课税主体,但是当税务部门首先对反映公司财产价值的资本额课征了财产税,又对该公司的全体股东所持有的(构成公司资本额的)股票价值课征了财产税,则此时同样会产生重复征税问题。
- 课税权主体(税务部门)角度:多数情况下,重复征税为两个或两个以上不同的课税权主体对同一纳税人或者不同纳税人的同一征税对象或者税源所进行的课征。但是,有时同一课税权主体也有可能引起重复征税问题。仍以股份制公司为例,如果上例中的股份制公司和其全体股东都属于同一课税权主体的管辖范围，则此时对公司和股东分别课征的税收就是由同一课税权主体引起的。

因此，经过上述分析，可以将重复征税概括为：同一课税权主体或不同课税权主体对同一纳税人或不同纳税人的同一征税对象或税源课征了两次或两次以上。

二、国际重复征税的概念

重复征税可以发生在一国（地区）之内，也可以发生在不同国家（地区）之间。当重复征税发生在国与国之间时，便产生了国际重复征税。

国际重复征税是指两个或两个以上国家（地区）在同一时期内，对同一或者不同跨国纳税人的同一征税对象或同一税源实行税收管辖权所征收的相同或者类似的税收。具体地，国际重复征税包括两个国家（地区）的国际双重征税及两个以上国家（地区）的国际多重征税。由于实践中国际双重征税更普遍，因此国际重复征税多指国际双重征税。

事实上，国际重复征税还有狭义与广义之分。

狭义的国际重复征税是指两个或两个以上国家（地区）对同一跨国纳税人的同一课税对象重复征税。狭义的国际重复征税强调纳税主体与课税客体均具有同一性。对于从事国际经济活动的纳税主体而言，其所承担的税收负担不应超过仅在本国开展经济活动时的税负，否则就产生了国际重复征税。

广义的国际重复征税是指两个或两个以上国家（地区）对同一或者不同跨国纳税人的同一课税对象或者税源所进行的交叉重叠征税。广义的国际重复征税不仅包括纳税主体及课税对象的同一性，还包括由于纳税主体和课税对象的非同一性所引发的国际重复征税，以及因对同一笔所得或者收入的确定标准和计算方法的不同所引起的国际重复征税。

【例3.1.1】 甲国母公司从其设立在乙国的子公司处取得股息收入，这部分股息收入是乙国子公司就其利润向乙国政府缴纳公司所得税后的利润中的一部分。根据甲国税法规定，母公司获得的这笔股息收入要向甲国政府纳税，因而产生了甲乙两国政府对不同纳税人（母公司和子公司）的不同课税客体或同一税源（子公司利润和股息）的实质性国际重复征税。

三、重复征税的分类

按照其性质不同，重复征税可以细分为三类：税制性重复征税、法律性重复征税、经济性重复征税。

（一）税制性重复征税

税制性重复征税是由于一国实施复税制所造成的。例如，在实行复税制的国家（地区）中，同一纳税人的同一税源需要同时被课征流转税、所得税、财产税等不同税种；不同纳税人的同一征税对象也可能被重复征税。因此，重复征税问题在实施复税制的国家（地区）中几乎是不可避免的，换言之，税制性重复征税是世界各国普遍存在的问题。

（二）法律性重复征税

法律性重复征税是指两个或两个以上拥有税收管辖权的征税主体对同一纳税人的同一课税对象同时行使税收管辖权时所产生的重复征税问题。

【例 3.1.2】 甲国居民在乙国取得一笔所得，如果甲、乙两国均对该笔所得主张行使税务管辖权，则会产生跨国的法律性重复征税问题。

【例 3.1.3】 丙国的居民公司在甲国设立了常设机构，并且该公司通过位于甲国的常设机构在乙国进行经营活动，取得了所得。如果甲乙两国均对该常设机构在乙国取得的所得课税，则会产生法律性国际重复征税问题。

（三）经济性重复征税

经济性重复征税是指两个或两个以上拥有税收管辖权的征税主体对不同纳税人的同一课税对象同时行使税收管辖权时所产生的重复征税问题。显然，法律性重复征税与经济性重复征税的区别在于纳税人是否具有同一性。

【例 3.1.4】 甲乙两个公司为母子公司关系，其中甲公司为母公司，乙公司为子公司。当乙公司用企业所得税后的利润向甲公司支付股息时，甲公司需要就该笔股息收入再次缴纳企业所得税。显然，甲公司与乙公司是两个不同的纳税人，但两者的课税对象却属于同一税源，此时甲乙公司之间就同一笔利润所重复课征的税收就是重复征税问题。进一步地，如果甲乙公司分别位于不同国家（地区），则此时的重复征税问题上升为国际重复征税问题。

第二节 国际重复征税的成因

一、法律性国际重复征税的成因

各国在税收管辖权上的冲突是产生法律性国际重复征税的主要原因，上述冲突可以具体划分为三类：居民管辖权与地域管辖权之间的冲突、居民管辖权之间的冲突、地域管辖权之间的冲突。

（一）居民管辖权与地域管辖权之间的冲突

从理论上讲，如果各国一致地行使某一种税收管辖权，或者纳税人只在居住国取得或者拥有财产，则此时不会产生国际重复征税问题。但是，实践中，为保证本国税收征管权不受侵犯，绝大多数国家（地区）都会同时行使居民管辖权和地域管辖权。因此，对同一个纳税人而言，既需要作为居民纳税人向其居住国就来源于世界范围的全部所得履行纳税义务，又需要作为非居民纳税人向所得来源国履行纳税义务，进而产生由于不同管辖权之间的冲突所引发的国际重复征税问题。居民管辖权与地域管辖权之间的冲突所造成的国际重复征税是目前国际上最普遍和经常发生的重复征税现象。

【例3.2.1】 A公司为美国居民公司，该公司在中国设立了一家分公司。在某个纳税年度内，这家分公司共取得利润100万美元。由于美国对该公司行使居民管辖权，因此该公司需要就在中国取得的这100万美元向美国税务当局申报纳税。此外，由于中国对该公司行使地域管辖权，因此该公司还需要就来源于中国的这100万美元所得向中国税务部门申报纳税，继而产生了由于居民管辖权与地域管辖权之间的冲突所引发的国际重复征税问题。

（二）居民管辖权之间的冲突

不同国家（地区）在实施居民管辖权时，通常采用不同标准判定居民纳税人的身份，有的国家（地区）采用住所标准，有的国家（地区）采用居所标准，还有的国家（地区）采用停留时间标准，甚至有的国家（地区）为扩大居民管辖权的覆盖范围，同时兼用多种标准，进而可能造成同一纳税人同时被多国判定为本国居民纳税人的情况。

【例3.2.2】 X先生在A国境内拥有永久性住所，同时他在某一纳税年度内在B国居住了10个月。在判定X先生的税收身份时，A国政府以X先生位于该国的永久性住所为依据，将其判定为A国居民纳税人；B国政府以X先生在一个纳税年度内在本国停留时间超过183天为依据，认定其为B国居民纳税人。故而，X先生同时具有A国和B国的税收居民身份，对两国均负有无限纳税义务，继而引发国际重复征税问题。

【例3.2.3】 甲公司在A国依法注册成立，管理控制中心设立在B国。A国政府以甲公司的注册成立地为依据，判定其为A国居民企业，B国政府以甲公司的管理控制中心所在地为依据，判定其为B国居民企业。所以，甲公司产生了双重居民身份，需要同时对A、B两国履行无限纳税义务。

【例3.2.4】 A国和B国均采用管理机构所在地标准判定法人税收居民身份。甲公司的董事会在A国举行，总经理部门设立在B国，此时出现了同一公司的管理机构一部分位于A国，另一部分位于B国的情况。因此A国和B国有可能依据上述事实分别将甲公司判定为各自的居民公司。

(三)地域管辖权之间的冲突

与居民管辖权之间冲突的产生相类似,地域管辖权之间的冲突也是由于各国对同一种所得的来源地的认定标准不同。

【例3.2.5】 甲国A公司为乙国B公司在丙国承包的某项工程提供技术咨询服务。对甲国A公司所取得的咨询费,丙国政府依据劳务服务的提供地,将该笔所得判定为来源于丙国境内,对其行使地域管辖权;乙国政府依据咨询费所得的支付地,将该笔所得判定为来源于乙国境内,对其行使地域管辖权,进而产生了地域管辖权之间的冲突。

【例3.2.6】 甲国A公司在乙国设有常设机构,乙国判定经营所得来源地时采用常设机构标准,并实行引力原则,而甲国采用交易地点标准。A公司通过其在乙国的常设机构向乙国的B公司销售货物,销售合同由甲国的A公司与乙国的B公司在甲国境内签订,在判定该笔所得来源地时,甲国依据交易地点标准认为该笔所得来源于甲国,并据此对甲国A公司征税,乙国依据常设机构标准认为该笔所得来源于乙国,也要求甲国A公司设在乙国的常设机构履行纳税义务。

二、经济性国际重复征税的成因

(一)税制上的原因

世界上的多数国家(地区)均同时征收企业所得税和个人所得税,因此当子公司按照母公司控股比例将税后利润的一部分汇给母公司时,或者当股份制公司将税后利润以股息、红利的形式分配给其股东时,被分配的这部分税后利润在母公司或者股东层面又需要再次纳税,从而造成同一税源的重复征税问题。

(二)经济上的原因

随着经济全球化进程的快速发展,跨国控股关系也超越了国界。例如,位于甲国的母公司控制着位于乙国的子公司,而位于乙国的子公司又控制着位于丙国的孙公司,使得同一税源被不同征税主体重复征收,且重复征税的程度随着控股层次的增加而增加。

第三节 国际重复征税对经济的影响

国际重复征税的存在对投资者的利益、税收公平原则、全球资源配置效率及国家(地区)之间税收权益均会产生负面影响。

一、加重跨国纳税人的税收负担

国际重复征税会使得跨国纳税人同时向两个或两个以上国家（地区）履行纳税义务，加重了跨国纳税人的税收负担，降低了其税后利润水平，影响跨国投资者的投资积极性，削弱跨国公司国际竞争影响力。

二、违背税收公平原则

税收公平原则是一国制定税收政策和设计税收制度时所遵循的基本指导思想，该原则可以细分为横向公平与纵向公平。其中，横向税收公平是指相同纳税能力的人应当负担相同的税；纵向税收公平是指不同纳税能力的人应当负担不同的税。因此，在国际税收领域，税收公平原则主要体现为同等收入的跨国投资者应当承担同等水平的税收负担，而不论其收入是来源于国内还是国外。更进一步地说，由于跨国投资者在国外投资面临的风险更高，因此更加需要强调跨国税负的公平性。然而，国际重复征税问题的存在使跨国纳税人国际经济活动所承担的税收负担显著高于国内投资活动，严重违背了税收公平原则。

三、妨碍资源优化配置

国际经济合作会促进国家（地区）间经济、技术、文化的交流，为商品、劳务、人才、科技、资金的国际自由流动提供便利条件。然而国际重复征税严重阻碍了生产要素在国家（地区）间自由流动，使原本可以在别国获得更高回报的生产要素被迫在国内低效率使用，严重妨碍了国际生产要素的优化配置，不利于优质资源在国家（地区）间自由流动与共享，挫伤跨国投资者生产经营的积极性，制约世界经济的高质量发展。

四、影响国家（地区）间税收权益

国际重复征税会引发国家（地区）之间关于税收权力和利益的冲突。当两个或两个以上国家（地区）同时对同一纳税人的同一税源主张税收管辖权时，必然产生税收权益的纠纷，进一步地，如果两国互不相让无法协调时，利益冲突则不可避免。

综上，国际重复征税对经济产生了极为不利的消极影响。目前国际重复征税问题已经引起各个国家（地区）及国际经济组织的高度重视，它们在积极寻求和探讨合理措施避免国际重复征税问题的发生。

➢ **复习思考题**

1. 什么是国际重复征税?
2. 重复征税可以分为哪几类?
3. 法律性国际重复征税的成因是?
4. 减除国际重复征税的方法有哪些?

第四章

国际重复征税的解决办法

国际重复征税对跨国纳税人的投资积极性、一国经济发展及国际要素禀赋的自由流动都有负面影响。为了顺应国际交流合作的发展趋势，各国政府与国际组织实施了一系列方法与措施最大限度地减除国际重复征税，确保跨国经济活动的顺利开展。

第一节 减除国际重复征税的思路、原则与方式

一、减除国际重复征税的思路

（一）限制税收管辖权冲突的程度和范围

解决国际重复征税最简便的方式是让其中某一国放弃税收管辖权，或者只实施一种税收管辖权。但是由于税收管辖权关系到一个国家（地区）的主权，各个主权国家（地区）通常都不会放弃自己正当的征税权力，因此第一种假想无法成立；对于第二种假想，由于难以协调发展中国家（地区）与发达国家（地区）之间的税收利益[若单一地行使地域管辖权，对于人力物力成本较高的发达国家（地区）而言，难以吸引跨国公司将生产基地选址于该国，因此地域管辖权下发达国家（地区）处于劣势；若单一地行使居民管辖权，由于从事跨国经济活动的主体多为发达国家（地区）居民纳税人或居民企业，因此居民管辖权下发展中国家（地区）处于劣势]，实践中也困难重重。因此，只能在承认各国有权同时行使居民管辖权和地域管辖权的基础上，由一方或者多方协商采取解决措施，将税收管辖权的冲突限制在一定的程度和范围之内。

（二）确认地域税收管辖权的优先地位

当两国或多国之间就税收权益问题产生冲突或者争议时，应当首先明确国家（地区）之间税收管辖权的行使顺序，即确立某种税收管辖权的优先地位。按照国际惯例，一方面，进入他国领域时必须首先服从该国法律和行政管理，而后方能被许可在该国开展经营活动；另一方面，跨国经营者从收入来源国取得的所得和收益，首先处于来源国的管辖权力范围内，然后才能够将所得转移至居住国。因此，目前各国已经达成共识：当不同税收管辖权之间产生冲突时，所得来源国优先行使地域管辖权。然而，由于地域税收管辖的优先行使对于居住国国内财政收入的增加造成了一定影响，故多数国家（地区）通过法律形式对地域税收管辖的优先行使增加了限制条件。

1. 必须是符合本国税法规定的境外财产或收入所得

必须依照本国税法的规定，对跨国纳税人的所得或者财产的性质进行判定。只有被判定为境外财产或所得时，才能够优先行使地域管辖权，享受国际重复征税的消除办法。换言之，对于依照本国税法被判定为境内的财产或所得，即便该财产或所得同时被他国征税，也无法享受国内减除国际重复征税的待遇。这一限制的本质是维护本国行使地域管辖权的正当权力，防止他国地域管辖权行使范围无限扩大而侵蚀本国税收权益。

2. 必须是税而不是费

减除国际重复征税办法的实施前提是某财产或所得被重复征收的确实为"税"，而非"费"。收入来源国对跨国纳税人实施的财政手段包括征税和收费。虽然税和费均增加了跨国纳税人的支付负担，减少了其税后利润水平，但是其在居住国所能享受到的减除国际重复征税的待遇仅限于其在来源国已经缴纳的税款。

3. 必须是所得税和一般财产税，且税基必须是净所得

跨国纳税人在居住国所能享受到的消除重复征税的待遇仅针对所得税和一般财产税，不包括流转税类。并且所得来源国优先行使的地域管辖权必须以净所得为基础，即以跨国纳税人在来源国取得的全部收入扣除必要的经营成本、资产折旧、人工工资及其他费用之后的净值作为税基。但对于股息、利息、特许权使用费等按照源泉征收法所课征的预提所得税，则可以按照未扣除成本费用前的毛所得作为税基进行计征。

（三）居住国不放弃行使居民税收管辖权

地域管辖权的优先地位为国际重复征税问题的解决提供了可能。但地域管辖权的优先地位并不与居住国的居民管辖权产生冲突，即当居住国的跨国纳税人或跨国企业就在他国取得的所得向本国履行纳税义务时，本国首先承认其已经向他国缴纳的税款，并采用一定的方法将该笔境外已纳税款消除掉，而后再对其行使居民管辖权。

二、减除国际重复征税的原则

作为国际税收活动的重要内容，减除国际重复征税需要在遵循一定原则的前提下有序地展开，这些原则是保证减除国际重复征税规范化、科学化实施的重要约束。

（一）财政性原则

国际重复征税涉及国家（地区）间税收收入分配关系的协调，国际重复征税问题的解决不仅关系到各国税款的及时足额入库和有效增长，还关系到国家（地区）间财政利益的协调。各国在制定涉外税收政策时，均最大限度地兼顾国内财政状况、本国经济发展与国际惯例之间的平衡，因此减除国际重复征税时，应当将财政性原则综合考虑进去。

（二）分享原则

分享原则是财政性原则的派生分支。减除国际重复征税本质上是妥善处理国际税收分配关系，因此跨国经济活动所取得的收益、所得、一般财产价值等应缴纳的税款应当在该经济活动所涉及的国家（地区）间合理分享。

（三）征收简便原则

在设计减除国际重复征税的办法时，应当考虑可操作性，以便各国政府实施和采用。

（四）促进国际经济交往原则

减除国际重复征税办法的设计应当顺应国际经济发展的大趋势，以便于资本、技术、劳动力等资源禀赋的国家（地区）间合理流动为前提，确保国际经济交往的顺利开展。

三、减除国际重复征税的方式

减除国际重复征税的方式可以大致分为单边方式、双边方式及多边方式。

（一）单边方式

减除国际重复征税的单边方式是指居住国政府为鼓励国内资本积极参与国际经济活

动，增强人员、技术、资本在国家（地区）间的流动，单方面地在国内税法中规定对本国居民纳税人或者居民企业来源于他国的所得免除或者减少其在本国实际承受的税收负担，而不要求对方国家（地区）给予同等的税收让步。单边方式实质上承认了地域管辖权的优先地位，通过牺牲本国税收收入的方式消除或减少国际重复征税的负面影响。

由于双方或者多方协商的成本较高，因此单边方式是较常用的减除国际重复征税的方法。目前为了鼓励本国居民积极从事国际经济活动，世界上多数国家（地区）都在本国税法中，以承认地域管辖权的优先地位为前提，单方面做出减轻或者减除国际重复征税的规定（主要采用扣除法、免税法、抵免法等）。一言以蔽之，单边方式是减除国际重复征税的最基本方式，其他方式均为单边方式的发展与演变。

（二）双边方式

减除国际重复征税的双边方式是指两国政府在平等互利的基础上，通过双边谈判、签订协议等方式协商解决两国之间的税收利益分配问题，消除或减少国际重复征税对两国跨国纳税人带来的负面影响。

随着国际经济交往的频繁推进，国家（地区）之间签订的税收协定在解决国际重复征税问题上发挥的功效日益显著。由于各国政府均不可能放弃本国税收管辖权，且经济全球化趋势不可逆转，国际税收协定必然在更大的范围和更深的层次上进一步发挥作用。因此，自 20 世纪 60 年代以来，国家（地区）之间缔结双边税收协定已经成为世界各国解决国际重复征税问题的重要方式。

（三）多边方式

多边方式是指两个以上的国家（地区）在平等互利的基础上，通过谈判、协商等方式，对税收权力分配所达成的一种谅解，以此来消除缔约国之间的国际重复征税问题。多边方式出现得较晚，典型的多边税收协定是丹麦、法罗群岛、芬兰、冰岛、挪威、瑞典共同签署，并于 1989 年 12 月 31 日开始实施的《北欧税收公约》。该公约自问世以来已经多次修订，在减除国际重复征税问题上仍然发挥重要作用。

与双边税收协定相比，虽然多边税收协定协调成本更高，且存在条文冗长的缺点，但在"常设机构"和"居所"的判定上却独具优势。以"居所"的判定为例，当同一纳税人同时被多国认定为本国居民时，多边税收协定会强制性地要求各国在居住国认定问题上取得一致，避免了同一纳税人同时拥有多国税收居民身份的情况。但是由于缔结公约的内容与各国税收利益紧密相关，因此参与缔约的国家（地区）越多，协商成本与难度越高，最终达成各方接受的协议的可能性越小。

上述三种方式中，双边方式比仅由一国单方面做出让步的单边方式更公平，比由多国共同签订税收协定的协商成本更低，因此，双边方式是公认的解决国际重复征税的最有效方式。

此外，国际重复征税的方式还可以分为事前避免和事后避免。事前避免是指有关国家（地区）在事前就采取磋商和协调等办法，把重复征税发生的可能性降到最低；事后避免是指在国际重复征税已经发生之后，相关国家（地区）采取措施减轻跨国纳税人的税收负担，削减国际重复征税的负面影响。单边方式通常为事后避免方式，而双边和多边方式通常为事前避免方式。

第二节 减除国际重复征税的办法

各国税法和国际税收协定中允许采用的减除国际重复征税的方法主要有扣除法、减免法、免税法和抵免法四种。

一、扣除法

扣除法是指一国政府在对本国居民的国外所得征税时，允许其将该所得负担的他国税款作为费用从应税所得中扣除，而仅对扣除后的余额在本国纳税。其计算公式如下：

居住国应纳所得税额=（纳税人国内外全部应税所得-国外已缴所得税额）×居住国税率

需要特别指出的是：

- 扣除法只适用于纳税人在东道国（所得来源国）直接缴纳的所得税或财产税，以及被东道国扣缴的预提所得税，而其他在东道国缴纳的税款不能作为费用从居住国的应税国外所得中扣除；
- 扣除法下，一国政府对本国居民的他国所得中已经实际负担的国外税款允许冲减其在本国的应税税基，但冲减后的余额仍然需要按照本国税率纳税。故而扣除法并不能完全消除国际重复征税，仅能在一定程度上减轻其负面影响。

【例4.2.1】 甲国居民公司A公司在某一纳税年度中取得的总所得为100万元，其中70万元源自甲国（居住国），30万元源自乙国（东道国或非居住国）。甲国公司所得税适用税率40%，乙国公司所得税适用税率30%，则扣除法下A公司的纳税情况如下：

A公司在乙国应纳税款=30×30%=9（万元）

A公司在甲国应纳税款=（100-9）×40%=36.4（万元）

A公司纳税总额=9+36.4=45.4（万元）

而在不使用扣除法时，A公司的纳税情况为：

A公司在乙国应纳税款=30×30%=9（万元）

A公司在甲国应纳税款=100×40%=40（万元）

A公司纳税总额=9+40=49（万元）

【例4.2.2】 R国居民公司X公司在某一纳税年度的总所得为300万元，其中源自R国的所得为200万元，源自S国的所得为100万元。R国所得税率为35%，S国所得税率有20%和40%两种情况。

（1）在不实行扣除法的情况下：
X 公司在 R 国的应纳税额=300×35%=105（万元）
X 公司在 S 国的应纳税额=100×20%=20（万元）或者=100×40%=40（万元）
综上，X 公司的纳税总额为 125 万元或者 145 万元。
（2）在实行扣除法的情况下：
①当 S 国税率为 20%时（20%<35%）：
X 公司在 R 国的应纳税额=（300−20）×35%=98（万元）
X 公司的纳税总额为 98+20=118（万元）；
②当 S 国税率为 40%时（40%>35%）：
X 公司在 R 国的应纳税额=（300−40）×35%=91（万元）
X 公司的纳税总额为 91+40=131（万元）。
（3）当 300 万元完全源自 R 国时：
X 公司在 R 国的应纳税额=300×35%=105（万元）
X 公司的纳税总额为 105 万元。
由此可见，扣除法具有如下规律：

- 来源国适用税率低于居住国适用税率时纳税人的税负减轻程度小于来源国适用税率高于居住国适用税率时纳税人的税负减轻程度。原因在于来源国已纳税款的金额直接影响居住国税前扣除费用的多少，进而影响居住国的应税税基的大小。
- 扣除法下有境外所得的纳税人实际负担的税负水平仍高于所得额相同，但仅源于境内的纳税人的税负。原因在于扣除法消除重复征税的效果有限，仅能减轻重复征税程度，而无法彻底将其消除。

由于扣除法不能彻底解决国际重复征税问题，且其不鼓励居住国的跨国纳税人对外投资，因此《经合组织范本》和《联合国范本》都不主张在国家（地区）间签订的双边或多边税收协定中采用扣除法解决国际重复征税问题。但部分国家（地区）在国内税法中规定纳税人可以使用扣除法作为消减国际重复征税的备选方案，或者是用于解决本国纳税人跨国间接投资的重复征税问题。例如，日本、德国、法国、瑞士、英国、爱尔兰、韩国、泰国、菲律宾、智利等国都允许纳税人在一定条件下采用扣除法。《德国税收通则》规定，除了适用于参与免税的境外股息、红利以外，其他境外所得一律需要在德国纳税，并允许外国税收抵免本国应纳税额，但超过抵免限额的外国税款不能向以前年度和以后年度结转，同时允许纳税人选择扣除法解决双重征税问题。根据此条政策，显然纳税人在亏损年度选择使用扣除法最有利：在亏损年度，纳税人无须缴纳所得税，国外已缴税款也不存在国内抵免问题，但是如果此时选用扣除法，可以将国外已缴税款作为费用进行税前扣除，继续扩大亏损规模，有利于以后年度少缴所得税。

二、减免法

减免法又称低税法或减税法，即一国政府对本国居民的国外所得在标准税率的基础

上减免一定比例,单独按照较低的税率征税,但对其源自本国的所得按照正常税率征税。其计算公式如下:

居住国应纳税额=来源于居住国的应税所得×居住国税率+来源于他国的应税所得×居住国低税率

【例 4.2.3】 甲国居民企业 A 公司在某纳税年度内在本国取得所得 30 000 元。其中,甲国所得税税率为 30%,并规定本国居民来源于他国的所得适用 15%的所得税率。在同一纳税年度内,A 公司同时在乙国取得所得 20 000 元,乙国所得税税率为 35%。

(1)如果甲国政府不实行减免法:

A 公司向乙国政府缴纳所得税=20 000×35%=7 000(元)

A 公司向甲国政府缴纳所得税额=(30 000+20 000)×30%=15 000(元)

A 公司纳税总额为 7 000+15 000=22 000(元);

(2)如果甲国政府决定对源自他国的所得不征税:

A 公司向乙国政府缴纳所得税=20 000×35%=7 000(元)

A 公司向甲国政府缴纳所得税额=30 000×30%=9 000(元)

A 公司纳税总额为 7 000+9 000=16 000(元);

(3)如果甲国政府实行减免法:

A 公司向乙国政府缴纳所得税=20 000×35%=7 000(元)

A 公司向甲国政府缴纳所得税额=30 000×30%+20 000×15%=12 000(元)

A 公司纳税总额为 7 000+12 000=19 000(元)。

上例表明,由于减免法只是居住国对其税收居民的已经缴纳国外税款的所得在本国按照低税率征税,因此与扣除法相似,减免法也并不能完全消除国际重复征税的影响,仅能减轻重复征税的程度。故而《经合组织范本》和《联合国范本》同样也没有推荐使用减免法作为避免重复征税的方法,只有个别国家(地区)曾经在国内税法中使用过该办法。例如,比利时的所得税法中曾经规定,对本国公司从国外分支机构所取得的所得减征 75%的公司所得税;新加坡政府规定,本国居民在外国设立永久性贸易公司的营业所得,可以在两年内减征 40%的所得税;西班牙政府对本国公民源于他国的所得实行定期减税。

【例 4.2.4】 甲国某居民企业在一个纳税年度内源自本国的所得为 80 万元,源自乙国的所得为 20 万元。甲国所得税税率为 35%,但对本国居民源于他国的所得规定适用 10%的低税率,乙国的所得税税率为 40%。

(1)如果甲国不实行减免法:

该企业在甲国应纳税额=(80+20)×35%=35(万元)

该企业在乙国应纳税额=20×40%=8(万元)

该企业纳税总额=35+8=43(万元)

(2)如果甲国实行减免法:

该企业在甲国应纳税额=80×35%+20×10%=30(万元)

该企业在乙国应纳税额=20×40%=8(万元)

该企业纳税总额=30+8=38(万元)

(3)比较(1)和(2):
①减免法消除掉的重复征税的税额=43-38=5(万元)
②减免法没有消除掉的重复征税的税额=8-5=3(万元)

此外,减免法减除国际重复征税的具体程度取决于低税率的减税幅度。由于低税率的减税幅度为 0~100%,当减税幅度接近 0 时,减免法几乎没有任何减除国际重复征税的作用;当减税幅度接近 100%时,减免法与免税法相似。

三、免税法

免税法是指一国政府对本国居民的国外所得给予全部或部分免税待遇。免税法并非实行单一的地域管辖权,相反,免税法只有在实行居民管辖权的国家(地区)才有意义,即一国政府根据居民管辖权本应对其居民纳税人的他国所得征缴税款,但出于种种考虑全部或者部分地放弃了这种征税权。对于单一行使地域管辖权的国家(地区),由于其放弃了居民管辖权,因此其对本国税收居民的他国所得原本就不征税,因此也就不存在对他国所得全部或部分免于征税的问题。但是,从跨国纳税人角度而言,其居住国实行免税法或实行单一地域管辖权的最终效果是一样的。由于免税法下居住国对本国居民的他国所得全部或者部分放弃征税权,因此纳税人最终仅就或者主要就源自本国的所得纳税,故而免税法能够有效地消除国际重复征税的负面影响。因此,《经合组织范本》和《联合国范本》均将免税法列为避免国际重复征税的推荐方法之一。

实践中,免税法可以分为无条件免税法和有条件免税法,以及全额免税法和累进免税法。

(一)无条件免税法和有条件免税法

1. 无条件免税法

无条件免税法是指对本国居民纳税人来源于境外的所得和财产免予征税,且不附带任何条件。换言之,在无条件免税法下,居住国只对本国居民纳税人的境内所得征税,与仅实行地域管辖权的征税效果毫无差别,故而无条件免税法是彻底消除国际重复征税的方法。但是,由于地域管辖权与居民管辖权在法律层面上是不同的概念,无条件免税法只有在一国实行居民管辖权时才有意义。

由于无条件免税法使一国彻底放弃了对居民纳税人境外所得征税的权力,因此实践中只有少数国家(地区)采用此方法,而多数国家(地区)实施免税法时,更倾向于有条件免税法。目前实行无条件免税法的国家(地区)有海地、多米尼加、巴拿马、委内瑞拉及阿根廷等。

2. 有条件免税法

有条件免税法是指一国仅对本国居民纳税人源自境外且符合条件的所得或财产免予征税。

为防止一笔所得在境内外均未缴税，或仅缴纳较少的税款，实行免税法的国家（地区）通常对本国居民纳税人国外所得的免税条件进行严格限定：

（1）能够免予征税的境外所得必须源自课征与本国相似的所得税的国家（地区），对于源自不征收所得税或者所得税率较低的国际避税地的境外所得不予以免税。

（2）能够享受免税的境外所得通常为本国居民纳税人的海外分公司的利润，或者从参股比例达到标准且持股时间符合期限要求的境外企业分得的股息、红利，其中后者又称为"参与免税"。参与免税中仅有参股比重和持股时间符合要求的股息、红利能够免予征税，而本国纳税人从他国取得的利息、特许权使用费，以及股权比重或持股时间低于要求的股息、红利均不能免予征税。

（3）此外，有条件免税法还隐含了两个限定条件，即该所得在境外已经纳税，且该所得已经汇回本国。

（二）全额免税法和累进免税法

1. 全额免税法

全额免税法是指居住国以居民纳税人已经扣除掉境外所得的余额为税基，依据本国适用税率仅向其境内所得征税。计算公式如下：

居住国应纳税额=（纳税人国内外全部应税所得-境外所得）×居住国适用税率

【例4.2.5】 甲国居民企业A公司在某一纳税年度内总所得为100万元，其中源自本国的所得为70万元，源自位于乙国的海外分公司的所得为30万元。乙国实行30%的比例税率，甲国实行超额累进税率，税率表如下：

年度应税所得额/万元	适用税率
(0, 60]	30%
(60, 80]	35%
(80, 100]	40%

则甲国A公司应纳税额为多少？

（1）如果甲国不实行任何减除国际重复征税办法：

A公司甲国应纳税额=60×30%+20×35%+20×40%=33（万元）

A公司乙国应纳税额=30×30%=9（万元）

A公司纳税总额=33+9=42（万元）

（2）如果甲国实行全额免税法：

A公司甲国应纳税额=60×30%+10×35%=21.5（万元）

A 公司乙国应纳税额=30×30%=9（万元）

A 公司纳税总额=21.5+9=30.5（万元）

2. 累进免税法

累进免税法是指居住国对居民纳税人源自他国的所得或财产免予征税，但在确认居民纳税人在本国适用税率时，应以其境内外全部所得为依据进行判定。计算公式如下：

居住国应纳税额=纳税人国内外全部应税所得×居住国适用税率×$\frac{国内所得}{国内外全部应税所得}$

【例4.2.6】 接【例4.2.5】，如果甲国实行累进免税法，则：

A 公司甲国应纳税额=（60×30%+20×35%+20×40%）×$\frac{70}{100}$=23.1（万元）

A 公司乙国应纳税额=30×30%=9（万元）

A 公司纳税总额=23.1+9=32.1（万元）

甲国实行累进免税法比全额免税法多征税 23.1-21.5=1.6（万元）

【例4.2.7】 R 国居民企业 A 公司在 S 国设有一家分公司，该分公司构成 A 公司位于 S 国的常设机构。在某一纳税年度中，A 公司的全部所得为 300 万元，其中源自 R 国的所得为 200 万元，源自 S 国的所得为 100 万元。R 国实行超额累进税率，其中 300 万元适用税率为 35%，200 万元适用税率为 30%。S 国实行比例税率，税率为 20%或者 40%。

（1）如果 R 国不实行任何减除国际重复征税的办法：

A 公司 R 国应纳税额=300×35%=105（万元）

A 公司 S 国应纳税额=100×20%=20（万元）或者 100×40%=40（万元）

A 公司纳税总额=105+20=125（万元）或者 105+40=145（万元）

A 公司源自 S 国的境外所得存在重复征税问题。不论 S 国适用税率是高于还是低于 R 国适用税率，A 公司税负水平均高于所得仅源自居住国时。

（2）如果 R 国实行全额免税法：

①当 S 国适用税率为 20%时：

A 公司 R 国应纳税额=200×30%=60（万元）

A 公司 S 国应纳税额=100×20%=20（万元）

A 公司纳税总额=60+20=80（万元）

R 国放弃的税收=105-60=45（万元）

②当 S 国适用税率为 40%时：

A 公司 R 国应纳税额=200×30%=60（万元）

A 公司 S 国应纳税额=100×40%=40（万元）

A 公司纳税总额=60+40=100（万元）

R 国放弃的税收=105-60=45（万元）

（3）如果 R 国实行累进免税法：

①当 S 国适用税率为 20%时：

A公司R国应纳税额=200×35%=70（万元）

A公司S国应纳税额=100×20%=20（万元）

A公司纳税总额=70+20=90（万元）

R国放弃的税收=105-70=35（万元）

②当S国适用税率为40%时：

A公司R国应纳税额=200×35%=70（万元）

A公司S国应纳税额=100×40%=40（万元）

A公司纳税总额=70+40=110（万元）

R国放弃的税收=105-70=35（万元）

累进免税法既承认了非居住国政府作为所得来源地的地域管辖权的独占权力，又解决了国际重复征税问题，同时也兼顾了居住国政府对本国居民源自非居住国的所得在免予征税的前提下，居住国、非居住国和跨国纳税人三方的利益关系。故而符合"量能课税""公平纳税""税收中性"等原则，值得推广。因此，实行累进税率的国家（地区）多数采用累进免税法，即便采用全额免税法，也通常将该方法的适用范围限制于按照比例税率征收的公司所得税或类似的财产和所得税。

通过上面的例子，可以总结出免税法的如下特点：

● 全额免税法相当于居住国完全放弃对居民纳税人境外所得的征税权，而累进免税法相当于居住国有保留地放弃对居民纳税人境外所得的征税权。因此，免税法具有彻底减除国际重复征税的作用，且全额免税法对居民纳税人更有利。

● 所得来源国的税率水平不影响居住国放弃的税额水平，不论所得来源国的适用税率高于还是低于居住国适用税率，居住国放弃的税额都是相同的。

● 当所得来源国的应纳税额大于居住国放弃的税额时，或者当所得来源国适用税率低于居住国适用税率时，有境外所得的居民纳税人的税负水平低于全部所得均来源于本国的居民纳税人，即此时纳税人之间没有实现税负公平。

四、抵免法

抵免法是指一国政府在对本国居民的他国所得征税时，允许其用国外已缴税款冲抵其在本国的应纳税额，即跨国居民纳税人最终在本国实际缴纳的税款为其应纳本国税款与国外已缴税款之差。由于抵免法是从本国应纳税额中直接减除国外已纳税额，因此可以有效减除国际重复征税。

抵免法既承认所得来源国地域管辖权的优先地位，又不要求居住国完全放弃对本国居民纳税人他国所得的征税权，有助于维护各国税收权益。但是，由于抵免限额的存在，抵免法无形中抑制本国跨国纳税人海外投资于高税率国家（地区），而鼓励其前往低税率国家（地区）从事经济活动，故而越来越多的国家（地区）目前正在或计划放弃使用抵免法，转而实行免税法。在OECD 38个成员中，目前完全实行抵免法的国家有智利、墨西哥、韩国、以色列、爱尔兰。从2018年1月1日起，美国对本国居民企业的海外利润也开始实行免税法征税。但是，这并不妨碍抵免法的使用。因为即便在实行免税法的国家（地区）中，对于不适用免税法的所得通常使用抵免法减除国际重复征税[①]。目前，《经合组织范本》和《联合国范本》均将抵免法列为已签订税收协定的国家（地区）可选用的减除国际重复征税的方法。

抵免法分为直接抵免法与间接抵免法两类。

（一）直接抵免法

直接抵免法是指居住国政府对本国居民纳税人直接缴纳或者应当由其直接缴纳的源自他国的所得税给予抵免的方法。其"直接"二字主要体现在只有居民纳税人直接缴纳或者实际负担的他国已缴税额才能在居住国予以抵免。

直接抵免法适用于同一个经济实体，包括同一跨国法人的总分机构之间。由于分支机构不具备独立法人地位，故其在海外已缴税款视同于总公司直接缴纳，当计算总公司在居住国的应纳税额时，允许将分公司海外已缴税额用于冲抵总公司的居住国应纳税额。但是，对于母子公司而言，由于子公司具有独立法人地位，与母公司属于不同的经济实体，故而并不适用于直接抵免法。

1. 抵免限额、全额抵免法及限额抵免法

由于抵免法是用居民纳税人国外已缴税款冲减本国应纳税额，因此居住国与来源国的所得税适用税率非常关键。

- 如果来源国适用税率低于居住国适用税率，则居民纳税人在用来源国税款冲抵本国应纳税款之后，还需要就两国税率差额向居住国补缴税款；
- 如果来源国适用税率等于居住国适用税率，则居民纳税人在来源国已经缴纳的税款能够完全冲抵本国应纳税款，无须在居住国再次纳税；
- 如果来源国适用税率高于居住国适用税率，此时需要分情况讨论：
  ➢ 若居住国退还居民纳税人（按照本国税率衡量的）在他国多缴的税款，或者用这笔多缴的税款冲抵该居民纳税人国内所得的应纳税额，这种处理办法被称为"全额抵免法"；
  ➢ 若居住国规定居民纳税人的抵免额以其国外所得按照本国适用税率计算的应纳税额为限，即居民纳税人（按照本国税率衡量的）在他国多缴的税款在居住国不得享受抵免政策，这种处理办法被称为"限额抵免法"，居民纳税人国外所得按照本国适用税率计算的应纳税额为"抵免限额"。

1）抵免限额

抵免限额是指居住国政府允许跨国纳税人从本国应纳税额中扣除的来源国所纳税款

[①] 例如，《中华人民共和国政府和法兰西共和国政府对所得避免双重征税和防止偷漏税的协定》中的第二十三条规定："虽有本协定其他规定，根据本协定规定仅可或应在中国征税的所得，如果根据法国国内法不能免除公司税，在计算法国税收数额时应被考虑在内。在这种情况下，中国税收不能从该所得中扣除，但法国居民可在本项第1目和第2目的条件和限制下，对法国税收进行抵免。"

的最高限额，是对跨国纳税人在国外已缴税款进行抵免的最高限度。

当居住国采用累进税率时，抵免限额计算公式为

抵免限额=居民纳税人国内外全部应税所得×居住国适用税率×$\dfrac{国外应税所得}{国内外全部应税所得}$

当居住国采用比例税率时，抵免限额计算公式为

抵免限额=国外应税所得×居住国适用税率

【例 4.2.8】 甲国居民企业 A 公司在某一纳税年度中取得总收入 130 万元，其中 30 万元源自乙国，甲国实行超额累进税率，税率表如下：

应税所得/万元	适用税率
(0, 50]	10%
(50, 60]	20%
(60, 70]	30%
(70, 80]	40%
(80, +∞)	50%

抵免限额=（50×10%+10×20%+10×30%+10×40%+50×50%）×$\dfrac{30}{130}$=9（万元）

需要特别强调的是，抵免限额是居住国允许居民纳税人在本国抵免税额的最高上限，并不一定等于纳税人的实际抵免额。显然，居民纳税人的实际抵免额为其在来源国已缴所得税额与居住国抵免限额中的较小者。其公式为

实际抵免额=min{国外已缴税额，本国抵免限额}

当居民纳税人国外已缴税款低于本国抵免限额时，我们把二者的差额称为抵免限额余额；

当居民纳税人国外已缴税款高于本国抵免限额时，我们把二者的差额称为超限抵免额。

【例 4.2.9】 A 公司为甲国居民企业，在某个纳税年度中，该公司源自乙国的所得纳税情况如下：

（1）A 公司在乙国取得的所得实际缴纳了 10 万元税款，该笔所得在甲国的抵免限额为 15 万元，则 A 公司在甲国的实际抵免额为 10 万元。由于实际抵免额低于抵免限额，故二者之间的差额 5 万元形成了抵免限额余额；

（2）A 公司在乙国取得的所得实际缴纳了 20 万元税款，该笔所得在甲国的抵免限额为 15 万元，则 A 公司在甲国的实际抵免额为 15 万元。由于国外已缴税款高于抵免限额，故二者之间的差额 5 万元形成了超限抵免额。

不同国家（地区）对超限抵免额的处理方法不同。

（1）向后结转：美国、加拿大、爱尔兰等国家（地区）规定，纳税人当年的超限抵免额可以向以后年度结转，即纳税人可以使用当年的超限抵免额增加以后年度的实际抵免额。美国与加拿大规定结转期限为十年，爱尔兰规定可以无限期结转，我国则规定结

转期限为五年。

（2）向前结转：部分国家（地区）规定超限抵免额可以向以前年度结转（退还以前年度该纳税人由于抵免限额的限制而抵免不尽的多缴税款）。例如，加拿大规定经营所得的超限抵免额可以向前结转三年，而美国则允许向前结转一年。

（3）不得结转：目前澳大利亚、德国等国家（地区）的税法中明确禁止将超限抵免额向前或向后结转。

（4）费用化扣除：卢森堡、法国等国家（地区）允许将超限抵免额作为费用从当年本国应税所得中扣除。

【例 4.2.10】 A 公司 2018 年和 2019 年国内外纳税情况如下：

项目	2018年	2019年	备注
超限抵免额	5万元		
抵免限额		15万元	
国外实缴税额		10万元	
抵免限额余额		5万元	
国外所得本国应纳税额		30万元	
实际抵免额		10万元	1.不允许超限抵免额结转
		15万元	2.允许超限抵免额结转

【例 4.2.11】 甲国跨国公司在 2012~2019 年的超限抵免额及其余额如下所示：

年份	超限抵免余额	超限抵免额	年份	超限抵免余额	超限抵免额
2012	5万元		2016	10万元	
2013	8万元		2017	9万元	
2014		50万元	2018	3万元	
2015	7万元		2019	6万元	

如果甲国允许居民纳税人的超限抵免额向前结转两年和向后结转五年，则该公司在 2014 年新产生的 50 万元超限抵免额在前后七年间可以冲抵 48 万元，最终只需要缴纳 2 万元税款，极大地减轻了纳税人的税收负担。

此外，部分国家（地区）还实行了非居住国亏损结转。非居住国亏损结转是指对于居民纳税人发生于非居住国的亏损，在该非居住国不实行年度亏损结转的情况下，居住国在计算抵免限额时允许居民纳税人将该笔亏损结转。

从跨国纳税人的角度看，当居住国不实行非居住国亏损结转时，该纳税人实际上获得了双重红利：一方面，当年非居住国的净亏损冲抵了全部或者部分居住国的应纳税额，降低了非居住国亏损年度该纳税人的总税负；另一方面，当非居住国的亏损消失时，该纳税人又可以正常享受居住国的抵免政策，降低了非居住国盈利年度该纳税人的总税负。显然，这不仅会影响居住国的税收利益，而且从国际税收权益分配关系来看也是不合理的。

【例4.2.12】 甲国居民企业A公司在2018年和2019年的经营情况如下，其中甲国适用税率30%，乙国适用税率40%。

年份	甲国	乙国
2018	5 000万元	-1 000万元
2019	8 000万元	3 000万元

（1）如果甲国和乙国均不实行亏损结转：

①2018年：

A公司甲国应纳税额=（5 000-1 000）×30%=1 200（万元）

A公司在乙国亏损，故当年无须向该国纳税。

②2019年：

不使用任何减除国际重复征税办法时A公司甲国应纳税额=（8 000+3 000）×30%=3 300（万元）

A公司乙国应纳税额=3 000×40%=1 200（万元）

乙国所得抵免限额=3 000×30%=900（万元）

乙国所得实际抵免额=900万元

抵免法下A公司甲国应纳税额=3 300-900=2 400（万元）

2018年和2019年A公司甲国实缴税额=1 200+2 400=3 600（万元）

（2）如果乙国不实行亏损结转，甲国实行非居住国亏损结转：

①2018年：

A公司甲国应纳税额=（5 000-1 000）×30%=1 200（万元）

A公司在乙国亏损，故当年无须向该国纳税。

②2019年：

不使用任何减除国际重复征税办法时A公司甲国应纳税额=（8 000+3 000）×30%=3 300（万元）

A公司乙国应纳税额=3 000×40%=1 200（万元）

乙国所得抵免限额=（3 000-1 000）×30%=600（万元）

乙国所得实际抵免额=600万元

抵免法下A公司甲国应纳税额=3 300-600=2 700（万元）

2018年和2019年A公司甲国实缴税额=1 200+2 700=3 900（万元）

2）全额抵免法和限额抵免法

（1）全额抵免法。全额抵免法是指居住国对居民纳税人征税时，允许其将已向他国缴纳的所得税从本国应纳税额中全部扣除掉。计算公式如下：

居住国应纳税额=居民纳税人国内外总所得×居住国适用税率-国外全部已缴税额

【例 4.2.13】 甲国居民企业 A 公司在某一纳税年度内的总所得为 500 万元，其中源自甲国的所得为 300 万元，源自乙国的所得为 200 万元。甲国的适用税率为 20%，乙国的适用税率为 30%。如果甲国实行全额抵免法，则 A 公司的甲国应纳税额为多少？

不实行任何减除国际重复征税方法时 A 公司甲国应纳税额=500×20%=100（万元）

A 公司乙国已缴税额=200×30%=60（万元）

全额抵免法下 A 公司甲国应纳税额=100−60=40（万元）

（2）限额抵免法。限额抵免法是指居住国对居民纳税人征税时，仅允许其以最高抵免限额为上限，将已向他国缴纳的所得税从本国应纳税额中扣除掉。计算公式如下：

居住国应纳税额=居民纳税人国内外总所得×居住国适用税率
−允许抵免的国外已缴税额

【例 4.2.14】 接上例【4.2.13】，如果甲国实行限额抵免法，则 A 公司的甲国应纳税额为多少？

不实行任何减除国际重复征税方法时 A 公司甲国应纳税额
=500×20%=100（万元）

A 公司乙国已缴税额=200×30%=60（万元）

甲国抵免限额=$500 \times 20\% \times \frac{200}{500}$=40（万元）

限额抵免法下 A 公司甲国应纳税额=100−40=60（万元）

实践中，为了保障本国税收利益，除塞浦路斯、马耳他等国，多数国家（地区）选择实行限额抵免法。原因在于：实行全额抵免意味着当居住国税率低于来源国时，居住国会损失掉本应得到的税款。极端情况下，如果居住国的居民纳税人的全部所得均来自他国，而在本国没有取得任何所得，当居住国适用税率低于来源国时，实行全额抵免法的居住国还需要从其他居民纳税人向本国所缴纳的税款中取出一部分对该居民纳税人进行退税。因此，实行抵免法的国家（地区）通常规定本国纳税人仅能在抵免限额以内享受抵免政策。

2. 分国限额抵免法与综合限额抵免法

1）分国限额抵免法

分国限额抵免法是指居住国对居民纳税人源自每一个非居住国的所得均分别计算各自的抵免限额。计算公式如下：

分国抵免限额=国内外总所得按居住国适用税率计算的应纳税总额

$\times \dfrac{源自某外国的所得}{国内外总所得}$

国内外总所得按居住国适用税率计算的应纳税总额
=(居住国国内所得+源自某外国的所得)×居住国适用税率

当居住国采用比例税率计税时，分国抵免限额的计算公式可以简化为

分国抵免限额=某外国所得×居住国适用税率

但是，当居住国采用累进税率计税时，上述公式不可简化。

分国限额抵免法下，居住国对不同国家（地区）的抵免限额要分别计算，不能彼此调剂使用，因此当跨国纳税人同时在高税率国家（地区）和低税率国家（地区）投资时，高税率国家（地区）超过居住国抵免限额的超限抵免额无法在低税率国家（地区）的抵免限额余额中抵扣。

【例4.2.15】 甲国居民企业A公司在某一纳税年度内取得源自甲国的所得10万元，源自乙国的所得5万元，则：

（1）当甲国与乙国适用税率相同时（均为40%）：

A公司甲国应纳税额=15×40%=6（万元）

A公司乙国已缴税额=5×40%=2（万元）

甲国抵免限额=15×40%×$\frac{5}{15}$=2（万元）

A公司甲国实纳税额=6-2=4（万元）

（2）当甲国适用税率高于乙国时（甲国40%，乙国30%）：

A公司甲国应纳税额=15×40%=6（万元）

A公司乙国已缴税额=5×30%=1.5（万元）

甲国抵免限额=15×40%×$\frac{5}{15}$=2（万元）

A公司甲国实纳税额=6-1.5=4.5（万元）

（3）当甲国适用税率低于乙国时（甲国40%，乙国50%）：

A公司甲国应纳税额=15×40%=6（万元）

A公司乙国已缴税额=5×50%=2.5（万元）

甲国抵免限额=15×40%×$\frac{5}{15}$=2（万元）

A公司甲国实纳税额=6-2=4（万元）

2）综合限额抵免法

综合限额抵免法是指居住国对居民纳税人源自不同非居住国的所得汇总相加，按照居住国的适用税率计算得出统一的抵免限额。计算公式如下：

综合抵免限额＝国内外总所得按居住国适用税率计算的应纳税总额 $\times \dfrac{源自国外的总所得}{国内外总所得}$

国内外总所得按居住国适用税率计算的应纳税总额
＝(居住国国内所得＋全部国外所得)×居住国适用税率

当居住国使用比例税率计税时，综合抵免限额的计算公式可以简化为

综合抵免限额＝全部国外所得×居住国适用税率

但是，当居住国采用累进税率计税时，上述公式不可简化。

实践中，采用分国限额抵免法的国家（地区）居多。例如，加拿大、英国、法国、德国、芬兰、韩国等国家均选用此方法。

【例4.2.16】 甲国居民企业A公司在乙国和丙国分别设立B分公司和C分公司，其在某一年度中纳税情况如下：

国家	企业	应税所得	适用税率	他国已缴税额
甲国	A公司（总公司）	1 000万元	50%	—
乙国	B公司（分公司）	100万元	60%	60万元
丙国	C公司（分公司）	100万元	40%	40万元

抵免前A公司甲国应纳税额=（1 000+100+100）×50%=600（万元）

（1）如果甲国实行分国限额抵免法：

乙国抵免限额=（1 000+100）×50%×$\frac{100}{1\,100}$=50（万元）

向乙国实缴税额=60万元

源自乙国所得实际抵免额=50万元

丙国抵免限额=（1 000+100）×50%×$\frac{100}{1\,100}$=50（万元）

向丙国实缴税额=40万元

源自丙国所得实际抵免额=40万元

抵免后A公司甲国应纳税额=600-50-40=510（万元）

（2）如果甲国实行综合限额抵免法：

综合抵免限额=（1 000+100+100）×50%×$\frac{100+100}{1\,200}$=100（万元）

向乙国和丙国实缴税额=60+40=100（万元）

源自乙国和丙国所得实际抵免额=100万元

抵免后A公司甲国应纳税额=600-100=500（万元）

由例4.2.16可知，当跨国纳税人的海外分公司均为盈利的情况下，居住国实行综合限额抵免法对该居民纳税人更有利。

【例4.2.17】 甲国居民企业A公司在某一纳税年度内取得源自甲国的所得500万元，源自乙国的所得50万元，源自丙国的所得100万元。其中甲国适用税率40%，乙国适用税率50%，丙国适用税率30%。A公司已经向乙国纳税25万元，向丙国纳税30万元。

（1）如果甲国实行分国限额抵免法：

乙国抵免限额=50×40%=20（万元）

向乙国实缴税额=25万元

源自乙国所得实际抵免额=20万元

丙国抵免限额=100×40%=40（万元）

向丙国实缴税额=30万元

源自丙国所得实际抵免额=30万元

A公司甲国应纳税额=（500+50+100）×40%-20-30=210（万元）

A公司纳税总额=210+25+30=265（万元）

（2）如果甲国实行综合限额抵免法：

综合抵免限额=（50+100）×40%=60（万元）

向乙国和丙国实缴税额=25+30=55（万元）

源自乙国和丙国所得实际抵免额=55万元

A公司甲国应纳税额=（500+50+100）×40%-55=205（万元）

A公司纳税总额=205+25+30=260（万元）

由例4.2.17可知，当跨国纳税人同时在高税率国家（地区）和低税率国家（地区）进行经济活动时，居住国实行综合限额抵免法对该纳税人更有利。原因在于：综合限额抵免法将跨国纳税人来源于不同国家（地区）的所得汇总计算，高税率国家（地区）的超限抵免额恰好与低税率国家（地区）的抵免限额余额相冲抵，进而提高纳税人在居住国可享受的抵免限额。

3. 分项限额抵免法与不分项限额抵免法

1）分项限额抵免法

分项限额抵免法是指居住国要求居民纳税人源自非居住国的不同项目所得分别计算各自的抵免限额。计算公式如下：

$$分项抵免限额 = \left(居民纳税人国内外总所得 \times 居住国适用税率\right) \times \frac{源自国外的某项所得}{国内外总所得}$$

$$其他项目抵免限额 = \left(居民纳税人国内外总所得 \times 居住国适用税率\right) \times \frac{国外总所得 - 某项所得}{国内外总所得}$$

$$居住国应纳税额 = \left(居民纳税人国内外总所得 \times 居住国适用税率\right)$$
$$- \min\{某项所得抵免限额, 某项所得国外实缴税额\}$$
$$- \min\{其他所得抵免限额, 其他所得国外实缴税额\}$$

【例4.2.18】 甲国居民企业A公司在某一纳税年度内所得情况如下：

所得来源国	所得额	所得构成	适用税率
甲国	1 000万元		30%
乙国	500万元	利息：50万元	20%
		其他：450万元	40%

在甲国实行分项抵免限额的情况下：

A公司利息所得乙国应纳税额=50×20%=10（万元）

利息所得抵免限额=（1 000+500）×30%×$\frac{50}{1\,500}$=15（万元）

利息所得实际抵免额=10万元

A公司其他所得乙国应纳税额=450×40%=180（万元）

其他所得抵免限额=（1 000+500）×30%×$\frac{450}{1\,500}$=135（万元）

其他所得实际抵免额=135万元

A公司甲国应纳税额=(1 000+500)×30%-10-135=305(万元)

2)不分项限额抵免法

不分项限额抵免法是指居住国允许居民纳税人源自非居住国的不同项目所得合并计算统一的抵免限额。与综合限额抵免法类似，实行不分项限额抵免法的国家（地区），其居民纳税人可以实现低税率项目的抵免限额余额与高税率项目的超限抵免额相互冲抵，增加最终的抵免限额，降低实际税负水平。

【例4.2.19】 甲国居民企业A公司在某纳税年度取得所得400万元，其中200万元源自甲国，其余所得构成情况如下：

国家	生产经营所得	利息及特许权使用费所得	所得合计
乙国	100万元	20万元	120万元
丙国	60万元	20万元	80万元

甲国适用税率33%；乙国生产经营所得适用税率40%，利息及特许权使用费所得适用税率20%；丙国生产经营所得适用税率30%，利息及特许权使用费所得适用税率10%。

如果甲国实行分国不分项抵免办法：

不实行任何减除国际重复征税方法时A公司甲国应纳税额=
(200+120+80)×33%=132(万元)

乙国抵免限额=$132\times\frac{120}{400}$=39.6(万元)

A公司乙国实缴税额=100×40%+20×20%=44(万元)

A公司乙国实际抵免额=39.6万元

丙国抵免限额=$132\times\frac{80}{400}$=26.4(万元)

A公司丙国实缴税额=60×30%+20×10%=20(万元)

A公司丙国实际抵免额=20万元

A公司甲国应纳税额=132-39.6-20=72.4(万元)

【例4.2.20】 甲国居民企业A公司在某一纳税年度内源自甲国的所得为500万元。甲国实行超额累进税率，税率表如下所示：

应税收入/万元	适用税率
(0, 100)	10%
[100, 200)	20%
[200, 400)	30%
[400, 700)	40%
[700, +∞)	50%

A公司当年源自乙国的所得为200万元，源自丙国的所得为300万元，所得构成情况如下所示：

国家	所得额	所得构成	适用税率
乙国	200万元	股息：30万元	40%
		特许权使用费：70万元	45%
		其他：100万元	35%
丙国	300万元	资本利得：50万元	45%
		特许权使用费：100万元	40%
		其他：150万元	20%

不实行任何减除国际重复征税办法时A公司甲国应纳税额=
100×10%+100×20%+200×30%+300×40%+300×50%=360（万元）

（1）甲国实行分国抵免时：

①乙国：

A公司乙国应纳税额=30×40%+70×45%+100×35%=78.5（万元）

乙国所得抵免限额=$360×\frac{200}{1000}$=72（万元）

乙国所得实际抵免额=72万元

②丙国：

A公司丙国应纳税额=50×45%+100×40%+150×20%=92.5（万元）

丙国所得抵免限额=$360×\frac{300}{1000}$=108（万元）

丙国所得实际抵免额=92.5万元

分国抵免时A公司甲国应纳税额=360−72−92.5=195.5（万元）

（2）甲国实行综合抵免时：

A公司乙国和丙国应纳税额=78.5+92.5=171（万元）

综合抵免限额=$360×\frac{500}{1000}$=180（万元）

乙国和丙国实际抵免额=171万元

综合抵免时A公司甲国应纳税额=360−171=189（万元）

（3）甲国实行分项抵免时：

①股息所得：

A公司乙国股息所得应纳税额=30×40%=12（万元）

股息所得抵免限额=$360×\frac{30}{1000}$=10.8（万元）

股息所得实际抵免额=10.8万元

②资本利得所得：

A公司丙国资本利得所得应纳税额=50×45%=22.5（万元）

资本利得所得抵免限额=$360\times\dfrac{50}{1\,000}$=18（万元）

资本利得所得实际抵免额=18万元

③特许权使用费所得：

A公司乙国和丙国特许权使用费所得应纳税额
=70×45%+100×40%=71.5（万元）

特许权使用费所得抵免限额=$360\times\dfrac{170}{1\,000}$=61.2（万元）

特许权使用费实际抵免额=61.2万元

④其他所得：

A公司乙国和丙国其他所得应纳税额=100×35%+150×20%=65（万元）

其他所得抵免限额=$360\times\dfrac{500-30-70-50-100}{1\,000}$=90（万元）

其他所得实际抵免额=65万元

分项抵免时A公司甲国应纳税额=360−10.8−18−61.2−65=205（万元）

（4）甲国实行分国分项抵免时：

①乙国：

股息所得应纳税额=30×40%=12（万元）

股息所得抵免限额=$360\times\dfrac{30}{1\,000}$=10.8（万元）

股息所得实际抵免额=10.8万元

特许权使用费所得应纳税额=70×45%=31.5（万元）

特许权使用费抵免限额=$360\times\dfrac{70}{1\,000}$=25.2（万元）

特许权使用费实际抵免额=25.2万元

②丙国：

资本利得所得应纳税额=50×45%=22.5（万元）

资本利得所得抵免限额=$360\times\dfrac{50}{1\,000}$=18（万元）

资本利得所得实际抵免额=18万元

特许权使用费所得应纳税额=100×40%=40（万元）

特许权使用费抵免限额=$360\times\dfrac{100}{1\,000}$=36（万元）

特许权使用费实际抵免额=36万元

③其他所得：

其他所得应纳税额=100×35%+150×20%=65（万元）

其他所得抵免限额=$360\times\dfrac{500-30-70-50-100}{1\,000}$=90（万元）

其他所得实际抵免额=65万元

分国分项时 A 公司甲国应纳税额=360-10.8-25.2-18-36-65=205（万元）

（二）间接抵免法

间接抵免法是指一国政府对本国居民间接缴纳的外国所得税给予抵免的方法。

间接抵免法与直接抵免法有本质的区别。

- 直接抵免法适用于同一经济实体内部，或者总分公司形式的跨国公司。由于分公司并不具有独立法人地位，故其利润完全属于总公司，其在他国已缴的所得税可以全部视作总公司直接缴纳，享受总公司居住国政府的直接抵免政策。
- 间接抵免法适用于不同经济实体之间，如母子公司形式的跨国公司。由于位于海外的子公司为独立的实体，在法律上与母公司是两个独立的经济组织，故而在税收上也构成两个不同的纳税主体。但是，鉴于母子公司之间存在控股关系，所以尽管子公司完全独立于母公司，但其税后利润仍然需要按照控股比例分配给母公司。从母公司的角度看，由于其从子公司取得的股息收入已经负担了子公司所在国的税款，因此可以理解为：母公司为取得该笔所得变相在子公司所在国通过子公司间接缴纳了税款。当母公司在其居住国履行纳税义务时，可以凭借其在海外间接缴纳的税款享受间接抵免政策。

需要特别指出的是，按照国际税收的基本规则，当子公司向母公司支付股息时需要代母公司向子公司所在国缴纳预提税，否则该笔股息无法从子公司所在国汇出。因此，预提税的实际负税人也为母公司。

按照控股层数的多少，间接抵免法可以细分为单层间接抵免和多层间接抵免。

1. 单层间接抵免

单层间接抵免是指对母公司下属的一层附属公司（子公司）所缴纳的外国公司所得税的抵免。计算公式如下。

（1）计算应并入母公司的子公司所得额：

应并入母公司的子公司所得额 = 源自子公司的股息收入 + 该股息收入已纳税额

$$= \frac{母公司源自子公司的股息收入}{1-子公司所在国所得税税率}$$

（2）计算应由母公司承担的源自子公司股息收入的已缴所得税：

母公司应承担的源自子公司股息的已缴所得税

$$= 国外子公司已缴税额 \times \frac{母公司源自子公司的股息收入}{子公司税后总利润}$$

当子公司所在国实行比例税率时，该式为

母公司应承担的源自子公司股息的已缴所得税

$$= \frac{母公司源自子公司的股息收入}{1-子公司所在国所得税税率} \times 子公司所在国所得税税率$$

(3) 计算母公司的间接抵免限额：

应并入母公司的子公司所得的抵免限额 = 母公司国内外全部收入应纳税额 $\times \dfrac{\text{应并入母公司的子公司所得额}}{\text{母公司国内外全部收入}}$

(4) 比较 (2) 和 (3)，确认实际抵免额。

(5) 计算母公司在居住国的应纳税额：

母公司居住国应纳税额 = (母公司国内收入 + 应并入母公司的子公司所得额) × 母公司适用税率 − 允许抵免的源自子公司的股息收入的已纳税额

在子公司所在国对子公司汇往国外的税后利润行使地域管辖权征收预提税的情况下，由于母公司是该笔预提税的实际纳税人，因此可以就该笔税款在居住国进行直接抵免。换言之，此时应当同时使用直接抵免法和间接抵免法两种方法计算母公司的应纳税额。

【例 4.2.21】 甲国居民企业 A 公司拥有设立在乙国的子公司 B 公司 50% 的股份。在某一纳税年度内，A 公司在甲国取得所得 40 万元，B 公司在乙国取得所得 20 万元。甲国所得税税率 40%，乙国所得税税率 20%。

B 公司乙国应纳税额 = 20×20% = 4（万元）

B 公司乙国税后利润 = 20−4 = 16（万元）

B 公司分配给 A 公司的股息 = 16×50% = 8（万元）

(1) 计算应当并入 A 公司的 B 公司所得额：

应当并入 A 公司的 B 公司所得额 = $\dfrac{8}{1-20\%}$ = 10（万元）

(2) 计算应当由 A 公司承担的源自 B 公司的股息的已缴税额：

应当由 A 公司承担的源自 B 公司的股息的已缴税额 = $4 \times \dfrac{8}{16}$ = 2（万元）

(3) 计算 A 公司的间接抵免限额：

A 公司的间接抵免限额 = (40+10)×40%× $\dfrac{10}{50}$ = 4（万元）

(4) 比较 (2) 和 (3)，确认实际抵免额：

A 公司实际间接抵免额 = 2 万元

(5) 计算 A 公司甲国应纳税额：

A 公司甲国应纳税额 = (40+10)×40% − 2 = 18（万元）

此时，在计算 (2) 时，需要将子公司代母公司向其所在国缴纳的预提税并入到应当由母公司承担的已纳税额中，即计算得到 (2) 之后，需要在 (2) 的基础上再加上预提税额，以二者之和与 (3) 抵免限额进行比较，方可得到最终的实际抵免额。其余计算步骤不变。计算公式如下：

计算应当由母公司承担的源自子公司股息收入的已纳税额：

母公司应承担的源自子公司股息的已纳税额

$$=母外子公司已缴纳额 \times \frac{母公司源自子公司的股息收入}{子公司税后总利润}$$

$$+子公司代母公司缴纳的预提税额$$

【例4.2.22】 甲国居民企业A公司拥有位于乙国的子公司B公司40%的股份。2019年A公司在甲国取得所得200万元，B公司在乙国取得所得200万元。甲国适用税率40%，乙国适用税率30%，预提税率10%。

B公司乙国应纳税额=200×30%=60（万元）

B公司乙国税后利润=200-60=140（万元）

B公司应当分配给A公司的股息=140×40%=56（万元）

乙国对该笔股息征收的预提税=56×10%=5.6（万元）

（1）计算应并入A公司的B公司所得：

$$应并入A公司的B公司所得 = \frac{56}{1-30\%} = 80（万元）$$

（2）计算应由A公司承担的B公司已纳税额：

$$应由A公司承担的B公司已纳税额 = 60 \times \frac{56}{140} = \frac{56}{1-30\%} \times 30\% = 24（万元）$$

（3）计算A公司的间接抵免限额：

$$A公司源自B公司股息收入抵免限额 = (200+80) \times 40\% \times \frac{80}{280} = 32（万元）$$

（4）比较（2）和（3），确认A公司的实际抵免额：

24+5.6=29.6万元＜32万元

A公司源自B公司股息收入实际抵免额=29.6万元

（5）计算A公司甲国应纳税额：

A公司甲国应纳税额=(200+80)×40%-29.6=82.4（万元）

2. 多层间接抵免

多层间接抵免是指居住国政府对本国公司境外股息应归属的多层外国附属公司已纳外国公司所得税额的抵免。多层间接抵免是用来减除母公司股息收入因多层附属关系而发生的经济性国际重复征税的方法。

单层间接抵免法适用于只存在母子公司控股关系的情况。然而实践中，多数跨国公司并非仅为母公司控股子公司，还可能出现子公司控股孙公司，孙公司控股重孙公司等情况。此时，母公司所取得的股息不仅源于子公司，还包含重孙公司汇入孙公司，孙公司汇入子公司，子公司再汇入母公司的股息。换言之，母公司所取得的股息不仅负有子公司所在国的税收，同时还负有孙公司、重孙公司等各层公司所在国的税收。此时便需要使用多层间接抵免法解决这种复杂的多层控股关系重复征税问题。

多层间接抵免的原理及计算方法与单层间接抵免基本相同。计算公式如下。

（1）计算应并入母公司的下属公司所得额：

应并入母公司的下属公司所得额 = (子公司的所得额 + 应并入子公司的孙公司所得额 + ⋯)

$$\times \frac{母公司从子公司分得的股息收入}{子公司税后所得额}$$

$$= \frac{母公司从子公司分得的股息收入}{1-子公司所得税税率}$$

（2）计算应由母公司承担的下属各层公司已缴税额：

应由母公司承担的下属各层公司已缴税款

= (子公司已缴税额 + 子公司应承担的外国孙公司已缴税额 + ⋯)

$$\times \frac{母公司从子公司分得的股息}{外国子公司的税后利润}$$

（3）计算抵免限额：

应并入母公司的下属公司所得额抵免限额 = 应并入母公司的下属公司所得额

× 母公司适用税率

（4）比较（2）和（3），确认实际抵免额。

（5）计算母公司应纳税额：

母公司应纳税额 = (母公司本身应纳税所得额 + 应并入母公司的下属公司所得额)

× 母公司适用税额 − 允许抵免的税额

【例4.2.23】 现有A、B、C三个公司，三者关系及所得和税收情况如下：

公司名称	公司间控股关系	应税所得	所在国税率	对下属公司控股比例
甲国A公司	母公司	200万元	40%	50%
乙国B公司	子公司	200万元	30%	50%
丙国C公司	孙公司	100万元	20%	

提示：对于多层控股的跨国公司而言，间接抵免法下需要从最底层公司开始计算。

（1）C公司丙国纳税情况：

C公司丙国应纳税额 = 100×20% = 20（万元）

C公司税后所得 = 100−20 = 80（万元）

C公司付给B公司股息 = 80×50% = 40（万元）

（2）B公司乙国纳税情况：

应并入B公司的C公司所得额 = $\frac{40}{1-20\%}$ = 50（万元）

B公司乙国应税所得 = 200+50 = 250（万元）

B公司乙国应纳税额 = 75万元

B公司乙国税后收入 = 175万元

B公司应纳支付给A公司的股息 = 175×50% = 87.5（万元）

应由B公司承担的C公司已纳税额=20×$\frac{40}{80}$=10（万元）

应并入B公司的C公司所得额的抵免限额=50×30%=15（万元）

应并入B公司的C公司所得额的实际抵免额=10万元

间接抵免后B公司乙国应纳税额=（200+50）×30%-10=65（万元）

（3）A公司甲国纳税情况：

应并入A公司的B和C公司的所得额=$\frac{87.5}{1-30\%}$=125（万元）

应由A公司承担的B公司已纳税额=（65+10）×$\frac{87.5}{175}$=37.5（万元）

应并入A公司的B公司的所得额的抵免限额=125×40%=50（万元）

应并入A公司的B和C公司的所得额的实际抵免额=37.5万元

A公司甲国应纳税额=（200+125）×40%-37.5=92.5（万元）

【例4.2.24】 现有A、B、C三个公司，三者关系及所得和税收情况如下：

公司名称	公司间关系	应税所得	所得税税率	预提税税率	控股比例
甲国A公司	母公司	300万元	50%	10%	50%
乙国B公司	子公司	200万元	40%	10%	50%
丙国C公司	孙公司	100万元	35%	10%	

甲乙丙三国均允许各公司的未分配利润为净利润总额的10%，则：

（1）C公司丙国纳税情况：

C公司丙国应纳税额=100×35%=35（万元）

C公司税后所得=100-35=65（万元）

C公司未分配利润=65×10%=6.5（万元）

C公司付给B公司股息=（65-6.5）×50%=29.25（万元）

C公司代B公司缴纳的预提税=29.25×10%=2.925（万元）

（2）B公司乙国纳税情况：

应并入B公司的C公司所得额=$\frac{29.25}{1-35\%}$=45（万元）

B公司应税总所得=200+45=245（万元）

B公司乙国应纳税额=245×40%=98（万元）

B公司乙国税后所得=245-98=147（万元）

B公司乙国未分配利润=147×10%=14.7（万元）

B公司应支付给A公司的股息=（147-14.7）×50%=66.15（万元）

B公司代A公司缴纳的预提税额=66.15×10%=6.615（万元）

应由B公司承担的C公司已纳税额=35×$\frac{29.25}{65}$=15.75（万元）

应并入B公司的C公司所得额的抵免限额=45×40%=18（万元）

15.75+2.925=18.675 万元＞18 万元

应并入 B 公司的 C 公司所得额实际抵免额=18 万元

间接抵免后 B 公司乙国应纳税额=（200+45）×40%-18=80（万元）

（3）A 公司甲国纳税情况：

应并入 A 公司的 B 公司所得额=$\dfrac{66.15}{1-40\%}$=110.25（万元）

应由 A 公司承担的 B 公司已纳税额=（80+15.75）×$\dfrac{66.15}{147}$

=43.087 5（万元）

应并入 A 公司的 B 公司所得额的抵免限额=110.25×50%=55.125（万元）

43.087 5+6.615=49.702 5 万元＜55.125 万元

应并入 A 公司的 B 公司所得额实际抵免额=49.702 5 万元

间接抵免后 A 公司甲国应纳税额=（300+110.25）×50%-49.702 5=155.422 5（万元）

第三节　税收饶让

一、税收饶让概述

（一）税收饶让的概念

税收饶让，又称饶让抵免，是指居住国政府对居民纳税人在别国投资，且享受到该国税收减免政策的那部分税收，视同在该国已经纳税，给予税收抵免。税收饶让并非减除国际重复征税的办法。但是，由于通常与税收抵免政策配合使用，故可将其视作税收抵免的特殊方式。

（二）税收饶让的产生

税收饶让通常发生在发达国家（地区）与发展中国家（地区）之间：发展中国家（地区）为了吸引发达国家（地区）的投资者到本土开展经济活动，除了对其实行传统的低税率或者再投资退税政策之外，还会给予税收减免优惠待遇。此时，如果投资者的居住国仅实行抵免法，则意味着发展中国家（地区）给予跨国纳税人的税收优惠并不能使其完全或者部分受益，失去了激励意义——抵免法要求只有居民纳税人在他国已经实际缴纳的税款才能在本国进行抵免，换言之，在他国享受的税收减免额并不在居住国的抵免范围之内。因此，从跨国纳税人的角度看，其在发展中国家（地区）节约的税款，在回到居住国之后并不能抵免应纳税额，即发展中国家（地区）所实行的税收优惠政策对于跨国纳税人而言事实上并无任何激励作用；从发展中国家（地区）的角度看，其为鼓励跨国投资而放弃的那部分财政收入，随着居住国的补征而实际转为居住国政府的财政收入。因此，为了保证本国的税收优惠政策能够真正发挥吸引他国优质资本和先进技术的作用，发展中国家（地区）必然要求居住国对其居民纳税人的国外所得所享受的东道国税收减免视同在非居住国已经缴纳税款。显然，是否实行税收饶让涉及两国的税收利益，并非一国单方面能够决定的，因此国际上有关税收饶让的执行都是通过相关国家（地区）之间签订税收协定加以确定的。

二、税收饶让的适用范围

出于不同的政策意图，居住国——尤其是处于居住国地位的发达国家（地区），所给出的税收饶让抵免的范围各不相同，通常包括如下几类。

（一）对投资所得预提税的减免优惠予以税收饶让抵免

多数国家（地区）对本国居民纳税人在他国取得的股息、利息、特许权使用费等投资相关所得所享受的预提税减免优惠给予税收饶让抵免。具体做法包括：

● 对非居住国税法规定的预提所得税率范围内所做的减免优惠，视同该纳税人在非居住国已经全额缴纳，给予税收饶让抵免；

● 对由于两国签订税收协定而降低的预提所得税率范围内所作出的减免优惠，视同该纳税人在非居住国已经全额缴纳，给予税收饶让抵免。

（二）对营业利润所得税的减免优惠给予税收饶让抵免

部分国家（地区）对本国居民企业在他国取得的经营所得所享受的税收减免优惠，同样给予税收饶让抵免。但是，由于跨国公司海外经营所得通常数额巨大，所涉及的税收饶让抵免金额也较大，涉及一国税收权益和财政收入水平。故而实践中仅有较少数国家（地区）以双边税收协定的方式允诺对经营所得税收优惠给予税收饶让抵免。

（三）签订税收协定后，缔约国一方又提出新的税收优惠政策的税收饶让抵免

在两国签订税收协定之后，如果缔约国一方继续提出新的税收优惠政策，此时缔约国另一方的处理办法各不相同。有的国家（地区）认为新的税收优惠政策并没有包含在税收协定之内，不得享受税收饶让抵免；有的国家（地区）认为如果双方对新的税收优惠内容一致认可，则也同样可以给予税收饶让抵免待遇。

三、税收饶让的类型

税收饶让的方式一般分为差额与定率两种。

（一）差额税收饶让

差额税收饶让是指所得来源国给予居住国纳税人税收减免优惠时，居住国仍然按照无税收优惠时该纳税人在非居住国的应纳税额进行抵免。换言之，"差额"二字体现在居住国将居民纳税人在非居住国的实际纳税额与无税收优惠政策时的应纳税额的差额同样给予税收饶让。

【例4.3.1】 甲国总公司获得源自乙国分公司100万元的营业所得，乙国的所得税税率为30%，为吸引外资，乙国特别实行减半征收所得税政策。甲国所得税税率为35%。

如果甲国实行差额税收饶让，则：

乙国分公司实缴税额=100×30%×（1-50%）=15（万元）

乙国分公司享受到的税收减免=100×30%×50%=15（万元）

视同乙国分公司纳税=15+15=30（万元）

甲国总公司应纳税额=100×35%-30=5（万元）

（二）定率税收饶让

定率税收饶让是指居住国不论居民纳税人在非居住国是否享受税收优惠待遇，或者是否按照税收协定的限制税率纳税，均按照税收协定约定的比例对该纳税人给予税收饶让抵免。

【例4.3.2】 甲国母公司取得源于乙国子公司的所得50万元，甲国所得税税率为30%，乙国所得税税率为25%。甲乙两国签订的税收协定约定饶让抵免的固定税率为20%，则：

乙国子公司实缴税额=50×25%=12.5（万元）

税收协定约定的抵免限额=50×20%=10（万元）

实际抵免额=10万元

甲国母公司应纳税额=50×30%-10=5（万元）

四、税收饶让的抵免方法

由于税收饶让需要与抵免法配合使用，故而税收饶让下的抵免同样可以细分为直接抵免与间接抵免。

（一）直接抵免下的税收饶让

【例4.3.3】 A、B两个公司在某一纳税年度中的情况如下：

公司名称	公司间关系	所在国	所得额	适用税率	备注
A公司	总公司	甲国	500万元	40%	
B公司	分公司	乙国	200万元	30%	乙国所得税减半征收

（1）在实行税收饶让抵免的情况下：
B公司乙国实缴税额=200×30%×（1-50%）=30（万元）
B公司乙国获得的税收减免额=200×30%×50%=30（万元）
两项合计=30+30=60（万元），即视同B公司乙国实缴60万元
B公司乙国所得甲国抵免限额=（500+200）×40%×$\frac{200}{700}$=80（万元）
B公司乙国所得甲国实际抵免额=60万元
A公司甲国应纳税额=（500+200）×40%-60=220（万元）

（2）在不实行税收饶让的情况下：
B公司乙国应纳税额=200×30%×（1-50%）=30（万元）
B公司乙国所得甲国抵免限额=（500+200）×40%×$\frac{200}{700}$=80（万元）
B公司乙国所得甲国实际抵免额=30万元
A公司甲国应纳税额=（500+200）×40%-30=250（万元）

【例4.3.4】 甲国总公司2019年在国内获利500万元，甲国所得税税率为35%。总公司在乙国设有一分公司，该公司同年获利200万元，乙国所得税税率为30%。为吸引外资，乙国实行所得税减半征收的优惠政策，且甲乙两国签有允许税收饶让的协定，则：
乙国分公司实缴税额=200×30%×（1-50%）=30（万元）
乙国分公司获得的税收减免额=200×30%×50%=30（万元）
两项合计=30+30=60（万元），即甲国视同分公司在乙国纳税60万元
乙国分公司所得抵免限额=（500+200）×35%×$\frac{200}{700}$=70（万元）
乙国分公司所得实际抵免额=60万元
总公司甲国应纳税额=（500+200）×35%-60=185（万元）

（二）间接抵免下的税收饶让

【例4.3.5】 A、B两个公司基本情况如下：

公司名称	公司间关系	所在国	年度所得额	适用税率	支付股息	备注
A公司	母公司	甲国	1 000万元	30%		
B公司	子公司	乙国	500万元	40%	100	乙国所得税减半征收

（1）B公司乙国纳税情况：

B公司乙国实缴税额=500×40%×（1-50%）=100（万元）

B公司乙国获得的税收减免额=500×40%×50%=100（万元）

两项合计=100+100=200（万元），即视同B公司乙国实缴200万元

视同B公司乙国税后所得=500-200=300（万元）

（2）A公司甲国纳税情况：

应并入A公司的B公司所得额=$\frac{100}{1-40\%}$≈166.67（万元）

应由A公司承担的源自B公司股息已纳税额=$200×\frac{100}{300}$≈66.67（万元）

应并入A公司的B公司所得额的抵免限额

=（1 000+166.67）×30%×$\frac{166.67}{1166.67}$≈50（万元）

应并入A公司的B公司所得额的实际抵免额=50万元

A公司甲国应纳税额=（1 000+166.67）×30%-50≈300（万元）

子公司实际税后所得=300-45=255（万元）

子公司按照控股比例付给母公司的股息=255×50%=127.5（万元）

应并入母公司的子公司所得额=$\frac{127.5}{1-30\%}$≈182.14（万元）

应由母公司承担的源自子公司股息已纳税额=$90×\frac{127.5}{210}$≈54.64（万元）

应并入母公司的子公司所得额的抵免限额

=（500+182.14）×40%×$\frac{182.14}{500+182.14}$≈72.86（万元）

应并入母公司的子公司所得额的实际抵免额≈54.64万元

母公司甲国应纳税额=（500+182.14）×40%-54.64≈218.22（万元）

五、对税收饶让公平性与有效性的争议

目前多数国家（地区）为促进资本输出、占领国际市场等，愿意通过税收协定的方式给予本国居民纳税人税收饶让抵免待遇。但是美国从未与其他国家（地区）签订包含税收饶让抵免条款的税收协定。关于税收饶让，各国的分歧主要集中在公平性与有效性方面。

- 公平性方面：
  ➢ 美国认为：

  税收饶让有悖资本输出中性原则。资本输出中性原则要求税收制度不得影响国际资本在各国之间的流动，也不得影响投资者在国家（地区）之间的投资选择。然而，在所得来源国实行税收优惠政策，且居住国实行税收饶让抵免的情况下，所得来源国本国居民纳税人与非居民纳税人之间税收负担存在差异，使得纳税人更倾向于向与本国签有税收饶让协定的国家（地区）投资。

  ➢ 发展中国家（地区）认为：

  （1）税收饶让是对资源优化配置的手段，从更深层次上体现了公平。当前各国之间仍然存在经济发展不平衡的问题，与发达国家（地区）相比，发展中国家（地区）在技术、资本、人才等方面均显示出较大的差距。为了均衡全球性要素禀赋，调节财富的合理分配，发展中国家（地区）有必要通过税收优惠的形式吸引优质要素禀赋流入本国，助力本国经济高质量发展。

  （2）居住国实行税收饶让不会损伤其税收权益，但对其进行补征会侵占他国税收利益。所得来源国出于经济发展的需要，对跨国纳税人给予税收优惠待遇，实行税收饶让并不要求居住国承担任何经济损失对来源国进行税收补贴，但是如果居住国不实行税收饶让，则会使该笔税收优惠最终由居住国（而非跨国纳税人）享受，侵占了所得来源国的税收利益。

- 有效性方面：

  部分国家（地区）认为税收饶让条款可能导致跨国经营利润过分回流居住国，而不是将其留存在所得来源国进行再投资和扩大再生产，进而影响发展中国家（地区）的经济发展。

六、我国对税收饶让的态度

我国重视和坚持税收饶让抵免。在对外经济往来过程中，为引进先进技术与优质资本，我国对跨国投资者给予了税收优惠，同时为保证该优惠政策能够真正地施惠于纳税人，我国常要求该跨国纳税人的居住国，特别是发达国家（地区），允诺实行税收饶让抵免。

截至2018年7月，在我国对外签署的103个税收协定中，约有50个协定包含了税收饶让条款。但是，居住国允诺实行税收饶让通常附有一定的限制条件。①税收饶让范围限制：例如，日本、英国、丹麦、芬兰等国与我国签订的税收协定对营业利润给予的税收饶让限制于中国税法和实施细则规定的减税、免税和再投资退税范围内；加拿大、新西兰、澳大利亚、新加坡等国与我国签订的税收协定把营业利润的税收饶让范围放宽至我国税法和实施细则以外的部分行政法规所规定的减免税优惠。②税收饶让期限限制：澳大利亚、英国、比利时、瑞典、挪威等国与我国签订的税收协定中规定，税收饶让的有效期为协定生效后的十年。但是英国和瑞典同意在十年有效期到期之后，继续对我国再延长十年有效期；澳大利亚、丹麦、芬兰、挪威等国则在有效期到期之后，不同意继续延期，或者在更新的税收协定中取消税收饶让条款。我国对外签署税收协定抵免规定一览表，如表 4-1 所示。

表 4-1　我国税收协定网络覆盖国家（地区）抵免规定一览表

减除国际重复征税规定			与下列国家（地区）协定
中国居民从下列国家（地区）取得所得的已纳税款在中国按限额抵免	包括间接抵免（股份10%）		日本、美国、英国、法国、比利时、德国、马来西亚、挪威、丹麦、新加坡、芬兰、加拿大、瑞典、泰国、意大利、荷兰、斯洛伐克、波兰、澳大利亚、保加利亚、巴基斯坦、科威特、瑞士、塞浦路斯、西班牙、罗马尼亚、奥地利、巴西、蒙古、匈牙利、马耳他、卢森堡、韩国、俄罗斯、印度、毛里求斯、白俄罗斯、斯洛文尼亚、以色列、越南、土耳其、乌克兰、牙买加、冰岛、立陶宛、拉脱维亚、爱沙尼亚、苏丹、葡萄牙、爱尔兰、克罗地亚、阿拉伯联合酋长国、巴布亚新几内亚、孟加拉国、印度尼西亚、突尼斯、墨西哥、阿尔及利亚、赞比亚、叙利亚、津巴布韦、柬埔寨、塔吉克斯坦（股份20%）、埃塞俄比亚（股份20%）、土库曼斯坦（股份20%）、捷克（股份20%）、乌干达（股份20%）、智利（股份20%）、博茨瓦纳（股份20%）、厄瓜多尔（股份20%）、肯尼亚（股份20%）
	不包括间接抵免		新西兰、亚美尼亚、乌兹别克斯坦、老挝、埃及、南非、菲律宾、摩尔多瓦、北马其顿、塞舌尔、巴巴多斯、古巴、哈萨克斯坦、阿曼、伊朗、巴林、吉尔吉斯斯坦、委内瑞拉、斯里兰卡、阿尔巴尼亚、阿塞拜疆、格鲁吉亚、沙特阿拉伯、塔吉克斯坦
缔约国（地区）居民从中国境内取得所得已纳税款在对方国家（地区）	按限额抵免	包括间接抵免（股份10%）	日本（25%）、美国、英国、新加坡、马来西亚、澳大利亚（不限额）、巴基斯坦、蒙古、毛里求斯、以色列、牙买加、拉脱维亚、爱沙尼亚、苏丹、爱尔兰（不限额）、巴巴多斯、突尼斯、墨西哥、韩国、中国香港、柬埔寨
		不包括间接抵免	法国、德国、比利时、挪威、丹麦、新加坡、芬兰、加拿大、瑞典、新西兰、泰国、意大利、捷克、波兰、保加利亚、科威特、瑞士、塞浦路斯、西班牙、罗马尼亚、巴西、匈牙利、马耳他、卢森堡、俄罗斯、印度、白俄罗斯、斯洛文尼亚、越南、土耳其、乌克兰、亚美尼亚、冰岛、立陶宛、乌兹别克斯坦、老挝、埃及、葡萄牙、南非、菲律宾、摩尔多瓦、克罗地亚、阿拉伯联合酋长国、巴布亚新几内亚、孟加拉国、北马其顿、塞舌尔、古巴、哈萨克斯坦、印度尼西亚、阿曼、伊朗、巴林、吉尔吉斯斯坦、委内瑞拉、斯里兰卡、阿尔巴尼亚、阿塞拜疆、格鲁吉亚、中国澳门、沙特阿拉伯、埃塞俄比亚、土库曼斯坦、赞比亚、叙利亚、乌干达、博茨瓦纳、津巴布韦、肯尼亚
	免税	仅就部分所得征收的税收	法国、比利时、德国、挪威、加拿大、芬兰、瑞典、荷兰、捷克、波兰、保加利亚、瑞士、西班牙、奥地利、匈牙利、卢森堡、厄瓜多尔、智利
饶让规定（互相给予饶让抵免）	普通饶让抵免		马来西亚、泰国、保加利亚、印度、毛里求斯、巴布亚新几内亚、北马其顿、塞舌尔、古巴、阿曼、突尼斯、斯里兰卡、特立尼达和多巴哥、摩洛哥、沙特阿拉伯、埃塞俄比亚、柬埔寨
	投资所得定率抵免		意大利（股息10%，利息10%，特许权15%） 捷克（股息10%，利息10%，特许权20%） 巴基斯坦（股息15%，利息10%，特许权15%，技术服务费15%） 塞浦路斯（股息10%，利息10%，特许权10%） 马耳他（股息10%，利息10%，特许权20%） 韩国（股息10%，利息10%，特许权10%） 越南（股息10%，利息10%，特许权10%） 牙买加（股息5%，利息7.5%，特许权10%） 葡萄牙（股息10%，利息10%，特许权10%）

注：本表摘自朱青. 国际税收（第九版）[M]. 北京：中国人民大学出版社，2018：95-97，有改动.

> **复习思考题**

1. 简要概述国际双重征税的原则和解决方案。
2. 免税方式有哪些?
3. A 国某公司某一年度在国内经营取得应税所得额 500 万元,税率 30%;其在 A 国的分公司同年取得应税所得额 200 万元,B 国规定的公司所得税税率为 20%;同年该公司从 C 国取得应税所得额 100 万元,C 国规定的公司所得税税率为 15%。计算该公司当年的外国税收抵免限额和实际应向 A 国缴纳的所得税税额。
4. 甲国的 A 公司在乙国设立了一家持股比例为 30%的子公司 B,在某一年度获得利润 500 万元,乙国的公司所得税的税率为 25%;而这家子公司又在丙国成立了一家持股比例为 50%的孙公司 C,同年获得利润 400 万元,丙国的公司所得税税率为 30%。甲国的 A 公司本年度国内盈利额为 100 万元,甲国的公司所得税税率为 50%。根据上述材料计算每个公司各自向所在国缴纳的税额。

第五章

国 际 避 税

与国际重复征税相似，国际避税也是国际税收的重要问题，但是二者所产生的影响截然不同：国际重复征税损害的是跨国纳税人的经济利益，扭曲市场经济下资源的有效配置，有碍于税负的公平合理和国际经济活动的有序发展；国际避税损害的是相关国家（地区）的税收利益和财政收入，减轻了跨国纳税人理应承担的税收义务，扭曲了国家（地区）间的税收分配关系。故而可以认为国际重复征税与国际避税是国际税收的两个不同方向的异化。因此，各国政府与国际社会均不遗余力地采取措施减除国际重复征税的影响，同时也积极防范跨国纳税人的国际避税。

第一节 概念界定

一、避税的含义

避税是指负有纳税义务的单位和个人在纳税前采用各种合乎法律规定的方法，有意规避或者减轻纳税义务的行为。避税的核心在于纳税义务人在不违法的前提下，为使自己税收负担最小化而采取的措施。

● 关于避税与偷税：

避税与偷税是相近的概念。二者的相似之处在于：均为纳税人有意采取措施减轻自己的税收负担。

但二者也存在一定区别：

（1）采取措施的时间不同。偷税是纳税人在纳税义务已经产生的情况下，采取非法手段不缴或者少缴税款的行为；避税是纳税人在纳税义务产生之前，采取手段减少或者规避纳税义务。

（2）是否明显违反法律不同。偷税通常借助犯罪手段，采取做假账、伪造凭证等方法达到逃避履行纳税义务的目的，是一种违法行为，会受到法律制裁；避税是利用法律漏洞，并不直接违反法律，也不构成犯罪。需要特别指出的是：其一，目前越来越多的国家（地区）对避税予以否定，并特别制定了反避税条款，将避税列为需要制止的活动；其二，由于各国法律规定各不相同，跨国纳税人为规避纳税义务所采取的行动在法律健全的国家（地区）可能属于违法行为，在法律法规不够严密的国家（地区）可能不属于违法行为。因此对于是否违反法律，国际上很难做出统一的解释。

（3）法律中的界定不同。很多国家（地区）的法律中对"偷税"一词做了明确定义，但却很少对"避税"的概念做出解释。例如，《中华人民共和国税收征收管理法》第六十三条对偷税进行了明确的界定：纳税人伪造、变造、隐匿、擅自销毁账簿、记账凭证，或者在账簿上多列支出或者不列、少列收入，或者经税务机关通知申报而拒不申报或者进行虚假的纳税申报，不缴或者少缴应纳税款的，是偷税。但是我国的税收征管法中却没有对避税的概念进行界定。

● 关于避税与税务筹划：

一些国外学者认为"避税"与"税务筹划"或者"合法节税"本质上属于同一概念，均指一种纳税人利用税法的差异、漏洞及不明之处，规避、减少或者延迟纳税义务的并不违法的行为。但是，部分国内学者认为税务筹划与避税存在一定的区别：避税本质上是钻现行税法的空子，利用税法中的漏洞获取税收利益。虽然这一行为并不违法，但是却违背了国家（地区）的立法精神和税收政策的导向，因此避税属于既不违法，也不合法的行为；税务筹划并不是钻税法的空子，而是纳税人在不违背国家（地区）立法精神的前提下，充分利用税收优惠政策，达到减少或者取消自己纳税义务的行为。因此，税务筹划并不存在道德问题，税务部门对待避税与税务筹划的态度完全不同。

● 关于避税行为的治理：

政府可以从两个方面着手治理纳税人的避税行为：①完善税法，堵住税法漏洞，使纳税人没有可乘之机；②在税法中引入"滥用权利"或者"滥用法律"的概念，即虽然纳税人有权按照纳税义务最小化的方式开展经济活动，但税务部门不予认可纳税人不具有合理商业目的、仅出于避税考虑而进行的交易活动，并将此类行为判定为纳税人"滥用权利"。《中华人民共和国企业所得税法》第四十七条规定："企业实施其他不具有合理商业目的的安排而减少其应纳税收入或者所得额的，税务机关有权按照合理方法调整。"由于避税的重要特征之一就是纳税人的业务安排并不具有合理的商业目的，因此，此条规定具有反避税的兜底条款性质。

二、国际避税的含义

国际避税是指跨国纳税人利用国家（地区）间的税制差异和税法漏洞，在从事跨国经济活动过程中采用合法手段规避或者减少其在相关国家（地区）的纳税义务。

广义的国际避税是指跨国纳税人从其在特定国家（地区）的税收利益出发，通过跨国经济活动减少居住国或所得来源国的纳税义务，但其在该国减少的应纳税额会被其在别国的纳税义务的增加而抵消掉，该纳税人的全球总税负并未降低。典型的例子是跨国纳税人有时会特意增加其在低税国的纳税义务，而减少在高税国的纳税义务。

目前国际避税行为被越来越多的国家（地区）予以否定，被定性为错用或者滥用税法的行为。多个国家（地区）已经制定了反国际避税的税法或者条款，并授权税务部门开展反避税行动。在联合国与OECD的网站上也特别开设了"与避税和逃税斗争"的专栏。

【例5.1.1】 2012年我国税务机关对一家美国著名的跨国公司设立在北京的子公司进行反避税调查，最终该子公司需要补缴的税款和利息总金额达到8.4亿元。该跨国公司通过收取特许权使用费的方式将利润从北京子公司转移到美国的母公司，虽然美国的公司所得税税率高于中国，该跨国公司此举并没有降低其全球总税负，但却成功地规避了美国对操纵转让定价实施处罚的税务风险。但从中国的税收利益角度出发，该跨国公司的利润转移严重侵蚀了中国的税收权益，规避了其在中国的纳税义务，属于典型的广义国际避税。

● 国际避税与国内避税的区别：

国内避税是指一国纳税人利用本国税法漏洞进行的避税活动，由于其并不从事跨国交易，因此所规避的仅为居住国的纳税义务，所减轻的为居住国税收负担。国际避税利用的则是不同国家（地区）之间的税制差异，以及相关国家（地区）涉外税法、国际税法的漏洞，所规避的是居住国和所得来源国的纳税义务，所减轻的是全球总税负（广义的国际避税除外）。

● 国际避税与国际逃税的区别：

国际逃税是跨国纳税人在进行国际经营活动中采用虚报、谎报、隐瞒、伪造等非法手段减少或者逃避其在相关国家（地区）已经负有的纳税义务，是违法行为。国际避税是纳税人利用并不违法的方式降低自己的全球总税负。因此，对国际避税与国际逃税的处理办法也截然不同：对于国际避税，有关国家（地区）一般要求跨国纳税人对其行为给出合理的解释和必要的证据支持，对不合理的收入分配进行强制调整，并要求其补缴应纳税款。此外，为了避免类似的国际避税情况再次发生，有关国家（地区）还会补充和完善税法，加强国际反避税合作。对于国际逃税，有关国家（地区）会依据本国国内法律追究相关纳税人的法律责任；对于不构成刑事犯罪的，采取追缴税款、加处罚款、冻结银行存款、查封或扣押财产等措施；对于构成刑事犯罪的，依法追究刑事责任，包括判刑入狱。

【例5.1.2】 甲国A公司为母公司，乙国B公司为子公司。甲国属于高税国，乙国属于低税国。

（1）如果高税国母公司A将产品低价售给低税国子公司B，再由低税国子公司B将产品高价售给第三方，则公司集团的利润就转移到了低税国子公司B的账上，此行为属于国际避税（虽然可能涉及判定转让定价是否合理的问题）。

（2）如果高税国母公司A将产品直接售给第三方，并对账目进行"处理"，有意降低应税所得,则此行为属于国际逃税。

对于国际避税,有关国家(地区)一般通过完善本国涉外税收法规或者修订本国与他国签订的税收协定来减少法律漏洞;对于国际偷税,有关国家(地区)一般通过法律制裁打击相关纳税人的非法行为。

三、国际避税的成因

(一)国际避税的主观成因

独立的经济主体在面对激烈的国际市场竞争时,会产生强烈的加强经营管理、压缩生产成本、降低全球税负、提高税后收益的主观动机,故而会利用各国税法的差异和大量的国际税收协定,在不违法的前提下,尽量减少纳税义务,实现税后利润最大化的目的。

(二)国际避税的客观成因

1. 相关国家和地区之间所实行的税收管辖权、居民身份的判定及所得来源地的判定标准的差异

例如,在判定劳务所得来源地时,有的国家(地区)采用劳务提供地标准,有的采用劳务报酬支付地标准;在判定自然人税收居民身份时,有的国家(地区)采用住所标准,有的国家(地区)采用居所标准,甚至不同国家(地区)居所标准中的居住时间长短也各不相同,使得跨国纳税人可以利用不同国家(地区)的上述差异,部分或者完全规避自己的纳税义务。

【例5.1.3】 朗勃是英国一种汽轮机叶片的发明人,他将该发明转让给卡塔尔的一家公司,获得4.75万美元的技术转让费。朗勃根据技术转让费的获得者不是卡塔尔居民而不必向卡塔尔政府纳税的规定,规避了向卡塔尔政府纳税的义务;同时,朗勃又出售了其在英国的住所,迁居到中国香港,并以住所不在英国为由规避了向英国政府纳税的义务;以所得并非源自中国香港,规避了向中国香港纳税的义务(中国香港仅实行地域管辖权)。因此,虽然朗勃出售发明取得了一笔不菲的技术转让费收入,但因其利用了相关国家和地区税收管辖权、居民身份判定及所得来源地判定标准的差异,完全规避了就该笔所得向有关国家或地区纳税的义务。

2. 相关国家和地区之间税率和税基的差异

税率的差异:如果世界上所有国家(地区)的税率水平完全一致,则不存在税收洼地,纳税人就没有可能通过国家或地区间的资本、财富的流动进行国际避税。但是实践中,不同国家或地区间的适用税率相差较大,既同时存在高税国(地区)、低税国(地区)

及不征所得税的国家（地区），又同时存在实行比例税率的国家（地区）和实行累进税率的国家（地区），这就为跨国纳税人对纳税义务进行避重就轻的选择提供了可能性，成为跨国纳税人国际避税的重要条件。

税基的差异：在所得税中，税基即应税所得。计算应税所得时需要首先扣除各项成本费用，而不同国家（地区）对成本费用的规定差异巨大，如纳税人的成本费用在一国不得税前扣除，在另一国却准予扣除，为纳税人进行国际避税提供了便利条件。此外，税收优惠政策的差异，也造成了不同国家（地区）税基的差异。一般地，税收优惠政策越多，税基越狭窄；税收优惠政策越少，税基越宽广，而税基的宽窄直接决定着税负的高低，因此跨国纳税人必然选择在窄税基国家（地区）开展经济活动。

3. 国际税收协定的存在

为保证国际经济活动的顺利进行，国家（地区）之间签订了大量的税收协定，但是这些税收协定有可能被跨国纳税人利用，以此达到国际避税的目的。

【例5.1.4】 国际规范规定，只有当缔约国一方的居民企业在另一方境内设有常设机构时，常设机构所在国才有权对该企业的经营利润征税。假设甲乙两国为缔约国，甲国为高税国，乙国为低税国，则乙国企业在甲国开展经营活动时，为了规避其在甲国的纳税义务，就会选择不在甲国设立常设机构，达到国际避税的目的。

【例5.1.5】 在没有税收协定的情况下，各国对本国居民企业向他国企业汇出的股息、利息、特许权使用费等均征收较高税率的预提税，但税收协定大大降低了企业预提所得税负担，这就使得部分企业产生了"滥用国际税收协定"的动机。假设丙国居民企业A公司与甲国B公司产生业务往来活动，但丙国与甲国之间没有签订税收协定。为减轻预提税纳税义务，丙国A公司选择在与甲国签有国际税收协定的乙国建立中介性质的附属公司C公司，通过C公司与B公司开展经营业务，以此实现国际避税。

4. 涉外税收法规中的漏洞

除了国家（地区）之间签订的国际税收协定可能为跨国纳税人的国际避税提供可乘之机以外，一国涉外税收法规的漏洞也可能为跨国纳税人的国际避税提供有利条件。

【例5.1.6】 推迟课税，又称延期课税，是指一国政府对本国居民从国外企业分得的股息在汇回本国时才予以征税，在汇回本国以前不予征税。推迟课税政策主要由发达国家（地区）实行，其初衷在于鼓励本国居民企业从事跨国投资，提高其与所得来源国企业竞争的实力。然而本条政策却被跨国企业用来进行国际避税。例如，甲国为高税国，其居民企业A公司与乙国B公司存在贸易往来与投资关系，为实现国际避税目的，A公司选择在低税国丙国建立子公司，并将源自乙国B公司的利润转移到丙国子公司，且打算长期滞留在该子公司。这样就可以利用甲国的推迟课税政策，规避甲国较重的纳税义务了。

第二节 国际避税地

一、国际避税地的概念及判定标准

（一）国际避税地的概念

国际避税地，又称国际避税港、避税天堂等，是指可以被跨国纳税人借以进行所得税或者财产税国际避税活动的国家或地区。

虽然"国际避税地"这一词汇已被广泛使用，但截至目前对国际避税地仍然没有统一的定义，故而世界上究竟哪些国家（地区）属于国际避税地也没有一致的认定。一般地，跨国纳税人把国际避税地视作能够减轻全球总纳税义务，带来税收利益的国家（地区）；各国政府将国际避税地视作会使课税主体和课税客体或税源从本国税收管辖权范围转移出去，导致本国税款流失的国家（地区）；学者认为国际避税地是可以被利用进行国际避税活动，可能破坏税收的财政原则、效率原则及公平原则的国家（地区）。甚至有人认为，只要一国（地区）能够被跨国纳税人利用进行国际避税，就可以被称为国际避税地。

（二）国际避税地的判定标准

由于国际避税地的存在对国际资本、技术、人员的流动，有关国家的财政收入、跨国公司收入和费用的分配均会造成影响，故而受到各方高度关注。部分国家出于反国际避税的需要，在本国税法中特别列出了判定国际避税地的标准，甚至部分国家依据本国标准列出了国际避税地的国家（地区）名单，并规定：凡是本国公司与符合国际避税地标准或者属于避税地名单上的国家（地区）的受控子公司进行交易，税务部门就需要给予特别关注，必要时可以实施反避税措施。在判定一国（地区）是否为国际避税地时，通常有两种标准。

1. 定量判定标准

定量判定标准是以规定的税率标准作为判定一国（地区）是否属于国际避税地的依据，包括正向判定和反向判定。其中，正向判定是指当一国（地区）的税率低于规定税率时被判定为国际避税地；反向判定是指当一国（地区）的税率高于规定税率时属于正常税率国家（地区），凡是不在正常税率国家（地区）之列的其余国家（地区）则会被判定为国际避税地。例如，1972年德国《涉外税法》附录中所列举的国际避税地就是以所得税税率是否低于31.2%为依据进行判定的；1978年日本制定的《受控外国公司法则》（Controlled Foreign Company Rules，CFC）同样采用定量判定标准，规定凡是税率低于本国税率二分之一的国家（地区）就是国际避税地。类似地，法国将这一标准定为本国税率的三分之一，英国为本国税率的四分之三。

2. 定性判定标准

定性判定标准是基于对一国（地区）税收制度综合分析，从性质上判断该国（地区）是否属于国际避税地。联合国及 OECD 等均采用本标准进行判定。依据 OECD 2000 年发布的《认定和消除有害税收行为的进程》报告，当一国（地区）符合如下标准时，将被判定为国际避税地：

◇ 有效税率为零，或者只有名义有效税率；
◇ 缺乏有效的信息交换；
◇ 税收制度缺乏透明度；
◇ 对设立在本国（地区）的企业没有实质性经营活动的要求。

该报告将 35 个国家（地区）纳入国际避税地的黑名单中，但并未包含瑞士、荷兰、爱尔兰等公认的国际避税地。

联合国 1998 年国际税务合作专家特别小组第八次会议报告列出的国际避税地判定标准包括：

◇ 实际税率低或者为零；
◇ 不愿意分享税收情报；
◇ 税收制度缺乏透明度；
◇ 没有真实的营业活动；
◇ 清楚地划分出一个避税特别制度。

此外，美国国内收入署发行的《国内收入手册》指出，凡是具有如下某个或多个特征的国家或地区就属于国际避税地：①不征收所得税或财产税，或者所得税和财产税的税率显著低于美国；②商业银行高度保守商业秘密，甚至不惜违反国际条约的相关规定；③金融活动在该国（地区）占有重要地位；④现代通信设施完备；⑤外币存款管制较松或完全没有任何管制；⑥大力宣传本国（地区）为离岸金融中心。依据上述标准，美国列举了约 30 个典型国际避税地；挪威认为当一个国家（地区）仅对所得或财产征收低税，或者完全不征税，并且不与其他国家交换税收情报时，属于国际避税地，而当一国（地区）愿意与他国进行税收情报交换，即便该国（地区）不征收所得税或财产税，或者仅征低税时，仍然不属于国际避税地。

2017 年欧盟成员国通知欧盟以外的 92 个国家（地区），欧盟会就是否将其列入未来的国际避税地黑名单进行筛查，且该黑名单于 2017 年底出炉。

需要特别指出的是，国际避税地国家（地区）的名单会随着一国税收制度的变化而变化，原避税地国家（地区）可能成为非避税地，而原非避税地国家（地区）也可能变为避税地。例如，委内瑞拉曾实行单一的地域管辖权，一度成为拉美地区重要的国际避税地。但自 1986 年，该国开始同时实行居民管辖权和地域管辖权，不再是国际避税地。

从目前公认的国际避税地名单来看，除了瑞士、爱尔兰、荷兰等少数国家属于发达国家以外，其他避税地多为自然资源匮乏、人口稀少、经济基础薄弱的发展中国家（地区)。这些国家(地区)为了增加财政收入,促进本国(地区)经济发展,通常以不征税或者仅征低税的方法吸引外国资本和外国企业。到上述国家(地区)投资的跨国纳税人多是出于获取税收利益的目的,经营活动主要集中在金融、保险、信托、持股等方面,并不会破坏当地生态环境和旅游资源,却能够为避税地国家(地区)提供大量的就业机会,以及带动该国(地区)金融业、法律服务业蓬勃发展,故而避税地国家(地区)十分欢迎外国企业在本国(地区)注册登记。

(三)与国际避税地相关的其他概念

与国际避税地相关的概念还有离岸中心和自由港。

离岸中心是指给外国投资者在本地成立,但从事海外经营的离岸公司提供特别优惠,使该跨国公司能够获得更大的经营自由的国家(地区)。由于税收优惠是离岸中心向跨国公司提供的重要优惠,故离岸中心通常是与国际避税地相统一的。

自由港是指不设海关管辖,在免予征收进口税、出口税、转口税的条件下,从事进口、出口、转口、仓储、加工、组装、包装等多种经济活动的港口或地区。自由港不同于避税港,避税港即国际避税地,通常予以免征所得税,或者仅征收较低的所得税,以实际税负远低于国际一般水平为主要特征,而自由港则以免征关税为特征。自由港并不一定是避税港,如德国的汉堡自由贸易区,但有时自由港同时又是避税港,如中国香港。

二、国际避税地的形成原因与特征

(一)国际避税地的形成原因

1. 历史原因

当资本主义发展到垄断时期,部分国家出现了大量的过剩资本,急需寻求投资场所,而殖民地、半殖民地及其他经济发展滞后的国家(地区),由于缺乏资金、技术和设备,成为资本过剩国家的资本输出目的地。他们利用资本作为筹码,有的控制了这些国家(地区)的原料生产,有的控制了重要工业品市场,有的控制了金融市场,等等,使得这些国家(地区)在政治和经济上不同程度地丧失独立性,在税收上丧失自主权,被迫制定有利于资本输出国的低税制度,成为国际避税地。

2. 制度原因

(1)部分国家(地区)在设计本国(地区)税收制度时,严格遵守传统思想理论或奉行某一原则,确立了低税负的税收制度,成为国际避税地。例如,部分国家(地区)在税收上奉行属地原则,仅对纳税人的所得行使地域管辖权,被国际避税者利用,成为国际避税地;部分国家(地区)恪守"所得源泉说"所得税法立法思想,制定出对财产转让等所得不征税的税收制度。

（2）有的国家（地区）税收征管存在严重漏洞和缺陷，税务工作程序和方法较混乱，被跨国纳税人加以利用，成为国际避税地。例如，部分国家（地区）税收制度不健全，税收法律、法规及条例规定之间相互矛盾，为国际避税者钻法律的空子提供了便利条件；部分国家（地区）受税务工作者整体素质和当地人民的收入水平限制，实行以关税为主体税种的税收制度，所得税比重较小，税负较轻，容易被高税国的纳税人利用进行国际避税活动。

3. 经济原因

部分经济欠发达国家（地区）出于振兴本国（地区）经济的目的，制定了较宽松的税收优惠政策吸引发达国家的投资，以求引进境外资金、先进技术和稀缺人才；部分经济发达国家（地区）出于国内投资不足、经济发展遇阻等原因，也可能制定吸引其他发达国家（地区）投资的税收优惠政策。一旦上述税收优惠政策被跨国纳税人利用进行国际避税活动，则该国（地区）客观上就成了国际避税地。

4. 其他原因

部分国家（地区）地理位置优越、自然资源丰富、政局稳定、财政资金充盈，不存在提高税负的需求，多年保持较低的税率水平，成为国际避税地。

（二）国际避税地的特征

1. 税收较低或者不征税

国际避税地的首要特征是低税甚至无税。由于直接税不易转嫁，因此其税负的高低直接关系到跨国纳税人税后利润水平。国际避税地多为岛国或"飞地"[①]，没有沉重的财政预算要求，也无须与高税国之间签订国际税收协定，因此税率水平较低。此外，国际避税地的低税特点还体现在税制结构相对单一，流通环节的产品税、消费税、营业税等少征或者不征，进出口税收政策也相对宽松。

2. 便利的交通和通信设施

国际避税地需要拥有理想的投资条件：得天独厚的地理位置、便利的外部交通、发达的邮电通信、完善的基础设施等。其中，便利的交通和发达的通信尤为重要，能够满足跨国纳税人生产、经营、管理的基本要求。例如，位于大西洋中部的百慕大群岛，距离美国纽约只有1 247千米，两个小时以内便可飞抵纽约，还可直飞美国、加拿大的主要城市，空运服务效率较高。

---

① 飞地包含如下几种情况：属于某一行政区管辖，但不与本区毗连的土地；属于某人所有，但与其成片的土地相分离而坐落于他人土地界线以内的零星土地；某国的一块土地，在另一国国土之中者；土地的实际坐落，同土地证书上所载坐落不一致的土地。

3. 稳定的政局和社会环境

稳定的政局和社会环境能够保证投资的安全，是国际避税地的必备条件。国际避税地多为半自治地区或者岛国和小国，政局较为稳定，发生内战或者政局变动的可能性较小，保证了跨国投资者资金的安全。

4. 持续有效且宽松的政策法规

作为吸引投资的"软环境"，政策法规决定着外部投资者能否顺利进入本国（地区）。虽然一些国家（地区）区位条件较好，但严格的立法限制使外国投资者难以进入该国（地区）经营或居住。国际避税地拥有持续有效的宽松政策环境，外国投资者能够在可预期的未来持续享受该国（地区）的健全的政策法规，确保其资金安全和合法权益受到法律保护。

5. 严格的银行和财产保密制度

为吸引跨国公司向本国（地区）转移资金，国际避税地通常设立了严格的银行和财产保密制度，为跨国企业的交易活动、财产存款等提供完善的保密服务。由于跨国纳税人将利润从高税国转移至国际避税地的基地公司会损害高税国的税收利益，引致高税国采取反避税措施，因此国际避税地会设法帮助跨国纳税人保守秘密，防止其受到税收处罚。部分国际避税地甚至专门出台了银行保密法，以确保银行账户的持有者不受财务信息揭示的影响。还有的国际避税地虽然没有出台银行保密法，但根据本国法律，除非有法院的命令，否则银行一律不得向他人泄露客户的任何信息。

6. 宽松的外汇管理制度

国际避税地实行自由的外汇市场制度，对跨国公司资金的调出和调入不设限制。具体地，宽松的外汇管理制度又可以分为两种。一是完全取消外汇管制。开曼群岛、特克斯和凯科斯群岛、英属维尔京群岛、巴拿马、列支敦士登、瓦努阿图等属于这种情况。部分国际避税地没有本国货币，直接使用发达国家的货币作为本国流动货币，更加便利了外汇自由进出。二是实行外汇管制，但外汇管制并不适用于非居民纳税人组建的公司。百慕大群岛、荷属安的列斯群岛、巴哈马等属于这种情况。

此外，宜人的气候、密集的劳动力资源和自然资源、可利用的原材料市场、利于自由贸易的海关和银行及保险条例等，也是一国（地区）成为国际避税地的重要条件。

三、国际避税地的类型

（一）完全不征收所得税的国家（地区）

这类国际避税地通常被称为"纯避税地"或"典型的避税地"，主要包括巴哈马、百慕大群岛、开曼群岛、瓦努阿图、瑙鲁、特克斯和凯科斯群岛、汤加等。

1. 巴哈马

巴哈马由700多座岛屿组成，位于大西洋和加勒比海的分界处，地处亚热带地区，气候温和，四季如春，距离美国佛罗里达仅50英里（1英里≈1.61千米），飞行时间仅35分钟。该国的支柱产业是旅游业和金融服务业。其中，金融服务业就业人数在总就业人数中占比10%以上，产值在GDP中占比超过15%，有超过30个国家的380家银行在巴哈马注册和设立分支机构，资产总额达到3 000亿美元；受控保险公司1 300家，占世界受控保险公司总量的37%，使得巴哈马成为北美洲著名的避税地。

巴哈马没有直接税，即任何个人和经营实体均无须缴纳所得税、资本利得税、遗产税、预提税、遗产税、赠与税、继承税等。虽然巴哈马课征印花税、营业税和关税，但税负较轻。巴哈马出台了严格的银行保密法，规定银行账户只有在涉及犯罪活动时，经巴哈马最高法院批准之后，第三方才获准进行查询。此外，巴哈马还拥有大量的律师事务所、会计师事务所、银行及金融机构，能够为跨国投资者提供完备的法律、金融服务，且注册成立公司的费用较低。基于上述条件，巴哈马成了理想的避税地。

2. 百慕大群岛

百慕大群岛位于大西洋北部，由7个主岛和150余个小岛和礁群组成，面积53平方千米，2022年人口6.35万人，自然资源较为匮乏，支柱产业包括国际金融业、保险业及旅游业。

百慕大不征收所得税、资本利得税、预提税、遗产税、继承税、销售税等，仅对遗产征收印花税，对薪酬征收就业税、医疗税和社会保障税，对境内遗产征收遗嘱认证费，对进口货物征收关税，以及对旅游业征收税负较轻的饭店使用税和空海运乘客税。此外，百慕大的豁免公司[①]还不受任何外汇管制，并且在2016年以前无须缴纳所得税和资本利得税。由于百慕大完善的金融制度和极低的税收负担，目前约有7 000家豁免公司在百慕大注册登记，涉及离岸银行、共同基金、保险、信托、航运、石油等多个领域。此外，稳定的政治、经济和社会环境也为百慕大成为国际避税地增加了吸引力。

3. 开曼群岛

开曼群岛位于加勒比海西北部，面积264平方千米，2023年常住人口6万余人，毗邻美国，地理位置优越。开曼群岛的金融业收入约占政府总收入的40%，GDP的70%，外汇收入的75%。

开曼群岛对于外国投资者在岛上注册但不在岛上经营的豁免公司提供20年内不征收所得税的承诺，豁免信托公司甚至获得50年不征收所得税的承诺。开曼群岛也拥有完善的法律、银行、会计、信托等服务体系，但与巴哈马和百慕大群岛相比，其优越之处在于：①注册公司程序便捷；②公司注册费用和年检费用低廉；③豁免公司能够获得政

[①] 豁免公司是指不必按照公司法所要求的至少有60%的资产由百慕大当地居民持有的公司。

府20年不征收所得税的承诺，以及拥有如下特权：发行无面值的股票、不必每年召开股东大会、对股东的姓名严格保密。基于此，大量企业从巴哈马和百慕大群岛迁移至开曼群岛，岛上注册公司数量达到1.8万家。其中银行和信托公司500余家，存款总规模超过4 000亿美元，使开曼群岛成为加勒比海最大的金融中心。

4. 瑙鲁

作为世界上最小的国家之一，瑙鲁的面积仅有21.1平方千米。历史上该岛国曾被多个国家统治过，最终于1968年宣布独立。瑙鲁曾经的支柱产业为磷酸盐工业，其出口量一度占该国出口总量的98%，但随着矿产资源濒临枯竭，瑙鲁政府大力发展旅游业和航空服务，致力于将本国打造成国际避税地。

瑙鲁不征收任何所得税和财产税，吸引来众多跨国公司在此注册登记。目前瑙鲁常住人口仅7 000余人，但注册的公司却有300余家。

5. 安道尔

安道尔位于比利牛斯山谷之中，是法国与西班牙之间的小国，2023年常住人口仅为7.9万人，国土面积468平方千米。安道尔无本国货币，对企业和个人均不征收所得税、预提税、遗产税、赠与税、关税等，仅对烟草、酒、汽车等征收销售税，故而拥有"无税天堂"的称号。但由于交通不便，没有航线经过此地，只能从西班牙的巴塞罗那转乘汽车，极大地限制了安道尔无税优势的发挥，该国国际避税地的地位受到严重影响。

（二）仅课征较低税率的所得税的国家（地区）

这类国际避税地包括瑞士、列支敦士登、海峡群岛、爱尔兰、英属维尔京群岛等。

1. 瑞士

瑞士位于欧洲中西部，属于内陆国家。瑞士经济发达，工业、金融业、旅游业为其三大支柱产业。由于瑞士对第三产业的外国投资给予较多税收优惠政策，且实行较少的外汇管制，瑞士逐渐成为国际避税地。

虽然课征所得税，但瑞士的税率显著低于欧洲其他国家。以公司税为例，由于是联邦制国家，瑞士的公司税包括联邦税、州税及固定资产增值税三部分。其中，联邦税由联邦政府统一征收，征收比例为第三产业企业利润的3.6%~9.8%；州税通常对从事内销贸易的企业按照其利润的1%征收税款，对从事外销贸易的企业（外销营业额达到全部营业额的三分之二或以上）按照四分之一的利润以12%的税率征收所得税（实际税率仅为2.5%~3%）；固定资产增值税税率为0.1%~0.5%。此外，如果企业当年经营状况不佳，还可延期一年纳税，且可就适用税率水平与税务部门协商。瑞士的联邦公司税和地方公司税的总税率水平为11.5%~24.4%，且对新办企业还给予10年免税期，税收优惠力度极大。

需要特别指出的是，虽然纯避税地不征收所得税，但其一般与他国没有缔结国际税收协定，故而跨国纳税人难以开展国际经济活动。瑞士与近90个国家缔结了税收协定，且实行低所得税税率，故而许多欧洲企业选择将总部设立在瑞士，并将其作为清算中心而进行国际避税。

2. 列支敦士登

列支敦士登位于瑞士和奥地利之间，2020年常住人口仅3.9万人。该国的居民公司仅需缴纳7.5%~20%的所得税，而控股公司和离岸公司的所得免予缴纳所得税，只需按照注册资本和资本公积金缴纳税率为0.1%的资本税。列支敦士登所实行的低税政策吸引了大量的海外公司在此组建。目前该国公司总数达到50 000余家，约是常住人口的两倍。

3. 海峡群岛

海峡群岛位于英吉利海峡，泽西岛和根西岛是该群岛中最大的两个岛屿。作为半自治地区，泽西岛和根西岛的国防和外交事务由英国掌管。这两个岛屿按照20%的税率征收公司税，但对于在岛上注册成立，而管理和控制机构不在岛上的公司免予课征公司税。这些公司每年仅需缴纳500英镑的管理费即可。极低的税负水平为这两大岛屿吸引了大量的海外公司。目前，泽西岛常住人口8万人，公司数量近20 000家；根西岛常住人口5.5万人，公司数量近8 000家。

4. 爱尔兰

作为公司税税率最低的国家之一，2002年爱尔兰公司税税率为16%，2003年降至12.5%，大量的美国公司选择在此投资办厂。1998年，爱尔兰的GDP在欧洲仅占1%，但吸引到的美国投资却在欧洲占比7.2%。较低的税负水平为跨国投资者提供了可观的创利空间。据统计，美国公司在爱尔兰的创利能力为16.2%，而在欧洲其他国家仅为3.7%。

5. 英属维尔京群岛

英属维尔京群岛位于波多黎各以东60英里，毗邻美属维尔京群岛，由50个岛屿组成，占地153平方千米，2020年常住人口3.1万人。该岛的支柱产业为旅游业和海外离岸公司注册。便利的交通、完备的通信设施、稳定的政治经济环境及宽松的金融环境，使该岛成为理想的海外离岸金融中心。

英属维尔京群岛在2004年颁布了《商业公司法》，宣布凡是在该岛注册成立的公司均可以豁免公司所得税、资本利得税、印花税和预提税。优渥的税收优惠政策及低廉的公司注册成本[①]使得在英属维尔京群岛注册的公司数量累计达到一百余万家，目前仍在经营的公司有五十余万家。

（三）仅实行地域管辖权的国家（地区）

这类国家（地区）征收较低的所得税，且对纳税人的他国所得不予征税，包括哥斯

[①] 英属维尔京群岛的公司注册费用不到1 000美元。

达黎加、中国香港、利比里亚、巴拿马、塞浦路斯等。

1. 中国香港

虽然中国香港征收所得税,但税率较低,仅为16%左右,且实行单一的地域管辖权,并对股息的支付免予征收预提税,对银行和部分金融机构支付的利息也同样免征预提税。

2. 巴拿马

虽然巴拿马的公司所得税税率为25%,但由于其实行单一的地域管辖权,对境外所得免予征税,其同样成为著名的国际避税地。

对于在巴拿马注册成立的离岸公司,巴拿马规定该公司及其所有者均可以免予缴纳公司所得税、预提税和资本利得税。且对于仅从事离岸业务的公司,还可享受不向巴拿马政府提供财务报表、无须保留财务记录、仅保存记录注册资本的股权记录和股东会议记录等特殊政策。此外,巴拿马没有实行任何外汇管制,美元可以在巴拿马国内自由流通,当地货币与美元直接挂钩。目前,在巴拿马注册成立的公司总量达到四万余家,其中绝大多数为海外公司在巴拿马组建的子公司。

3. 塞浦路斯

塞浦路斯位于地中海东北部,是地中海的第三大岛屿,与希腊、土耳其、叙利亚、黎巴嫩、以色列、埃及隔海相望。作为海上交通要道,塞浦路斯是通往欧洲、亚洲、非洲的枢纽。

塞浦路斯对于在本国注册成立、由非居民拥有且仅与海外企业存在业务往来的公司按照极低税率课征公司所得税,其税率仅为一般公司所得税税率的十分之一。此外,塞浦路斯还规定,对于外国公司在本国设立的分支机构不予征收任何所得税。

(四)整体上实行正常税制,但对某些种类的特定公司提供灵活的税收优惠政策的国家(地区)

这类国家(地区)包括卢森堡、库拉索岛、巴巴多斯等,也包括前述的塞浦路斯、列支敦士登、瑞士、英属维尔京群岛等。

1. 卢森堡

作为欧盟中最小的成员国,卢森堡同时实行居民管辖权和地域管辖权,且公司所得税的实际有效税率水平达到26%。但由于卢森堡曾于1929年针对符合条件的控股公司[①]出台了免征所得税的优惠政策,符合条件的控股公司的实际税负水平降至2.7%,吸引了大量的外国公司在卢森堡设立控股公司。其中,设立在卢森堡的外国银行在10年间增长了四倍。在欧盟实行统一货币之前,欧洲货币市场上47%的德国马克交易及25%的全欧

---

① 控股公司是指不从事生产经营活动,仅以持有其他公司的股份为主要业务的公司。

洲的美元交易都是通过卢森堡进行的。

由于欧盟在 2006 年将卢森堡的上述控股公司制度判定为不合理的政府补贴,故而该国目前已取消了这一制度。但由于卢森堡仍然实行"参股免税"的规定,即凡是卢森堡的居民公司(母公司)在连续 12 个月中对子公司的持股比例达到 10%,其从子公司取得的股息、红利便可免缴公司所得税。该政策使得卢森堡仍然保持国际避税地的地位。

2. 巴巴多斯

巴巴多斯是太平洋上的一个岛国,面积仅为 431 平方千米,2022 年常住人口 29 万人。虽然巴巴多斯的公司所得税税率为 25%,但其规定对于仅从事离岸业务的国际商贸企业和国际金融服务公司仅课征 0.5%~2.5% 的公司所得税,且国际商贸企业向非居民支付的股息和利息均免征预提税。

(五)与他国签订大量税收协定的国家(地区)

这类国家(地区)由于拥有大量的国际税收协定,使得第三国居民有机会滥用税收协定进行国际避税,故而同样属于国际避税地,包括荷兰、英国、法国、瑞典、奥地利、卢森堡等。

1. 荷兰

荷兰目前已经同 88 个国家签订了国际税收协定。依据协定内容,荷兰对于向在本国居民企业实质性参股(参股比例达到 25% 或以上)的协定国居民企业所支付的股息仅征收极低的预提税,且在与捷克、丹麦、芬兰、爱尔兰等国所签订的协定中,甚至直接免予征收预提税。

2. 英国

目前英国已与 125 个国家缔结了国际税收协定,且规定对于向非居民支付的股息免予征收预提税。

四、国际避税地的效应与综合评价

(一)国际避税地的效应分析

1. 国际避税地的正效应

(1)客观上扩大了国际避税地的税源,甚至可能增加财政收入。由于国际避税地所形成的税收洼地吸引了大量外国公司和人员,客观上扩大了该国(地区)的税源。同时,数量激增的外国企业和机构所缴纳的注册登记费、营业执照费等规费能够直接增加该国

（地区）的财政收入，房租、水费、电费、通信费、交通费等也能够间接增加该国（地区）的财政收入。

（2）有利于国际避税地改善产业结构。国际避税地通常面临资本短缺、产业结构单一等问题，随着工业化国家直接投资比例的提高，能够有效带动该国（地区）金融保险、邮电通信、交通运输、旅游等行业的发展，优化产业结构，促进产业发展。

（3）提高国际避税地的就业水平。随着在本国（地区）注册登记的外国公司数量的增加，对于雇员、工人、职员及技术人员的需求不断提高。由于国际避税地的人工成本低于发达国家，外国公司通常会雇用本国（地区）人员任职，提高了这些国家（地区）的就业水平。

2. 国际避税地的负效应

（1）国际避税地公司缺乏稳定性。在国际避税地开办的公司或机构多为"信箱公司"，其组建目的仅为避税。一旦国际避税地的税收制度发生变化，或者其寻找到更理想的避税地，就会马上移出原避税地。即便是为外国企业提供服务的金融机构、保险公司、信托公司等，也会随着外国企业的移出而出现业务量衰落。

（2）国际避税地吸引先进技术的能力有限。国际避税地所吸引来的往往是外国企业的一块招牌，其有形资产和核心技术几乎不会真正迁移至避税地。因此，在国际避税地注册登记的海量外国企业为国际避税地带来的只是虚假的繁荣。

（3）国际避税地易受资本输出国制约，处于被动地位。为保护本国税收利益不受侵蚀，资本输出国会施行反避税措施，使得国际避税地的税收优惠政策被部分甚至全部冲抵。例如，当资本输出国禁止本国纳税人享受对国际避税地的减免税额的饶让抵免时，国际避税地的税收优惠政策便失去效用。由于资本输出国随时可能针对国际避税地制定和出台反避税措施，国际避税地处于被动地位，其通过一系列特别政策所吸引来的外国资本也随时可能逃走。

（二）对国际避税地的综合评价

1. 联合国的态度与举措

联合国一直以来都致力于反国际避税和逃税。联合国税收条约谈判专家小组于1968年成立，在其提交的第一份报告中就提到各国交换的财税情报是重要的反国际避税资料，并在1977年召开的第七次会议上制定了《联合国范本》，并专门研讨了国际避税地问题，认为只有当避税地不再存在时，国际税收领域的避税问题才能彻底根除。

2. OECD的态度与举措

自1998年起，OECD开始着手解决国际避税地的问题，制定了判定避税地的标准，实行了"反有害税收措施"工作。OECD认为国际避税地严重违反公平竞争的基本原则，破坏了公众的信心。在OECD的不懈努力下，进入21世纪以来，"反有害税收措施"工作取得了重大进展，多个国际避税地明确表示愿意与国际社会合作，提高税收制度的透明度，主动交换税收情报，维护有关国家的税收利益。

第三节 国际避税主要方法

国际避税的方法虽然种类繁多，但均依赖于纳税行为主体（跨国纳税人）或者纳税行为客体（跨国纳税人的所得和财产等）的国际流动得以实现，因此国际避税的方法可以分为主体转移和客体转移两大类。其中，主体转移是指跨国纳税人通过自身的国际迁移或其他类似安排来降低税收负担的行为，包括纳税主体的流动和纳税主体的非流动；客体转移是指跨国纳税人通过各类所得、财产及要素禀赋的国际流动或其他类似安排来降低税收负担的行为，包括纳税客体的流动和纳税客体的非流动。相较而言，客体转移更为隐蔽，是国际避税中经常采用的方法。

一、主体转移

（一）纳税主体的流动

纳税主体的流动是指在一国税收管辖权下的纳税主体迁出该国，成为另一国税收管辖权下的纳税主体，或者不成为任何一国税收管辖权下的纳税主体，以实现规避或者减轻税收负担的做法。

1. 纳税人居所的避免

1）自然人居所的避免

实行居民管辖权的国家在判定自然人的居民身份时，通常依据其在本国境内是否拥有住所、居所或者停留时间是否达到规定天数等法律事实。不同国家在判定居所时多采用停留时间标准，且不同国家规定的停留时间长短各不相同。因此跨国纳税人可以依据不同国家的不同标准决定在该国的停留时间，使自己避免成为任何一国的居民纳税人，达到完全规避居民纳税人无限纳税义务的目的。

【例5.3.1】 甲乙两国均规定凡是在本国连续或者累计居住时间满一年者，便成为本国居民纳税人。S先生选择在甲国居住十个月，而后移居至乙国，并在乙国居住十一个月，同时避免成为甲乙两国中任何一国的居民纳税人，合法地避免了甲乙两国的无限纳税义务。

实践中，这种仅为规避纳税义务而进行迁移的做法被称为"税收流亡"。

2）法人居所的避免

各国采用不同标准判定法人的居民纳税人身份，有的采用登记注册地标准，有的采用总机构所在地标准，有的采用管理机构所在地标准。因此，跨国公司可以通过注销注册地、总机构及管理机构的法律象征、改变参与公司管理的股东和常务董事的国籍、改变股东大会和董事会的召开地点、改变保管公司账册和公布公司盈利方案的地点、改变发出经营决策指令的地点等方式转移或者隐匿公司住所。此外，还可以变更登记，用将总机构改为分支机构等方式实现国际避税。

【例5.3.2】 设立在英国的法国斯菲尔钢铁股份有限公司为规避其在英国的居民纳税人身份和无限纳税义务，特别采取了下列措施：

● 该公司的英国股东不参与管理活动，分离其股份与管理和控制公司的影响力，仅保留其财权；

● 选用非英国居民担任管理职位；

● 不在英国召开董事会或股东大会，将会议报告选址在他国进行；

● 避免从英国发出电话或其他电信指示，且在他国召开的会议的相关记录必须附上在该国做出重大经营决策的佐证资料；

● 在英国境内建立完全独立的服务公司，专门从事紧急交易或临时交易，按交易的利润水平纳税，避免就公司的全部所得向英国纳税。

事实表明，通过上述措施，该公司在1973~1985年共规避了英国的应纳税款8 137万美元。

【例5.3.3】 如果甲国（高税国）采用登记注册地标准判定法人税收居民身份，则该国的某跨国公司可以通过选择在低税国（地区）登记注册的方式，规避甲国的纳税义务；如果甲国采用管理机构所在地标准判定法人税收居民身份，则该公司可以把主要管理机构迁移至低税国（地区），规避甲国的纳税义务。

2. 纳税人居所的迁移

1）永久迁移

永久迁移是指纳税人将其位于高税国（地区）的住所或居所长期迁移至低税国（地区）。永久迁移又可以细分为仅迁移住所或居所和迁移住所或居所的同时改变国籍两类。

（1）仅迁移住所或居所。由于高税国（地区）的税收负担远高于低税国（地区），因此跨国纳税人可以通过迁移住所或居所的方式改变税收身份，实现国际避税。

【例5.3.4】 实践中，通过迁移住所或居所改变税收居民身份的例子有很多：

（1）西班牙著名女子网球运动员桑切斯曾在20世纪90年代将个人居所从西班牙迁移至安道尔。其中，西班牙个人所得税最高税率为56%，安道尔则是国际著名避税地；

（2）德国网球名将贝克尔将其个人居所从德国迁移至摩纳哥。其中，德国个人所得税最高税率为54.5%，摩纳哥则不征收个人所得税；

（3）由于法国个人所得税、公司所得税、社会保障税等税种的税收负担均高于英国，因此大量法国企业迁址至英国，形成法国公民"泗海避税"奇观。

（2）迁移住所或居所的同时改变国籍。实践中，部分纳税人在将住所或居所由高税国（地区）迁移至低税国（地区）的同时，还会同时将自身的高税国国籍改为低税国国籍。由于一些国家同时实行居民管辖权和公民管辖权，仅迁移住所或居所无法享受该国的低税率，因此便产生了迁移住所或居所的同时改变国籍的国际避税方法。

【例 5.3.5】

（1）兼任美国福特汽车公司董事及艾倍斯公司董事长的麦克·汀曼将其美国国籍改为巴哈马国籍，作为国际避税地，巴哈马不征收所得税和遗产税；

（2）美国康波食品继承人约翰·多伦斯三世将其美国国籍改为爱尔兰国籍，其中爱尔兰的遗产税税率仅为 2%。

2）短期迁移

短期迁移是指纳税人将其居所仅在短期内迁移至低税国（地区）的做法。依据不同国家（地区）的税收法规，居所迁移期一般为一至三年，部分国家（地区）甚至可以不超过一年。短期迁移的目的在于跨国纳税人在此期间获得该国的税收优惠。以资本利得税为例，如果某跨国纳税人意图出售股票、债券及不动产，为降低税收负担，他选择在出售之前移居至不征收资本利得税或者税率较低的国家，出售之后再迁回原国。这种存在避税意图的移居被称为"假移居"。

【例 5.3.6】 加拿大在 1971 年税制改革之前，曾经不征收资本利得税。某位荷兰居民纳税人想要出售其荷兰公司的股份，为规避荷兰税率为 20% 的资本利得税，该纳税人暂时移居加拿大，并取得了加拿大税收居民身份，而后在加拿大完成公司股份的出售。如此一来，该纳税人完全规避了荷兰的资本利得税。

3）部分迁移

部分迁移是指纳税人将构成住所或居所的一部分迁移至低税国（地区）的做法。其中，部分住所或居所是指纳税人仅将税法规定的构成住所或居所条件的部分全部迁至低税国（地区），而将其他部分仍然保留在高税国（地区）。部分迁移办法下，跨国纳税人不会完全放弃或者摆脱原居住国的经济联系和社会关系，如在原居住国仍然保留银行账户、临时居所等，甚至仍然拥有偶然性的工作。由于各国税制对居民纳税人和非居民纳税人身份的判定方法不统一，跨国纳税人有机会利用有关国家居民和非居民身份判定的模糊之处进行国际避税。

【例 5.3.7】 甲国为高税国，乙国为低税国，两国对构成居所的条件规定为依纳税人财产和配偶等经济关系和社会关系而定。X 先生为甲国居民纳税人，特将其财产与配偶迁往乙国，取得乙国法律上的居所，实现规避甲国高税负的目的。

3. 成为临时纳税人

当纳税人临时移居他国或者被临时派往别国开展工作时，便获得该国的临时居住权，成为该国的临时移民。按照国际惯例，临时移民能够获得临时居住国的税收减免优惠待遇，或者能够享受到在该国只有临时居所或者第二住所的税收待遇。虽然临时移民税收待遇通常作为税收特例在特殊情况下给予特殊人员，但却被部分跨国纳税人利用进行国际避税。

【例 5.3.8】 比利时税法规定：在本国工作的外国管理人员和科学工作者按照"非居民"身份纳税。具体如下所示。

（1）外国公司所派往位于比利时的常设机构工作的管理人员，即便在比利时居住时间超过五年，仍然可以按照"非居民"身份纳税。

（2）以科学工作者在比利时工作的他国居民，不论其在比利时居住时间的长短，均按照"非居民"身份纳税。

此外，对于上述外国管理人员和科学工作者，比利时政府还规定：①仅就薪金所得征税，其他所得免予征税；②薪金所得除享受一般税前扣除外，还可享受应税薪金所得的30%的特别扣除；③如果一个纳税年度中，上述纳税人有一半时间在比利时以外的其他国家工作，则仅需就其全部所得的50%向比利时政府纳税。

（二）纳税主体的非流动

纳税主体的非流动是指纳税人本身并不离开原居住国或者改变其税收居民身份，而是通过别人在他国为自己建立一个相应的机构或媒介，并通过该机构或媒介使所得或财产形式上与本人相分离，达到国际避税的目的。上述位于他国的机构或媒介实践中多为信托方式。

信托是指一个自然人或法人（委托人）将资产或权力移交给另一个自然人或法人（受托人），该受托人为财产的独立所有者，并负责以受托人的名义管理和使用该笔财产，以有利于受益人，而受益人既可以是委托人本人，也可以是委托人指定的第三方。

信托起源于罗马，在英美法系国家十分发达。虽然目前信托已经在世界多国普遍实行，但各国对于信托的认识和规定不尽相同。英美法系国家将信托关系视为法律关系，当委托人和受托人的信托关系成立时，财产的所有权便由委托人转移至受托人。由于委托人与信托财产之间的所有权联系被切断，因此其有关该笔信托财产的纳税义务也随之消失，而信托财产的受益人（包括受益人为委托人本人的情况）仅需就其从信托机构获得的收益进行纳税即可。但是大陆法系国家将信托关系视为合同关系，即信托关系的成立并不会影响委托人对委托财产的所有权，以及与该笔财产有关的纳税义务。

英美法系国家与大陆法系国家对信托关系的判定差异为跨国纳税人的国际避税提供了便利条件。鉴于英美法系国家的上述特点，许多跨国纳税人采用信托方式进行避税。在信托业刚刚兴起的时候，自然人多利用信托方式进行财产分割，以便将财产转移到继承人或者受赠人名下，规避有关国家的继承税、遗产税、赠与税等。随着信托业的不断发展与壮大，它逐渐获得了跨国公司的青睐，成为跨国公司避税的重要手段。具体地，跨国公司选择在国际避税地成立信托公司，而后将位于高税国（地区）的财产信托给该公司经营。

实践中跨国纳税人多选择在巴哈马、百慕大群岛、开曼群岛、海峡群岛、马恩岛、英属维尔京群岛等英美法系的避税地创立海外信托。由于上述国家（地区）普遍承认信托的法人实体地位，允许全权信托，并要求信托机构对信托财产的所有权和受益人严格保密，且信托存续期可以超过80年，对信托存续期间信托财产的收益累积没有限制，十分有利于国际避税。目前，信托避税已经引起了有关国家税务部门的注意，已经成为各国反国际避税的打击目标。

除了信托方式以外，实践中纳税人还可以运用订立各种形式的信托合同进行国际避税。例如，高税国（地区）的居民纳税人可以与低税国（地区）的银行签订信托合同，委托该银行代该纳税人收取利息，如此一来，便将该纳税人的利息所得转移至低税国（地区），按照较低税率纳税。

二、客体转移

（一）纳税客体的流动

纳税客体的流动是指在一国税收管辖权下的纳税客体转移出该国，成为另一国税收管辖权下的纳税客体，或者不成为任何一国税收管辖权下的纳税客体，进而达到规避或者减轻纳税义务的目的。这里的客体指的是跨国纳税人的各类所得、财产、资金、商品、劳务、费用等相关要素。

1. 避免成为常设机构

目前多数国家在判定非居民企业是否存在源自本国的经营所得时，主要依据其在本国境内是否设有常设机构。因此，为了规避在非居住国的有限纳税义务，跨国公司通常会设法避免被判定为在该国设有常设机构，尤其是当该非居住国为高税国时，这种避税手段就更为重要。

目前最盛行的避免成为常设机构的方法主要有两种：

一是通过在来源国建立不属于常设机构的经营形式转移货物、资金、劳务等。虽然各国对常设机构的判定标准十分严格，但仍然存在大量的经营形式尚未包含在常设机构的判定标准之内，因此可以利用仓库、收集情报的机构、辅助性营业场所等转移货物、资金、劳务，避免来源国的有限纳税义务。实践中，跨国公司通常将实际的经营活动与上述不属于常设机构的活动结合进行，以达到避税目的。

【例 5.3.9】 西班牙利尔德纺织服装有限公司于 1973 年在荷兰鹿特丹建立了一家专门搜集北欧国家纺织服装信息的机构。根据西班牙与荷兰签订的双边税收协定，该信息搜集机构不属于常设机构，无须承担荷兰的有限纳税义务。该服装公司依靠该机构所提供的信息于 1973 年当年成交了两笔总价为 2 120 万美元的交易。虽然该信息搜集机构承担了所有有关供货合同及供货数量的谈判和协商，但由于该机构最终并未代表服装公司在合同和订单上签字，荷兰税务部门无法将其判定为常设机构，只能任由其避税。

二是缩短在来源国的经营活动时长。《联合国范本》规定了常设机构的"时间标准"：建筑工地，建筑、装配、安装工程，或者与其有关的监督管理活动，以 6 个月以上为判定标准；企业通过雇用其他人员为上述目的所提供的劳务，其劳务活动以任何 12 个月中连续或者累计满 6 个月为判定标准。因此跨国公司可以通过缩短在非居住国的经营活动时长达到规避有限纳税义务的目的。

【例 5.3.10】 日本曾在 20 世纪 70 年代修建了大批设立在船上的海上流动工厂，先后在亚洲、非洲、南美洲等地流动作业。这些海上流动工厂每到一地，便在一至两个月内迅速完成"就地收购原材料—就地加工—就地出售"全流程,而后即刻驶离当地,无须缴税。1981年,日本一家公司采用上述办法来到我国收购花生,其海上车间在我国港口停留27天,完成了对原材料的加工,产成花生米,并将花生皮压碎制板返销我国。最终,我国向日本该公司出售花生原材料的收入中有64%又因采购花生皮制板而返回日本,且该日本公司源自我国的花生皮制板的所得完全规避了纳税义务,未向我国缴税分文。

2. 利用常设机构转移收入和费用

1) 利用常设机构转让营业财产

营业财产的转让涉及两方面的问题:一是转出方的资本利得问题,即转出方是否由此获得资本利得,资本利得如何估价,且其账面上是否因此而负有纳税义务;二是转入方对该笔财产的定价问题,即转让方是采用账面价值还是重置成本确定转入财产的价值,以便确定计提折旧的基础。因此,跨国纳税人可以利用转出方与转入方对转让营业财产的评估计算以及税率的差异,通过总、分机构或者常设机构之间财产的转让,减少当期纳税义务。

【例5.3.11】 某跨国公司由高税国的常设机构A向低税国的常设机构B转让营业财产,为减少当期纳税义务,转出方A机构尽量降低财产价值,减少资本利得,转入方B机构尽量提高财产定价,以实现避税目的。

【例5.3.12】 某公司的总机构位于甲国,甲国所得税税率为40%,该公司的常设机构位于乙国,乙国所得税税率为33%。总机构有一批价值10万元的设备,采用双倍余额递减法计提折旧,折旧期限为10年。目前总机构已经使用该设备5年,并打算将其转让给乙国常设机构。该设备在乙国常设机构的重置价值为4万元,采用直线法计提折旧,设备预计净残值率为10%。

设备在甲国总机构计提的折旧:

第一年:100 000×2÷10=20 000(元)

第二年:80 000×2÷10=16 000(元)

第三年:64 000×2÷10=12 800(元)

第四年:51 200×2÷10=10 240(元)

第五年:40 960×2÷10=8 192(元)

第六年:设备账面净值40 960−8 192=32 768(元),重置价值为40 000元。

乙国常设机构按照直线法计提折旧:

年折旧额=40 000×(1−10%)÷5=7 200(元)

五年共计提折旧额=7 200×5=36 000(元)

由于该设备在甲国采用加速折旧法,相当于给予企业延期纳税的好处,企业获得一笔无息贷款。乙国的重置价值超过设备在甲国的账面净值,有效进行了避税。

2) 利用常设机构转移利息、特许权使用费及其他类似费用

由于总机构与常设机构之间可以利用资金、技术的提供转移成本和利润,故而利息、特许权使用费及其他类似费用[①]通常不被准予作为费用进行税前扣除,以避免"虚假支付"

[①] 其他类似费用的支付是指不包括特许权使用费在内的,为使用非专利技术和商誉等而支付的费用。

的发生。因此，发生在常设机构之间，或者总机构与分支机构之间的上述费用，则通常不被准予税前扣除，收入方也不得对该笔费用流入确认收入。但是，发生在纳税人与独立第三方之间的上述费用，通常被判定为据实支付，相关费用准予税前扣除。此外，由于银行和其他金融机构的主要业务是货币借贷，其收入主要源自利息，其费用也主要源自利息，因此上述规定对银行业和其他金融机构存在例外情形。如果总机构向银行或其他金融机构借入资金，而后再转贷给其海外常设机构，则此时海外常设机构所承担的利息准予税前扣除。此外，具有垫付性质的向第三方的转手支付，支付方也被准予进行费用的税前扣除。

【例 5.3.13】 甲国总公司 A 公司向银行发起借贷，并将所获资金转借给位于乙国的常设机构 B，则此时该常设机构与该笔贷款有关的利息支出准予税前扣除，且这笔利息不予计入总公司 A 公司的收入。

【例 5.3.14】 新加坡银华热带植物加工有限公司在巴西、印度、印度尼西亚均设有常设机构。1986 年该公司通过印度尼西亚一家海外金融机构分别向上述三个常设机构提供了 11 万美元、21 万美元和 17 万美元的贷款，贷款期限均为一年，贷款利率水平分别高出平均利率水平 78%、1.33 倍和 48%。尽管该公司所取得的利息所得需要按照 20% 的税率向印度尼西亚政府纳税，但与直接向其他两国纳税相比，该公司仍然获得了避税的好处。

3）利用常设机构转移管理费用

尽管设立在他国的常设机构拥有一定的决策自立权，但跨国法人的主要管理工作仍然集中在居住国的总机构，因此便产生了管理费用在总机构和常设机构之间如何分摊的问题。有关国家的税务部门需要判断总机构是否对常设机构进行了实际管理，具体的管理程度，以及确定哪些费用由常设机构负担，并用所分担的费用扣除常设机构的利润。但由于常设机构与总机构之间并非相互独立，因此很难找到一个完全适用的独立交易标准对管理费用进行分配，故而管理费用的分配弹性较大。此外，管理费用的具体分担比例还需要依据有关国家的税法及税收协定而定。因此，跨国纳税人可以尽量提高位于高税国的常设机构分摊的管理费用的比例，降低其利润水平，达到避税目的。

4）利用常设机构的亏损转移税收负担

由于常设机构通常仅为纳税人总机构的派出机构，不具有独立法人身份，因此需要将自身的盈利或者亏损汇总至总机构，由总机构负责向居住国申报纳税。实践中不同国家对亏损的税务处理办法存在差异，为跨国纳税人利用常设机构的亏损或者盈利降低总税负提供了可能性。

【例 5.3.15】 甲国（高税国）居民企业 A 公司在某一纳税年度中应纳税所得额为 5 000 万元，所得税税率为 60%。乙国（低税国）居民企业 B 公司当年亏损 1 000 万元，A 公司以 500 万元的价格收购 B 公司，B 公司成为 A 公司的子公司，则：

收购 B 公司前 A 公司应纳税额=5 000×60%=3 000（万元）

收购 B 公司后 A 公司应纳税额=（5 000-1 000）×60%=2 400（万元）

A 公司实现避税=3 000-2 400=600（万元）

A 公司收购成本=500 万元

A 公司净收入=600-500=100（万元）

5）利用常设机构的劳务收费

常设机构与总机构之间经常会相互提供辅助性服务，如技术上的或者一般的劳务服务、广告宣传、推销活动等。《经合组织范本》主张对总机构向常设机构支付的这类服务"佣金"不计入常设机构的收入，同时，总机构向常设机构提供服务时，常设机构向总机构支付的"佣金"也不予税前扣除。利用这一规定，跨国纳税人可以将一部分劳务活动从高税国的常设机构转向低税国的常设机构，通过增加低税国常设机构的此类劳务活动，变相将利润转移至低税国。

（二）纳税客体的非流动

1. 选择适当的组织形式

1）分支机构与子公司的选择

在开展国际经济活动时，跨国公司可以选择在海外设立分支机构或子公司，从国际税收的角度看，两种组织形式的海外公司各有利弊。其中，组建海外分支机构的利弊如下。

- 有利条件：
  - 分支机构汇回总机构的利息、股息、特许权使用费无须缴纳预提所得税；
  - 分支机构与总机构属于同一经济实体，分支机构的经营亏损可以冲抵总机构的利润，减少总机构的应税所得；
  - 分支机构可以享受居住国直接抵免或免税待遇，比母子公司的间接抵免更为便利；
  - 分支机构并不构成来源国的居民企业，故而财务资料无须全部向来源国公开，易于逃避来源国的税务部门的监管；
  - 分支机构设立手续简便，免于缴纳来源国的资本注册登记税和印花税；
  - 股份投资中，分支机构不被要求外国参股的最低额度和最高比例。
- 不利条件：
  - 分支机构不具备独立法人地位，在另一股份公司所取得的股息收入不能享受间接抵免待遇；
  - 分支机构不具备独立法人地位，无法享受来源国的免税期或其他投资鼓励；
  - 总机构需要在分支机构取得利润的当年，就该笔所得向居住国立即履行纳税义务，无法享受延期纳税待遇；
  - 分支机构与总机构之间相互支付的利息、特许权使用费等通常无法作为费用扣除；
  - 分支机构与总机构同属一个法人实体，二者内部的货物、劳务等转让活动更易引起税务部门的关注，应用转让定价会受到一定限制。

组建海外子公司的利弊与组建分支机构的利弊刚好相反,此处不再赘述。

实践中,跨国公司通常会在经营初期选择在境外设立分支机构,以便利用分支机构的亏损冲抵总机构的利润水平,降低总税负;而当境外分支机构实现盈利之后,则将其组织形式转变为子公司,以享受延期纳税等优惠政策。

当然,跨国公司在选择组织形式的时候,有时也会面临一些限制。例如,部分国家禁止海外公司在本国设立分支机构,只能设立子公司,且本国其他公司在该子公司中必须拥有一定比例的股权,以确保该子公司能够成为本国居民企业。还有部分国家规定,当位于海外的分支机构转为子公司时,分支机构以前的亏损需要从总公司的账面上去掉,重新计算总公司的应纳税所得额和应纳税额,并补缴税款。

2)合伙企业与公司制的选择

从降低税收负担的角度看,合伙企业能够有效规避经济性重复征税;从非税特征看,合伙企业的合伙人需要负担无限责任,合伙份额无法自由转让,不能通过发行股票筹集资金,在部分国家无法享受针对公司和企业出台的优惠政策等。因此,在决策经营方式时,跨国纳税人需要综合考量各方利弊,选择最合适的组织形式。

【例5.3.16】 甲国(低税国)某跨国公司计划在我国投资兴建芦笋种植加工企业,在选择投资方式时,该公司采用了中外合作企业形式,且投资方由该公司的乙国(高税国)子公司担任。

(1)采用中外合作企业形式的原因:芦笋从播种到产生商业价值需要四至五年,企业开办初期面临巨大的亏损风险。如果采用中外合资企业的投资形式,该芦笋种植加工企业在甲国和乙国均被视为股份有限公司,开办初期的亏损只能在企业内部承担;如果采用中外合作企业的投资形式,该芦笋种植加工企业在甲国和乙国均被视为合伙企业,负有无限责任,其亏损可以在投资方中弥补,此时不仅能够减轻该公司的亏损压力,还能够通过转让定价降低投资方的税收负担。

(2)由乙国子公司担任投资方的原因:由于乙国为高税国,芦笋种植加工企业开办初期的亏损能够有效降低其纳税义务,比甲国总公司直接投资的节税效果更为显著。

2. 在内部交易中使用转让定价

转让定价是跨国纳税人在国际避税活动中经常使用的重要手段。

1)关联企业与转让定价

(1)关联企业。关联企业是指在国际和国内经济交往过程中,在企业管理、控制和资本等方面存在直接或间接参与,相互有特殊利益关系的企业。当一个企业直接或间接参与另一个企业的管理、控制和资本,或者同一个企业同时参与两个或两个以上企业的管理、控制和资本时,则称上述企业为关联企业。关联企业还有广义和狭义之分:①狭义的关联企业是指母公司与子公司、孙公司之间,同属于一个母公司的各个子公司、孙公司之间,以及同受控于一个自然人的各个公司之间的关联关系,上述企业在法律上均具有独立法人地位;②广义的关联企业还包括总公司与分支机构之间,同属于一个总公司的各个分支机构之间的关联关系,上述分支机构在法律上并不具有独立法人地位。由于关联企业之间存在管理、控制和资本方面的联系,因此不论其是否具有独立法人地位,关联企业之间的关系均完全不同于真正的独立企业。

与关联企业相类似,母公司也有广义和狭义之分。狭义的母公司是指拥有、控制子公司的同时,自身也同样进行业务经营的公司;广义的母公司则包括狭义的母公司和持股公司。其中,持股公司是指拥有、控制子公司,但自身并不进行业务经营的公司。持股公司的主要活动在于对子公司进行管理。

(2)转让定价。关联企业之间会产生大量的内部交易需求,为了客观反映企业经营成果,以及履行纳税义务,有必要对关联企业之间的内部交易进行计价。但是,集团公司出于整体利益最大化的考虑,通常会将内部交易的价格制定得严重偏离正常的市场交易价格,这种价格可能高于成本,可能低于成本,还可能与成本毫无关联。

转让定价是指跨国集团公司依据其全球经营战略目标,在集团内部关联企业之间销售商品、提供劳务、组织资金借贷等活动时所确定的内部交易价格。转让定价与公平市场交易价格的区别在于:转让定价并不受市场供求情况影响,而只服从集团公司的整体战略意图和利益最大化的需要,人为地扭曲收入和费用在有关国家之间的分配,使集团公司的利润尽可能多地向位于低税国或者避税地的关联企业转移,即通过降低高税国税负,提高低税国税负的方式,最终确保集团公司整体税负的下降。因此,转让定价不仅能够影响收入与费用的跨国分配,还会损害有关国家的税收权益。

2)转让定价的具体手段

关联企业利用转让定价的手段繁多,主要包括以下几类:

- 通过关联企业固定资产的购置价格影响产品成本费用。固定资产的购置价格与折旧费用紧密相连,直接影响产品的成本。因此,当关联企业内部转让固定资产时,可以依据交易双方所在国的税率水平高低情况,制定转让定价。
- 通过零部件和产品的销售价格影响企业的成本和销售收入。例如,当母子公司分别处于高税国(地区)和低税国(地区)时,为了将利润转移至子公司所在的低税国(地区),集团公司会有意安排母公司低价向子公司销售,或子公司高价向母公司销售零部件和产品。
- 通过关联企业之间收取高于或低于市场交易价格的租赁费转移利润。租赁费与出租方的收入水平及承租方的成本费用密切相关,因此集团公司通常利用关联企业间的租赁费实现将利润转向低税国(地区)的目的。
- 通过关联企业之间收取高于或低于市场交易价格的运输费、保险费、佣金、回扣等转移利润。
- 通过关联企业之间收取高于或低于市场交易价格的利息、特许权使用费、劳务费等转移利润。
- 通过母公司向子公司,或总公司向分支机构分摊过高或过低的管理费用转移利润。

3)转让定价的避税效果

(1)当居住国为低税国,所得来源国为高税国时,在境外从事经营活动的跨国公司会将境外所得向居住国或其他非居住国转移,以规避所得来源国的有限纳税义务,降低集团公司总体税负水平。

【例 5.3.17】 甲国居民企业 A 公司在乙国设立了一家分支机构 B 公司，甲国所得税税率为 40%，乙国所得税税率为 50%，且甲国实行限额抵免法减除国际重复征税的影响。A 公司现向 B 公司销售一批零部件，由 B 公司生产加工组装为产成品之后向外出售。已知该批零部件的市场交易价格为 120 万元，A 公司的零部件生产成本为 100 万元，B 公司的产成品市场销售价格为 150 万元，假设 A 公司与 B 公司不存在其他生产成本和相关费用，则：

（1）在不采取任何避税措施时，A 公司与 B 公司的应纳税额和利润水平如下：

A 公司甲国所得=120-100=20（万元）
B 公司乙国所得=150-120=30（万元）
B 公司乙国应纳税额=30×50%=15（万元）
B 公司乙国所得抵免限额=30×40%=12（万元）
B 公司乙国所得实际抵免额=12 万元
A 公司甲国应纳税额=（20+30）×40%-12=8（万元）
集团公司纳税总额=8+15=23（万元）

（2）当利用转让定价进行国际避税时，A 公司将该批零部件以 140 万元出售给 B 公司，A 公司与 B 公司的应纳税额和利润水平如下：

A 公司甲国所得=140-100=40（万元）
B 公司乙国所得=150-140=10（万元）
B 公司乙国应纳税额=10×50%=5（万元）
B 公司乙国所得抵免限额=10×40%=4（万元）
B 公司乙国所得实际抵免额=4 万元
A 公司甲国应纳税额=（40+10）×40%-4=16（万元）
集团公司纳税总额=16+5=21（万元）

因此，当居住国甲国适用税率低于所得来源国乙国时，A 公司通过转让定价的方式将 20 万元的利润转移至 B 公司，减少了集团公司纳税总额，且税额的减少金额为两国税率之差与转出利润之积：

23-21=2（万元）=20×（50%-40%）

（2）当居住国为高税国，所得来源国为低税国时，情况较为复杂，需要进一步讨论：

● 对于在别国设立分支机构从事经营活动的跨国集团而言：

➢ 如果居住国实行限额抵免法减除国际重复征税影响，由于跨国纳税人全球所得均受制于居住国的高税率，将所得转出高税国（居住国）的意义不大；

➢ 如果居住国实行综合限额抵免法减除国际重复征税影响，当跨国纳税人在不同的来源国所取得的所得同时存在超限抵免额与抵免限额余额时，可以通过转移所得至其他非居住国的方式，提高实际综合抵免额，从而降低跨国纳税人纳税总额；

➢ 如果居住国实行免税法减除国际重复征税影响，则跨国纳税人将所得转移至其他低税国（地区），总是能够降低纳税总额。

● 对于在别国设立子公司从事经营活动的跨国集团而言，由于子公司具有独立法人地位，并不受制于母公司所在国（高税国）的税收管辖权，且目前多数国家仅对本国居民企业的境外子公司汇回本国的所得予以征税，故而只要将母公司所得转移至子公司，且将这部分所得保留在子公司而不汇回母公司，即可实现降低集团公司纳税总额的目的。

【例5.3.18】 甲国居民企业A公司在乙国设立分支机构B公司，甲国所得税税率为40%，乙国所得税税率为30%，且甲国实行限额抵免法减除国际重复征税的影响。A公司现向B公司销售一批零部件，由B公司生产加工组装为产成品之后向外出售。已知该批零部件的市场交易价格为120万元，A公司的零部件生产成本为100万元，B公司的产成品市场销售价格为150万元，假设A公司与B公司不存在其他生产成本和相关费用，则：

（1）在不采取任何避税措施时，A公司与B公司的应纳税额和利润水平如下：

A公司甲国所得=120−100=20（万元）
B公司乙国所得=150−120=30（万元）
B公司乙国应纳税额=30×30%=9（万元）
B公司乙国所得抵免限额=30×40%=12（万元）
B公司乙国所得实际抵免额=9万元
A公司甲国应纳税额=（20+30）×40%−9=11（万元）
集团公司纳税总额=11+9=20（万元）

（2）当利用转让定价进行国际避税时，A公司将该批零部件以110万元出售给B公司，A公司与B公司的应纳税额和利润水平如下：

A公司甲国所得=110−100=10（万元）
B公司乙国所得=150−110=40（万元）
B公司乙国应纳税额=40×30%=12（万元）
B公司乙国所得抵免限额=40×40%=16（万元）
B公司乙国所得实际抵免额=12万元
A公司甲国应纳税额=（10+40）×40%−12=8（万元）
集团公司纳税总额=8+12=20（万元）

因此，当居住国甲国适用税率高于所得来源国乙国时，由于总公司A公司和分支机构B公司均受制于甲国（居住国）的高税率，通过转让定价的方式在总公司和分支机构之间转移利润并不会产生降低集团公司纳税总额的效果。

【例5.3.19】 甲国居民企业A公司在乙国和丙国分别设立分支机构B公司和C公司，甲国所得税税率为30%，乙国所得税税率为20%，丙国所得税税率为40%，且甲国实行综合抵免法减除国际重复征税的影响。A公司现向B公司销售一批零部件，由B公司生产加工组装为产成品之后向C公司出售，再由C公司在当地销售。已知A公司向B公司销售的零部件的市场交易价格为100万元，B公司向C公司销售的产成品的市场交易价格为140万元，A公司的零部件生产成本为80万元，C公司的向外销售价格为190万元，假设A、B、C公司不存在其他生产成本和相关费用，则：

（1）在不采取任何避税措施时，A、B、C公司的应纳税额和利润水平如下：

A公司甲国所得=100−80=20（万元）

B公司乙国所得=140-100=40（万元）
C公司丙国所得=190-140=50（万元）
B公司乙国应纳税额=40×20%=8（万元）
C公司丙国应纳税额=50×40%=20（万元）
B、C公司所得综合抵免限额=（40+50）×30%=27（万元）
B、C公司所得实际抵免额=27万元
A公司甲国应纳税额=（20+40+50）×30%-27=6（万元）
集团公司纳税总额=6+8+20=34（万元）

（2）当利用转让定价进行国际避税时，A公司将该批零部件以90万元出售给B公司，A、B、C公司的应纳税额和利润水平如下：
A公司甲国所得=90-80=10（万元）
B公司乙国所得=140-90=50（万元）
C公司丙国所得=190-140=50（万元）
B公司乙国应纳税额=50×20%=10（万元）
C公司丙国应纳税额=50×40%=20（万元）
B、C公司所得综合抵免限额=（50+50）×30%=30（万元）
B、C公司所得实际抵免额=30万元
A公司甲国应纳税额=（10+50+50）×30%-30=3（万元）
集团公司纳税总额=3+10+20=33（万元）

由于乙国税率低于甲国，则乙国分支机构B公司会出现抵免限额余额4万元[40×（30%-20%）=4（万元）]，而丙国税率高于甲国，丙国分支机构C公司会出现超限抵免额5万元[50×（40%-30%）=5（万元）]，因此当不采用转让定价时，集团公司会出现超限抵免额1万元；而当以转让定价将10万元利润转移至低税国乙国B公司时，B公司的抵免限额余额被完全利用，恰好冲抵了丙国C公司的超限抵免额，集团公司的境外所得全部得到抵免，纳税总额实现了下降。

【例5.3.20】 甲国居民企业A公司在乙国设立分支机构B公司，甲国所得税税率为40%，乙国所得税税率为30%，且乙国实行免税法减除国际重复征税的影响。A公司现向B公司销售一批零部件，由B公司生产加工组装为产成品之后向外出售。已知该批零部件的市场交易价格为120万元，A公司的零部件生产成本为100万元，B公司的产成品市场销售价格为150万元，假设A公司与B公司不存在其他生产成本和相关费用，则：

（1）在不采取任何避税措施时，A公司与B公司的应纳税额和利润水平如下：
A公司甲国所得=120-100=20（万元）
B公司乙国所得=150-120=30（万元）
B公司乙国应纳税额=30×30%=9（万元）
A公司甲国应纳税额=20×40%=8（万元）
集团公司纳税总额=8+9=17（万元）

（2）当利用转让定价进行国际避税时，A公司将该批零部件以110万元出售B

公司，A 公司与 B 公司的应纳税额和利润水平如下：

A 公司甲国所得=110-100=10（万元）

B 公司乙国所得=150-110=40（万元）

B 公司乙国应纳税额=40×30%=12（万元）

A 公司甲国应纳税额=10×40%=4（万元）

集团公司纳税总额=4+12=16（万元）

因此，当居住国甲国适用税率高于所得来源国乙国时，母公司 A 公司将 10 万元的利润转移至位于低税国乙国的具有独立法人地位的 B 公司，集团公司减少了纳税总额，且税额的减少金额为两国税率之差与转出利润之积：

17-16=1（万元）=10×（40%-30%）

4）利用转让定价避税需要注意的问题

（1）跨国公司在安排关联企业的转让定价时，不仅考虑有关国家的所得税税率，还要兼顾关税税率。如果进口国的关税税率较高，则采用高转让价格向该国关联企业销售产品就会不利。

（2）跨国公司利用转让定价避税需要借助所在国的延迟纳税政策。由于多数跨国公司的母公司设立在高税国，关联企业设立在低税国或者无税国，母公司有极强的冲动将利润转移至关联企业进行避税。但是，由于关联企业的利润需要按照股权比例分配给母公司，因此避税目的能否实现取决于母公司居住国是否实行延迟纳税政策。如果母公司居住国不实行延迟纳税，则关联企业按照股权比例分配给母公司的股息、红利，不论是否汇回母公司居住国，均需要申报纳税，则此时集团公司利用转让定价转移利润就失去了意义。为打击国际避税，目前部分国家已经取消了延迟纳税的规定。

3. 在避税地设立基地公司

1）基地公司的概念与特征

基地公司是跨国公司在国际避税地设立公司的典型形式。基地公司是指跨国公司出于在低税国（地区）或者无税国（地区）之外经营的目的而在此设立的子公司。设立基地公司的低税国（地区）或者无税国（地区）也被称为基地国，具有对源自他国的所得征以低税或者予以免税的特点。

基地公司具有如下基本特征：

● 具有独立法人地位，能够使转移至此的所得和财产摆脱母公司居住国的税收管辖权。

● 母公司以控股的方式确保能够对基地公司及转移至基地公司的所得和财产实施有效的控制。

● 基地公司形式上多为信箱公司，即跨国法人仅在基地国完成必要的登记注册手续，拥有法律所要求的组织形式，而其生产经营管理活动均在别国进行。

● 设立基地公司是为了便于在基地国以外的其他国家（地区）开展生产经营活动，并获得节税利益。跨国公司的实际生产经营活动通常保留在母公司所在的居住国和基地国以外的第三国（此时基地公司为典型的基地公司），或者母公司的居住国（此时基地公司为非典型的基地公司)。

由于国际经济交往中会产生诸如股息、利息、营业利润、特许权使用费等多种类型的所得，因此，实践中基地公司的形式也多种多样，包括控股公司、投资公司、金融公司、专利持有公司、贸易公司、航运公司、受控保险公司、服务公司等。

2）基地公司的避税功能

基地公司可以从两方面实现国际避税：

● 母公司通过开展中介业务和转让定价等方式将所得和财产转移至基地公司。其中，开展中介业务是母公司将所得和财产转移至基地公司的基本手段。

中介业务可以细分为两种形式：

➢ 在母公司与来源国的公司之间插入一项中间环节，增加一笔通过基地公司的交易，使来源国的所得向基地公司转移；

➢ 在集团公司内部的其他关联企业之间进行的交易中插入一项中间环节，使该交易通过基地公司而转手进行，配合转让定价手段，使关联企业的利润向基地公司转移。

● 基地公司利用积累的资金向母公司或集团公司内的其他公司进行发放贷款或再投资。

此外，还可以基地公司的名义虚构管理高税国公司，并向高税国公司收取管理费，有意提高高税国的经营成本，将高税国公司的利润最大限度地转移至基地公司；在基地公司虚构对高税国公司的咨询服务、技术服务，以收取咨询服务费、技术服务费等方式向基地公司转移利润等。与此同时，高税国公司还通常选择将劳务、转让技术、贷款等合同在基地公司所在的避税地签订，其目的在于将相关收入转入基地公司账面。

需要特别指出的是，通过各种方式转移至基地公司的所得和财产通常不会汇回母公司，因为目前多数国家的税法规定，海外子公司以股息形式汇回本国母公司的利润需要向母公司居住国履行纳税义务。因此，一旦上述所得和财产汇回母公司居住国，则意味着跨国集团公司为避税而采取的一系列措施的效果会被抵消，故而基地公司会将积累的资金向母公司或集团内部的其他关联企业发放贷款或者进行再投资，以实现继续在低税率水平上获取利润。此外，当母公司或集团内部的其他关联企业向基地公司支付贷款利息时，从集团公司整体角度来看，还可以获得费用扣除的额外好处。

4. 滥用税收协定

滥用税收协定是指第三国居民利用其他两国之间签订的国际税收协定获取其本不应得到的税收利益。

国家间签订税收协定的初衷在于通过共同努力减除国际重复征税，协调国家间税收权益和财政收入分配关系等，故而国际税收协定通常会包含缔约国之间互相向对方国家居民纳税人提供所得税及预提税的税收优惠条款[①]。但是，第三国的纳税人往往也会设法利用税收协定的条款降低全球税收负担，进而产生滥用税收协定。

---

① 按照国际惯例，本国居民纳税人向非缔约国居民纳税人支付的股息、红利的预提税率通常为 25%~35%，而缔约国的居民纳税人之间互相支付的股息、红利的预提税率通常低于 15%。

【例5.3.21】 甲乙两国签订了税收协定，丙国居民企业A公司为能够从该税收协定中获得好处，选择在乙国设立全资控股子公司B公司（该子公司完全由丙国A公司控制），并使B公司成为乙国居民企业。而后利用B公司的乙国居民企业的身份享受甲乙两国所签订的税收协定的优惠待遇，并通过B公司与A公司之间的关联关系将税收利益传递回A公司，从而使A公司间接地享受甲乙两国的税收协定。其中，B公司为中介公司。

实践中，根据跨国公司滥用税收协定的目的不同，中介公司可以为控股公司、金融公司、专利许可公司等多种形式。

滥用税收协定与在避税地设立基地公司存在相似之处，如二者都是通过设立中介公司实现避税目的；但也有显著的不同之处，如滥用税收协定进行国际避税时，中介公司必须设立在税收协定的缔约国的一方，且缔约国通常并不是国际避税地。但是，当国际避税地与其他国家签订税收协定时，滥用税收协定与基地公司就基本一致了。

5. 利用延期纳税的规定

延期纳税是指居住国只有在本国居民企业设立在境外的子公司将利润以股息的形式汇回母公司时，才对该笔所得予以征税，而在汇回本国之前，不对该笔所得征税。因此，跨国纳税人可以在低税国或者国际避税地设立一个实体，将所得和财产积累在该实体中，长期不在公司内部分配，或者有意降低应当分配股息的比例，以延缓履行向居住国纳税的义务。

此外，利用延期纳税，跨国纳税人还可以提高集团公司的流动资金比例。跨国公司常常将境外子公司的税后利润长期滞留在子公司内部而不予汇回，或有意识地降低子公司向母公司分配股息的比例，子公司的这一举动延迟了其代母公司向所得来源国履行缴纳预提所得税的义务。因此，跨国纳税人相当于利用延期纳税的规定，变相获得了一笔长期无息贷款，提高了集团公司的流动资金比例。

6. 不合理保留利润

通常各国政府允许公司或企业保留一定的税后利润，为其发展壮大提供必要的资金保证。由于使用内部资金能够有效避免股票净值被冲击或者避免支付利息，因此许多公司乐于选择该方式扩大经营。但是当企业保留的税后利润的规模超过了合理的界限（即生产经营的正常需求），就被视为不合理保留利润。

跨国公司通过推迟分配股息或者减少股息的分配，可以将大量未分配利润以公积金的形式积累起来，实现股票的升值。当股东出售所持股票时，将会获得更多的资本利得所得，且资本利得税的税收负担通常低于所得税的税收负担，再次实现节税目的。

【例5.3.22】 甲国居民企业A公司某一纳税年度的全部所得为1 000万元，其中销售成本为500万元，经核定，税前扣除额为50万元，国外来源所得所缴纳的他国税款为50万元，且能够享受全额抵免，甲国所得税税率为34%，税后利润股息分配率为80%。

A公司当年销售利润=1 000-500=500（万元）

应税所得额=500-50=450（万元）
应纳税额=450×34%=153（万元）
实际纳税额=153-50=103（万元）
税后利润=450-(103+50)=297（万元）
分配股息=297×80%=237.6（万元）

当 A 公司将 237.6 万元的股息汇至股东所在国时，需要交纳预提税，而后各股东需要按照所取得的股息金额向各自居住国缴纳所得税。

如果 A 公司出于避税目的，有意将税后利润股息分配率降低至 20%，则：
分配股息=297×20%=59.4（万元）

此时，A 公司对汇出本国的股息需要缴纳的预提税金额大大降低，且各股东的应纳所得税额也相应减少，达到避税目的。

7. 资本弱化

资本弱化，是指为了达到避税或其他目的，在融资方式的选择上，企业有意降低股本的比重，提高债务比重，以贷款方式替代募股方式进行的投资或融资，从而使得资本结构中债务融资比重大大超过股权融资比重。

资本弱化避税功能的实现依赖于世界各国税法中普遍规定的利息与股息的税收差别待遇：由于利息可以作为财务费用在税前扣除，因此债务在一定程度上成为一块"税收挡板"，能够帮助纳税人实现避税目的。

具体地，债务融资的好处如下：①债务人向债权人支付的利息可以税前扣除，而股东获得的股息不能税前扣除，因此债务融资方式更具节税效果；②债务融资有效避免了经济性重复征税；③债务融资避免了发行股票需要缴纳的资产税、净资产税及其他资本税；④许多国家对非居民纳税人所取得的利息收入所征收的预提税通常低于股息，或者直接免予纳税。因此，当纳税人筹措资金时，通常会设计资金来源结构，提高债务融资比例，借助资本弱化手段减少纳税义务。

对于跨国纳税人而言，其债务来源较多，既有源自国外信贷机构的借款，又有源自一般商业信用的借款，还有源自发行公司债券所筹措的借款，以及源自本公司股东或关联企业的借款等。其中，源自本公司股东或关联企业的借款经常被跨国纳税人刻意提高或者降低利息水平，产生"不正常借款"行为。例如，子公司不分配或者少分配当年实现的利润，而将绝大部分利润以借款的形式转移给母公司，且其母公司可以无限期使用该笔资金，此举能够同时减少子公司和母公司在各自所在国的纳税义务：对于子公司而言，由于利润以借款的形式转移至母公司，故减少了其在来源国的纳税义务；对于母公司而言，其向子公司支付的利息能够作为费用税前扣除，通过提高资本结构中的债务占比，借助资本弱化实现避税。源自本公司股东的借款又可以细分为老企业向股东借款和新办企业向股东借款两种情况。①老企业向股东借款：由于老企业已经进行多年生产经营，其股本已认购满额，此时由于企业资金周转不足或短缺而向股东或其他企业临时筹措资金，通常属于正常借款范围，所支付的借款利息可以作为费用列支；②新办企业向股东借款：在新办企业的股东尚未缴足本企业所需资本的情况下，如果此时企业向股东借款，通常被判定为不合理借款。

【例5.3.23】 甲国子公司A在某一纳税年度的总所得为100万元，则：

（1）在股本投资的情况下：

由于A公司无须向母公司支付利息，因此其应税所得额为100万元，应纳所得税额为30万元，税后利润为70万元。若母公司对A公司100%控股，则A公司应付股息为70万元，代扣代缴预提税额为7万元，则母公司实际取得所得63万元，母公司在A公司所在国实际负担的有效税率为37%。

（2）在债务融资的情况下：

A公司应税所得额为扣除掉向母公司支付的利息之后的余额。若当年A公司应付母公司利息恰好也为100万元，则A公司应税所得额为0，无须缴纳所得税。A公司向母公司支付利息时需要代扣代缴预提税10万元，因此母公司实际取得所得90万元，母公司在A公司所在国实际负担的有效税率为10%。

项目	股本投资	债权投资
总所得额	100	100
应付利息	—	−100
应税所得额	100	—
应纳所得税额（税率：30%）	30	—
分配的股息或利息	70	100
预提所得税额（税率：10%）	7	10
母公司取得的现金所得	63	90
有效税率	37%	10%

【例5.3.24】 甲国居民企业A公司在某一纳税年度中全部所得为1 000万元，税前扣除额为50万元，外国已缴税款为10万元，且能够全部抵免，甲国所得税率为40%，则：

应纳税所得额=1 000−50=950（万元）

甲国应纳税额=950×40%=380（万元）

甲国实际纳税额=380−10=370（万元）

如果A公司为了减轻税收负担而在股东尚未缴足本企业所需资本的情况下，又向本企业海外股东借款，并产生150万元利息支出，且预提税税率为20%，则：

应纳税所得额=1 000−（50+150）=800（万元）

应纳税额=800×40%=320（万元）

实际纳税额=320−10=310（万元）

预提税额=150×20%=30（万元）

此时，A公司可以少缴税款370−（310+30）=30（万元）

8. 组建内部保险公司

内部保险公司，又称自保险公司，是由集团公司或从事相同业务的公司协会投资建立的，专门用于向其母公司或关联企业提供保险服务，以替代外部保险市场的一种保险公司。

● 组建内部保险公司的商业原因有：

（1）内部保险公司可以直接进入再保险市场，集团公司无须再向一般保险公司投保，而能够直接进入再保险市场，且再保险市场的条件通常比一般保险公司更为有利；

（2）内部保险公司能够依据集团公司或者关联企业的保险需求推出特别的保险项目，适应性较强。

● 内部保险公司与一般保险公司的区别：

内部保险公司通常设立在国际避税地[①]，其主要业务是向集团公司内部的关联企业提供保险，几乎不涉及集团公司之外的第三方保险业务。内部保险公司的专业化程度无法与专门的保险公司比较，其设立目的主要在于帮助集团公司实现其支付的保费的税前扣除。实践中内部保险公司多使用转让定价，使保费金额高于市场水平，以确保被保险人（关联企业）的利润转移至国际避税地。通常，内部保险公司会将超过自身承保能力的业务，或者是营业业绩较差的业务，或者是风险较大的业务进行再保险。

● 通过内部保险公司避税的条件：

（1）内部保险公司不能成为母公司居住国的居民企业，尤其是当母公司设立在依据管理机构所在地标准判定居民身份的国家时，更需要注意该问题。因为此时虽然内部保险公司位于国际避税地，但如果内部保险公司的董事会在母公司所在国召开，或者内部保险公司的多数董事居住在母公司所在国，或者内部保险公司的业务活动由居住在母公司所在国的少数股东所控制，则内部保险公司仍然可能被判定为属于母公司所在国的居民企业，从而对该国负有无限纳税义务。

（2）母公司及其子公司或关联企业向内部保险公司支付的保险费需要能够作为费用在所得税税前扣除。目前多数国家规定向内部保险公司缴纳的保险费只有在符合市场标准时，才能够作为费用进行税前扣除，即只有当内部保险公司收取的保险费与公平竞争的保险市场的收费标准相符时，才能够享受费用化的税收待遇。

第四节 滥用税收协定

一、滥用税收协定的概念

虽然国家之间签订的税收协定数量越来越多，但是税收协定明确规定只有缔约国双方的居民纳税人才有权享受优惠政策，而非缔约国的居民纳税人便会通过精心安排使自

[①] 内部保险公司在国际避税地的注册资本标准和每年的缴费标准均较低，且部分国际避税地（巴哈马、百慕大群岛、开曼群岛等）对内部保险公司不征所得税，卢森堡的税法还规定内部保险公司可以建立免税的保险储备，储备规模可达年保险费收入的20倍。

己也能享受到税收协定给予的减免税优惠待遇。这种仅仅出于享受税收协定待遇目的，而非基于实际营业活动需要所进行的安排便是滥用税收协定。

瑞士《1962年法令》的第六部分第三章第二条中指出：滥用税收协定是指不能享受税收协定优惠的人，直接或间接地得到了这一税收协定所给予的实质性的或大部分的优惠。虽然瑞士较早地从单边立法角度提出了滥用税收协定的概念，但滥用税收协定这一问题并非由瑞士首先指出，而是由瑞士的税收协定缔约国美国、德国、法国所提出。这些国家认为其与瑞士签订的税收协定及瑞士国内实行的税收制度，可能被第三国纳税人利用进行国际避税活动。

通常而言，滥用税收协定的客观条件包括：允许资本自由进出国境的政策；仅有少数国家对非居民在其境内设立公司和其他法律实体实行限制；税收协定中的税收优惠具体规定；等等。滥用税收协定与其他避税手段的动机相同，都是为了规避纳税义务；效应相同，都会减轻纳税人全球总税负，减少有关国家的税收收入。但是，滥用税收协定是跨国纳税人设法获得或利用中介公司的居民身份，主动向缔约国一方靠近，以期利用该国签订的税收协定获得税收优惠待遇，属于对所得来源国税收管辖权的规避行为。实践中，非缔约国居民纳税人滥用税收协定主要集中在减轻或规避所得来源国对消极投资所得[①]征收的预提税。

二、滥用税收协定的常见方式

（一）设置直接导管公司

直接导管公司是指不能享受某一税收协定的纳税人，为了获取该税收协定的优惠待遇而在有关国家中设立的中介公司。具体而言，当两国之间不存在税收协定时，可以通过在与两国均有税收协定的第三国设立中介公司而实现避税目的。

【例5.4.1】 甲国A公司意图购买丙国C公司的股份，但丙国预提税率为30%，且甲、丙两国没有签订任何税收协定，无法享受税收优惠政策。但乙、丙两国之间存在税收协定，依据该税收协定，乙国居民源自丙国的股息所得的预提税率为5%。进一步地，甲、乙两国也有税收协定，甲国居民源自乙国的所得可享受低税率优惠。于是，甲国A公司选择在乙国组建B公司，由B公司出面收取源自丙国C公司的股息。由于B公司为乙国居民企业，按照税收协定，仅需负担5%的预提税。而后再将该笔股息所得转付给甲国A公司，再次享受甲、乙两国之间的税收协定优惠，以此来实现A公司源自C公司所得总税负的最小化。显然，组建B公司并非基于生产经营需要，而是为了便于A公司同时享受和利用甲乙两国和乙丙两国的税收协定，获取在丙国本来得不到的税收利益。本例中，在乙国组建的B公司即"直接导管公司"。

---

① 消极投资所得是指并非通过真实营业活动所取得的所得，如股息、利息、租金、特许权使用费、资本利得等。

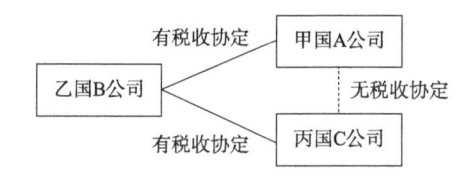

（二）设置踏脚石导管公司

在直接导管公司不能奏效的情况下，需要采用设置踏脚石导管公司的方法进行国际避税。踏脚石导管公司方法涉及在两个以上国家设立中介公司，以更加间接和迂回的方法寻求低税负，形式上也更加隐蔽。

【**例 5.4.2**】 甲国 A 公司计划在丙国投资，与丙国 C 公司产生业务往来关系，但甲国与丙国并没有签订税收协定。经查，除丙国外，甲国与乙国也不存在税收协定，但与丁国有税收协定，且丁国对某些类型的公司（如控股公司）给予低税率或不征税的优惠待遇。此外，乙国允许本国居民企业向外国公司支付的利息、佣金、劳务费等费用税前扣除。乙国与丙国之间缔结了税收协定。

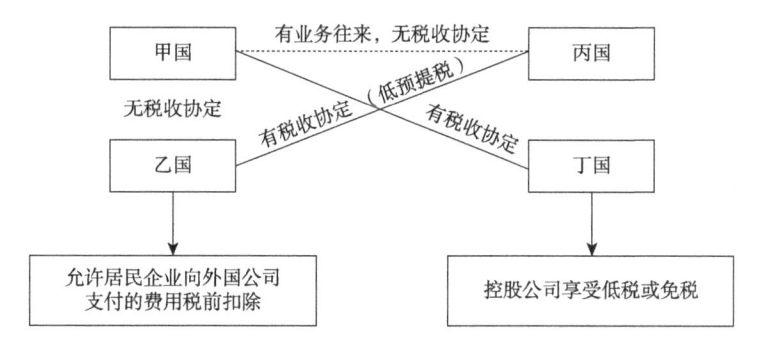

此时，如果甲国 A 公司在丁国组建一个控股公司 D 公司（D 公司 100%控股乙国 B 公司），D 公司的收入主要源自其完全控股的乙国 B 公司，且通过 B 公司实现向丙国 C 公司投资的目的，取得源自丙国 C 公司的股息、利息、特许权使用费等所得，按照乙、丙两国的税收协定，上述所得仅需负担极低的预提税。最终，甲国 A 公司在极低的税负水平下实现了经乙国 B 公司和丁国 D 公司取得源自丙国 C 公司的所得的目的。

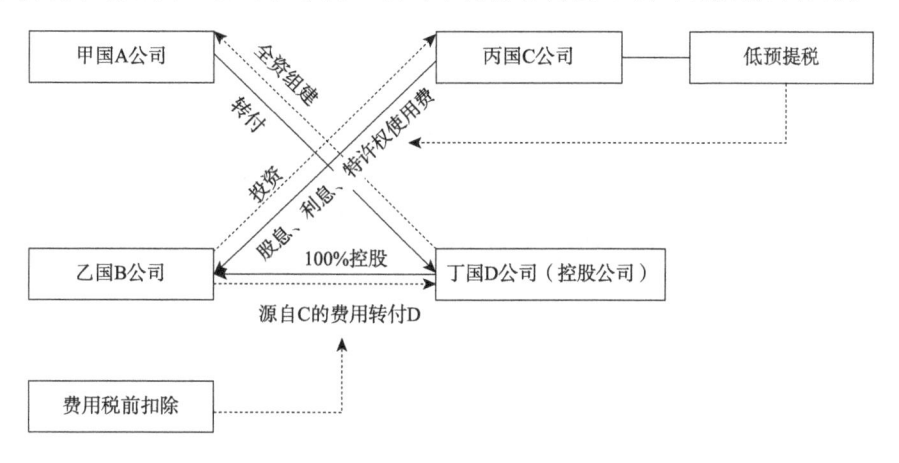

具体地，甲国A公司所得的转移主要通过如下步骤来实现：

（1）乙国B公司向丁国D公司支付各类费用，且B公司向D公司支付的费用还能够成为乙国的纳税扣除项目；

（2）D公司作为控股公司，在丁国可以享受低税甚至免税的优惠待遇，即D公司通过B公司所取得的源自丙国C公司的所得，是在极低实际税率或完全无税的条件下转移至甲国A公司的。

在甲国A公司获取丙国C公司所得的过程中，乙国B公司和丁国D公司如同两块仅供过渡使用的踏脚石，故而本例中B公司和D公司为"踏脚石导管公司"。

（三）直接利用双边关系设置低股权控股公司

与前两种方法不同，直接利用双边关系设置低股权控股公司并不需要通过第三国进行迂回，而是将中间公司直接设立在缔约国的一方。一些国家在签订税收协定时明确规定，当缔约国一方居民企业向缔约国另一方居民企业支付股息、利息、特许权使用费时，享受本协定优惠待遇的前提是，支付方由同一外国投资者控制的股权不得超过一定比例。为获取税收利益，外国投资者往往刻意降低控股比例，组建低股权控股公司。例如，德国的税收协定规定，如果股息的受益者为外国公司，则该外国公司（受益方）持有德国居民公司（支付方）的股权不得高于25%，否则无法享受该税收协定优惠。基于此条规定，实践中跨国投资者精心设计出"五分结构"以实现避税目的。

【例5.4.3】 "五分结构"安排如下：

甲国A公司拥有德国B公司100%的股份，为了享受德国的税收协定优惠，A公司首先在甲国境内组建五个子公司，然后由这五个子公司分别持有德国B公司的股份，且保证每个子公司所持B公司的股份不高于25%，则有：

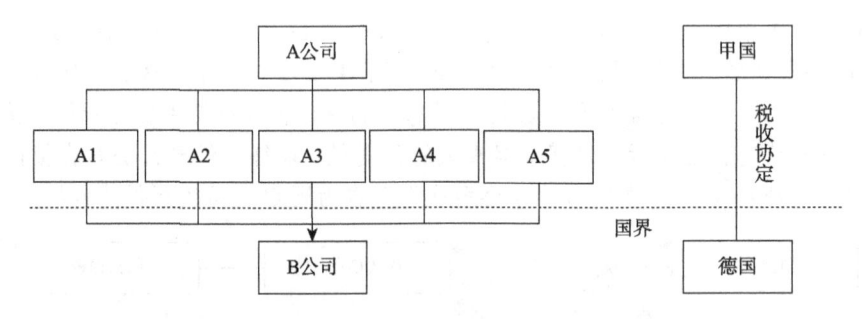

总体而言，滥用税收协定有如下两个特点：

- 方式上：滥用税收协定多采用在缔约国一方设立中介公司、控股公司等方式，将源自非缔约国的所得中转至这些公司，以享受有关国家的税收协定；
- 所得种类上：滥用税收协定多针对股息、利息、特许权使用费等消极投资所得，有时也包括个人劳务报酬所得，但较少涉及营业利润等积极投资所得。

三、滥用税收协定的影响

由于滥用税收协定违背了税收协定缔约国双方的意愿，侵蚀了有关国家的税收利益，目前已经引起国际社会的高度关注。总体而言，滥用税收协定包含如下不良影响。

（一）造成有关国家的税收利益的损失

滥用税收协定使得原本没有资格享受税收协定优惠的纳税人，通过精心安排，享受了税收协定的优惠政策，降低了总税负水平。然而，从缔约国的角度看，却承受了原本无须承担的税收损失。

（二）违背税收协定的互惠原则

缔约国签订税收协定，其意图在于帮助双方居民纳税人降低税收负担。但是如果第三国居民纳税人通过在缔约国设立中介公司的方式享受税收协定优惠，则意味着第三国在没有做出任何牺牲的情况下，获得同样的税收利益。但缔约国双方签订税收协定的基本要求是，约定双方在利益牺牲平衡的情况下，实现税收层面的互惠互利。因此，当第三国不做任何牺牲便可享受同样税收协定优惠时，实质上严重破坏了缔约国双方的利益牺牲与获得的平衡状态，使其中一方承受无谓的税收利益牺牲。

（三）破坏缔约国给予税收协定优惠的前提

当缔约国一方对缔约国另一方的居民纳税人按照税收协定给予税收优惠时，其前提条件为该纳税人已经在缔约国另一方（居住国）正常履行了纳税义务，而意在攫取税收利益的第三国居民纳税人显然无法保证遵守这一前提。

（四）阻碍签订新的税收协定

随着滥用税收协定的案例数量不断攀升，潜在缔约国对于可能遭受的税收利益侵蚀会产生担忧，不利于新的税收协定的签订。同时，对于利用他国已经签订的税收协定的第三国而言，由于其无须做出任何努力，便可借用他国成果实现本国减除国际重复征税的目的，故而不会产生动力，积极致力于推进解除国际重复征税的工作，也不会积极同其他国家缔结税收协定。

➢ 复习思考题

1. 什么是国际避税以及为什么会产生国际避税?
2. 国际避税地的特点和类型有哪些?
3. 进行国际避税的常见方法有哪些?
4. 滥用税收协定的影响是什么?

第六章

转让定价的税务管理

第一节 关联企业与关联关系概述

一、关联企业的界定

在公平竞争的市场中,市场交易价格会受供求关系的影响而围绕价值上下波动,即得到这种结果的前提是保证企业处在公平竞争的市场条件下。但是,如果企业间的成交价格与正常的市场交易价格相去甚远,则这两个企业之间可能存在关联关系,即互为关联企业。

《经合组织范本》和《联合国范本》均指出,当出现如下两种情况时,两个企业之间存在关联关系:

(1)缔约一方企业的管理、控制或资本由另一缔约方企业直接或间接参与;

(2)缔约双方企业的管理、控制或资本由同一人直接或间接参与。

根据以上定义,关联公司可以分为三种类型:

● 公司源自管理层和所形成的控制关系的关联公司主要表现为一个企业由另一家企业经营,或出于收购、出售、知识产权等原因受另一家企业控制或影响。

● 由权益产生的企业关联企业及其形成的控制关系主要表现为母公司与子公司之间,或子公司之间。

● 企业所有人之间有家庭婚姻或血缘关系。

《中华人民共和国税收征收管理法实施细则》定义了关联企业的性质及确定规则,关联企业是指具有下列关系之一的公司、企业和其他经济组织:

● 在资金、经营、购销等方面存在直接或间接的所有权或控制权关系。

- 由第三方直接或间接拥有或控制。
- 其他利益相关的关系。

国家税务总局对关联企业有进一步解释：企业与另一公司、企业和其他经济组织有下列之一关系的，即为关联企业：

- 相互间直接或间接持有彼此25%或以上的股份。
- 直接或间接共同对第三方企业实施控制，股份达到25%或以上的。
- 双方借贷资金占企业自有资金50%或以上，或企业借贷资金总额的10%是由另一企业担保的。

例如，A企业通过中间企业B间接持有C企业15%的股份，从表面上看没有关联关系，但是C公司注册资本是2亿元，却有4 000万元的资金缺口，该资金缺口通过向A公司借款得到，把它们的关系变成了关联方，而A借给C的4 000万元大于实收资本的50%，对于担保问题，即便双方之间没有股权控制，只要一方为另一方的担保金额占借贷总额的10%以上也会被认定为存在关联关系，若此时D公司为C公司的担保金额为800万元，则D公司与C公司也存在关联关系。

- 企业的董事或经理等高级管理人员一半以上或有一名常务董事是由另一企业所委派的。
- 企业进行正常生产运营所必需的特许权利（工业产权、专利技术等）是由另一企业所拥有的。
- 企业的生产或销售（交易价格的确定、贸易条件的约定等）是由另一企业所控制的。
- 对企业生产、经营和交易具有实际控制的其他利益关系，如亲属关系的存在。

二、关联关系的界定

《关税及贸易总协定》确定了相关关系：

- 彼此业务经营中担任高级管理人员或董事。
- 法律认可的运营合作伙伴。
- 雇用者和被雇用者。
- 直接或间接拥有5%或以上有表决权的股份或公共拥有股份的人。
- 其中一方直接或间接地控制另一方的人。
- 两者都直接或间接地受第三者控制的人。
- 由第三方直接或间接控制的人。
- 属于同一家庭的人。

《企业会计准则第36号——关联方披露》将关联关系界定为一方控制另一方或者对另一方有重大影响。其中，控制是指有权决定一个企业的财务和经营政策，并能从该企业的经营活动中获取利益。控制能够通过拥有一个企业的多数有表决权的股票来实现。

需要特别指出的是，并不是只有当一个企业对另一个企业的持股比例超过50%时才能形成控制,只要该企业对被投资方的持股比例达到相对多数(股份分散持有的情况下),且根据章程有权在董事会占有最多数席位或有权决定企业的财务和经营政策,就也能形成控制。有重大影响是指对企业的财务和经营有参与决策的权力,通常当一个企业对另一个企业的持股比例达到20%或以上,但并未超过50%的时候,将其视作对被持股方具有重大影响。此时,由于投资方持有被投资方一定比例的具有表决权的股票,因此能够通过一定方式(如在董事会中派有代表)对被投资方施加重大影响。但由于股权比例不足50%,故而无法对被投资方形成控制。

《企业会计准则第36号——关联方披露》对关联企业和关联关系的主要形式进行了列举:①直接或间接地控制其他企业或受其他企业控制,以及同受某一企业控制的两个或多个企业;②合营企业;③联营企业;④主要投资者个人、关键管理人员或与其关系密切的家庭成员;⑤受主要投资者个人、关键管理人员或与其关系密切的家庭成员直接控制的其他企业。

依据会计准则的上述规定,关联关系可以划分为四类:

- 第一类:直接或间接的资本控制关系
> 一个或多个企业受某企业直接控制。例如,一个或多个子公司有共同控制方母公司,则母公司与子公司之间构成关联关系,同样,子公司之间也构成关联关系。

> 某一企业通过一个或多个中间企业间接控制一个或多个企业。例如,母公司通过子公司间接控制孙公司,母公司与孙公司之间构成关联关系。

> 一个企业直接地或通过一个或多个中间企业间接地控制一个或多个企业。例如,A公司持有B公司50%股权,A公司、B公司分别持有C公司15%的股权、20%的股权,由于A公司不仅对C公司直接持有15%的股权,又通过B公司(A公司持股超过25%的中间公司)间接对C公司持有20%的股权,股权占比总计达到35%,超过25%,则A公司与C公司具有关联关系。换言之,只要A公司对B公司持股比例达到25%以上,B公司对C公司的持股份额就视同于A公司对C公司的持股份额。

【例6.1.1】 A公司、B公司及C公司共同控制着D公司,则D公司与A、B、C三个公司各自为关联企业。

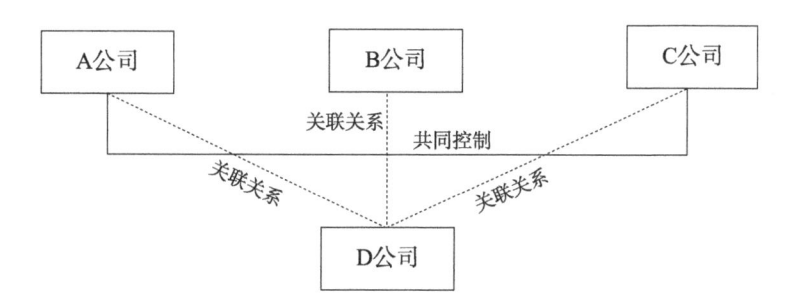

- 第二类:合营企业

合营企业是指投资各方在经营和财务上能对其投资的企业有共同控制权,能依据合同规定共同决定被控制企业的某项经济活动,那么投资各方与被共同控制的企业之间的这种关系就称为关联关系。

- **第三类：联营企业**

联营企业是指投资者能够对某企业实施重大影响（持股比例介于20%~50%），该企业排除是该投资者的子公司或合营企业。

【例6.1.2】 A公司持有B公司25%有表决权的股份，B公司非A公司的子公司，此时A、B两个公司为联营企业，具有关联关系。

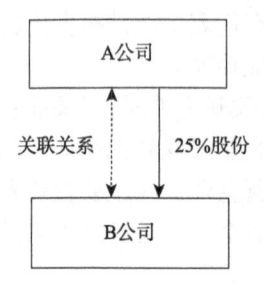

```
        ┌────────┐
        │  A公司  │
        └────────┘
       ↕           │
    关联关系     25%股份
       ↕           ↓
        ┌────────┐
        │  B公司  │
        └────────┘
```

- **第四类：主要个人投资者**

关键管理人员或其亲密家族成员与被投资方或者被管理方之间有关联关系。

主要投资者是指直接或间接地控制企业10%或以上表决权股权的个人；关键管理人员是指有权利并负责计划、指导和控制企业活动的人员，如董事、总经理、总会计师、首席财务官、负责各项事务的副总经理、执行类似职能的人员等，由于他们对企业的财务和经营政策起决定性作用，因此属于关键管理人员；关系密切的家庭成员是指主要投资者和关键管理人员的父母、配偶、兄弟、姐妹、子女及其他抚养、赡养关系的两个自然人等。当判断主要投资者和关键管理人员的家庭成员是否属于一个企业的关联方时，具体应当依据该家庭成员对该企业的交易的影响程度进行确定。

需要特别指出的是，判定企业之间是否具有关联关系仅仅是税务部门对转让定价进行判断和调整的第一步，而企业之间有关联关系并不等同于存在转让定价。

第二节 转让定价发生的领域

转让定价是关联企业之间为了使整体利益最大化而有计划地调高或者压低内部交易价格。因此转让定价的定价方法不同于市场交易价格，通常发生于有形资产（货物）的销售、无形资产的转让、应税服务的提供及金融交易等领域。

一、有形资产（货物）的销售

有形资产（货物）有着具体物质产品形态，通常分为自然取得的资产和经过生产活动创造的资产。在有形资产（货物）领域，转让定价主要围绕原材料提供、半成品及产成品转移、货物销售等环节发生。关联企业之间提供、转移或者销售原材料、半成品、产成品、货物时，不按照正常的公平公开市场价格交易，而是以高于或者低于市场售价的价格水平支付或者收取货款。除此之外，还包括租赁，固定资产如二手设备的转让。

以某跨国企业A在有形货物转让中发生的转让定价为例，某跨国企业A是以生产装饰原纸为主营业务的生产型企业，在瑞士设立子公司B，连续几年母公司A的盈利水平远低于同期相同企业的盈利水平，经当地税务局调查发现，原来母公司A与子公司B在购销合同中关于销售定价的毛利率仅为实际销售价格的1.2%，转让定价低于同期市场正常交易价格，该跨国企业利用把利润留存在低税率的子公司而少缴企业所得税。

二、无形资产的转让

无形资产指不具有实物实体，但可以长期使生产经营者受益的非流动性资产。无形资产主要包括以下三类：第一类为知识产权，包括专利权、商标、版权、计算机软件、方案思路、专门资料、秘诀、专有技术、顾客清单、职工队伍、企业管理系统等；第二类为行为权力，包括专营权、许可证、合同、对物产权（土地使用权、采矿权等）、租赁权、优惠融资条件、税收优惠政策等；第三类为公共关系，包括商誉、顾客关系、代理关系、员工素质等。

关联企业之间所进行的无形资产的转让通常包括四种情况：一是基于正常市场交易价格进行补偿转移；二是免费赠与；三是授予许可证并收取特许权使用费；四是授予许可证但免收特许权使用费。第二种和第四种情况是典型的非市场作价行为，需要税务部门进行调整。第三种情况下，如果收取的特许权使用费低于或者高于市场交易价格，则同样需要进行税务调整。

三、应税服务的提供

关联企业提供的服务主要包括以下四个方面：一是日常服务，如法律、心理咨询等服务，确定补偿金额通常根据服务的成本和合理性利润水平；二是与无形资产转让相关的技术援助；三是与无形资产转让无关的技术援助，如在生产和质量控制方面给予一定的技术协助；四是管理性服务，如海外子公司管理者为母公司所派遣的高级管理人员。

四、金融交易

金融交易领域的转让定价主要涉及四个方面：一是在确定贷款利率时，不论关联公司提供的贷款利率是否符合市场的公平市场利率，在相同的条件下（无论是太高还是太低）都必须调整转让定价；二是资本结构调整方面，关联企业之间有意使债务资本超过权益资本，实行资本弱化，降低借款方企业资本结构中自有资本的数量，提高利息扣除的金额；三是短期资本融资方面，关联企业通常以货款延期支付（获得商业信用，按照市场利息率支付利息，否则需要进行转让定价调整）、供货方向分销商提供短期资本（同样需要依照是否按照市场利息率支付利息进行判定）、总公司或母公司担保（依照下级公司是否正常地向上级公司支付担保费用进行判定）等形式进行短期融资；四是长期金融方面，可能通过抵押贷款（依照是否按照市场利息率支付利息进行判定）、融资租赁（依照是否按照一般市场规则决定交易条件和利息率进行判定）等途径展开活动，可能出现不合理的转让定价问题。

第三节　转让定价与国际避税

跨国纳税人的许多国际避税活动都与转让定价有关。转让定价随着生产的发展，是一种由于公司组织形式和结构发生变化而产生的内部管理手段，反映了公司要求的内部分工和合作。现代国际贸易的一个重要问题就是随着跨国公司内部交易数量的增加，转让定价成为在跨国公司内部交易中最突出的特征。

一、转让定价的含义

转让定价是指关联企业之间专门为交换而设置的内部结算价格，不同于通常适用于外部经济交易的一般市场价格。

参加国际经济活动的公司可以根据其经济利益分为两类。一类是无关联企业，即在资本、管理和财务上彼此无任何联系，或相互参股程度较低的企业；另一类是关联企业，即在国际和国内经济往来中，在企业管理、控制或资本等方面存在直接或间接联系，彼此之间有特殊利益关系的企业。比较常见的企业关联关系有两类：一类是母公司与子公司及同一母公司的各个子公司之间的关联关系，另一类是总公司与其分支机构及同一总部的各个分支机构之间的关联关系。

无关联企业与关联企业之间的根本区别在于：无关联企业之间进行交易时，依据的是买卖的意愿、购买能力、市场供求状况等因素。由于买卖双方均属于无关联关系，均属于独立交易主体，交易并无利益纠葛，交易价格也遵从市场竞争原则，收入和费用分配必须合理，这些企业均以单个企业的利益得失处理期间的日常交易和其他经济往来，任何一方都很难在这类交易中对作价做出修改，因而试图在这类交易中以转让定价的方式进行避税的难度较大。有关联关系的企业，特别是跨国公司集团，往往受到同一利益主体的支配，因此，在同一利益主体的支配下，关联企业通常按照本集团在专业分工和合作等方面的要求，在某个国家设立总公司，在其他国家设立分支机构，实行全球化经营战略，以获得最大经济利益。因此，它们在对外交易时往往采取市场基准的正常交易价格，但在其内部或相互之间存在大量的转让交易价格政策，即为确保双方或各方乃至整个集团利益的最大化而在其内部私下确定价格，如产品价格、劳务价格、贷款利息、租赁费、支付方式等。关联企业从整个集团利益出发，在此期间处理日常交易和其他经济交易，特别是跨国关联企业可以利用国家税收制度上的差异，通过转让定价在国家间转移利润，从而达到避免国际税收的目的。

跨国关联企业的转让定价往往受限于跨国集团利益，而不受限于市场供求的整体关系，对商品和服务的内部交易，采用的定价标准与独立公司之间的正常交易价格不同，这样就有可能影响有关国家之间正常的收支分配。总结起来，转让定价的一般规律是：税往低处流，费往高处走，利往低处流。

二、转让定价产生的原因

跨国关联企业的内部交易中，使用转让定价的原因可以从税务原因、非税务原因及转让定价与客观条件的配合三个方面进行分析。

（一）税务原因

跨国企业为了达成国际避税，减少税收负担而采用转让定价。其手段是通过转让定价这样的操作，使不同国家的关联公司能够将所得税的缴纳从高税率国家的企业较大程度地转移到低税率国家的企业，可以通过分配业务收入和支出来实现用更少的税金获得更多的利润。转让定价的税务原因，如表6-1所示。

表 6-1　转让定价的税务原因

税务原因	具体内容
逃避所得税	（1）低税率国家的关联企业向高税率国家的关联企业销售商品和服务时采用提价的办法，而高税率国家的关联企业向低税率国家的关联企业销售商品和服务时采取压价的办法； （2）跨国企业把利润转移到避税地进行避税
逃避预提税	通过使用低成本的产品交付方式而不是支付股息、利息、租金或特许权使用费的方式，子公司将投资收入转移到母公司，从而免交或少交预提税
增加外国税收抵免额	跨国公司的母公司所在国实行外国税收抵免，并实行综合限额法，则利用转让定价可以增加外国税收收入抵免额

（二）非税务原因

除了上述税务原因，转让定价还可以为跨国关联企业的其他经营管理目标服务，这些目标与国际避税无关，称为非税务原因。转让定价的非税务原因主要包括以下几个方面（表6-2）。

表 6-2 转让定价的非税务原因

非税务原因	具体内容
将产品低价打入市场	跨国关联企业为了将自己的产品打入某个国家市场，某企业向跨国关联企业出售零部件或是半成品，该关联企业通过组装加工成产品，从而将产品打入关联企业所在地的市场，这样的方式避开了关联企业所在国的反倾销调查
调节利润	母公司向子公司低价提供原材料，高价回购其产品的做法，使得子公司显示出较高的利润率
逃避外汇管制	跨国关联企业为了逃避所在国的外汇管控，会尽量压低税后利润，通过成本费用渠道，把资金转移出境。因为价格转让可以起到货币转让的效果，跨国公司向境外关联企业转让产品和劳务时，也将得到境外的货币收入，从而使得所在国的外汇管制减效或失效
消除风险	关联企业之间不仅愿意共同受益，而且也愿意共担风险，多方主体共担风险，也在一定程度上提高了产品在彼此市场的有效竞争力
从合资企业谋取过分利益	在子公司最终利润形成之前，母公司可以转让定价的形式"先捞一把"，不仅可以拿走母公司应分得的利润，而且也拿走了与子公司合作应该分得的一部分收入

（三）转让定价与客观条件的配合

跨国公司不论是出于税务原因还是非税务原因而使用转让定价，都存在一个在什么情况下定高价，什么情况下定低价的问题，这个问题的回答要视其所要达到的目的和有关国家的客观条件而定。转让定价与子公司所在地的客观条件的配合，如表 6-3 所示。

表 6-3 转让定价与子公司所在地的客观条件的配合

在子公司所在国实行低进高出的转让价格	在子公司所在国实行高进低出的转让价格
企业所得税税率低于母公司所在国	当地合作者
有效竞争	来自工人要求分享公司利润最大份额的压力
基于公司财务形象的当地筹资	对高利润外国企业实行国有化或没收的政治压力
对出口价格的补贴或退税	政局动荡
低于母公司所在国的通货膨胀率	大量的搭卖协议
子公司所在国对可进口产品价值的限制	以产品成本为基础的政府对最终产品价格的控制
—	为将竞争者拒之门外而隐藏子公司的盈利能力

如表 6-3 左侧所示，母公司将原材料或零部件低价销售给子公司，又高价收购子公司加工组装的产成品，或者母公司高价采购子公司所在地的原材料或零部件，又将产成品低价出售给子公司，这样的做法都会使一部分收入由母公司转移到子公司，从而减轻子公司集团的综合税，并且通过降低子公司所在国家的进口关税等高附加值税费，改善子公司的财务状况，使子公司拥有良好的信用，更容易有多样的融资渠道。除此之外，转让定价使子公司面临较小的外汇风险，可向母公司支付较少的股息，子公司在所在市场的竞争能力也得到提升，母公司也可以较少地受到政府限制资本外流的影响。此外，子公司所在国的利润大于母公司所在国的利润，即外国资本流入更多，应纳税所得额更多，经济增长速度更快，出口收入规模更大。但是，在其他领域，国家必须承担一定的损失：如果外国子公司积极推行渗透该国市场的战略，则国内竞争对

手可能会受到不利影响,从而导致利润降低,税收减少,失业率上升。政府为鼓励出口,会对出口企业进行补贴和退税,子公司利用这一点人为提高出口产品的价格,削弱了国家对经济的控制。

然而,实际情况并没有如表 6-3 那样排列得那么令人满意,极有可能混合在一起并同时出现在一个国家。例如,在一个限制股息外流和进口数额或价格的外汇管制较紧的国家,外国母公司在对其子公司的销售中抬高转让价格,虽然可以比卖低价收获更多的销售收入,但会因为减少了供其子公司在当地竞争所需的进口材料的数量而蒙受损失。因而,一个公司必须慎重权衡采用某一特定转让价格可能带来的损失。

三、转让定价的避税表现形式

为了满足专业分工与合作及追求最大利润的需求,跨国公司通常在某国建立总部,在世界范围内建立子公司。其生产和销售以世界为市场,不受地理因素限制,组织着生产要素的有效投入,并使得产出更接近最终市场,这就是所谓的跨国公司全球性经营战略,这一战略在跨国集团的内部交易行为和定价政策中得到体现,与传统的内部转让交易和定价大相径庭。因此,母公司和子公司的财务报告上的会计所得与在各自所在国按本国税法核算的计税所得可能存在较大的误差。显然,在国际关联企业之间有关商品和劳务的定价政策会直接影响国民收支及其相关利益的跨境分配。转让的价格水平导致了产品价值、收益和损失的转移,而其形成和渠道是多样化的,转让定价的避税表现形式有以下五个类别(表 6-4)。

表 6-4 转让定价的避税表现形式

避税形式	具体内容
货物购销中的转让定价	(1)在原材料和零部件的供求上通过控制进出口价格来影响产品的相关成本; (2)母公司使用其国际营销网络来对关联公司的营销方式做出规划,能使关联企业产品的购买价格区别于一般交易价格; (3)在买卖商品的过程中,子公司支付的运输费用、装卸费用和保险费用的高低由母公司的运输体系控制,进而影响销售公司的相关成本; (4)在母公司与关联公司之间人为地制造坏账、呆账、损失补偿等,从而增加关联公司的费用支出; (5)母公司对其交易的物料进行加工,收取处理费,从而影响关联公司费用支出
贷款往来中的转让定价	(1)由于借款利息可以在税前列支,而股息支付只能在税后支出,所以投资者多采用举债资本代替自有资本,甚至将企业集团内部投资也划作借款,造成债务比重的加大,形成资本弱化的现象; (2)关联企业通过内部贷款利率的高低来影响对方企业的费用成本; (3)关联企业也可以利用所在国家或地区对借贷利息政策的相关规定,通过改变企业资金结构来进行避税
提供劳务、服务中的转让定价	跨国公司利用劳务、服务收费与付费的高低,来影响公司集团不同成员间的成本和利润分配
固定资产购置中的转让定价	(1)母公司通过对固定资产的售价及折旧年限的规定,从而影响子公司对折旧额的计提和分摊,进而影响产品成本和利润; (2)由于各国对国际租赁业务计提折旧及风险分担的规定不尽相同,跨国纳税人往往会利用规定上的差异达到避税的目的
无形资产的使用和转让	通过使用和转让专利、专有技术、商标、商誉、版权和其他无形资产,母公司以利用增加或减少收取使用费的方式对子公司的费用支出施加影响

【例 6.3.1】 提供劳务、服务中的转让定价：某跨国 A 企业于 1998 年和 2004 年在中国设立分公司，但 2008 年以来，在中国的这两家分公司 B 和 C 获利水平反而随着销售收入的增加而大幅下降，经查证，分公司利润下降的主要原因是向在新加坡的关联公司 D 支付的跨境服务费大幅增加，仅 2008~2010 年三年跨境服务费就高达 38 亿元。关联公司的经营所得可免缴企业所得税，那 A 企业究竟如何转移利润呢？原来，该跨国 A 公司与新加坡 D 公司签订的合同是按相关部门雇员人数分摊跨境服务费，而中国公司 B 和 C 与新加坡公司 D 之间的跨境服务费却是按销售收入分摊，在中国设立的公司 B 和 C 需要分摊高额的服务费，但各种具体服务项目的受益程度却与支付的服务费用不匹配。由于跨国公司业务的复杂性，对费用的分摊标准也不明确，最终当地税务局经过困难重重的反避税调查才对该企业的跨境服务费进行了纳税调整。

总的来说，提高子公司向母公司支付项目的价格，会使得利润移出子公司。反之，利润向子公司转移。

第四节 调整转让定价的原则与方法

一、调整转让定价的基本原则

（一）正常交易原则

转让定价是国际避税的常用手段，调整转让定价有利于促进市场交易公平，维护国际税收分配秩序。调整转让定价就是要确保关联企业之间的定价机制与正常的市场交易保持一致。因此，调整转让定价首要考虑的就是正常交易原则。

正常交易原则，也被称为公平交易原则，指的是企业之间的交易不应受到关联关系的影响，而应遵循公平公开的市场交易原则。在调整转让定价时，正常交易原则能够发挥如下两方面的作用。

（1）确保企业之间公平竞争。当关联企业受控交易的定价或经营成果与非受控独立交易，在同一情况下的相同或相似交易所制定的价格或经营成果一致时，该受控交易便符合正常交易原则，否则就需按照正常交易原则进行税务调整。正常交易原则为企业之间的公平竞争提供了必要条件，确保了关联企业和独立企业能够享受同等的税收待遇，避免了转让定价对国际经济活动在税收方面的扭曲。

（2）防止税务部门滥用职权。由于关联企业的受控交易很难与独立企业的正常交易进行简单类比，因此转让定价的税务调整具有一定的灵活性。为了防止税务部门滥用这种灵活性，坚持正常交易原则是十分必要的，能够确保调整后的关联企业利润水平反映客观实际、与非受控交易基本一致。故而正常交易原则是约束税务部门调整转让定价行为的重要准则。

需要特别注意的是，当关联企业的转让定价不符合正常市场交易定价水平时，并非必然出于国际避税的考虑，也可能与全球商务战略等因素有关。因此，在判断关联企业转让定价是否符合正常交易原则时，通常需要寻找关联企业与非关联第三方的交易，或者独立企业之间的交易作为参照。由于实践中很难找到极具参照价值的类似交易，因此通常依据可比环境下的可比交易结果对关联企业受控交易进行判断。基于上述困难，有学者提出放弃正常交易原则，改用全球公式分配方法来解决关联企业因转让定价而造成的账面利润与实际利润之间的差异问题。全球公式分配法是指将一定时期（如一个会计年度）的关联企业集团公司的全球利润进行汇总，然后再按照一定指标比例分摊到位于各个国家的各个关联企业上，予以确定各关联企业的利润水平。但这种做法遭到了 OECD 的强烈反对，被认为是不合理、不可行的方法。原因在于：其一，此方法蕴含着一个隐性前提条件，即全球的关联企业均需要使用统一的标准确认和计算利润，需要各国达成旨在采用共同账户系统、税务会计制度和统一的所得税政策的协议，显然这一协议的达成难度极高，几乎不可能实现；其二，由于企业在资产情况、经营效率、管理水平等方面存在差异，位于不同国家的关联企业之间的利润水平本来就是不一致的，而此方法完全忽视了关联企业之间各种因素差异所导致的利润水平的差异。如果强制性地将集团公司的全球利润在各关联企业之间人为地按指标分配，会遭到高利润国家的强烈反对，且分配利润所依据的指标也可能存在争议。因此，虽然正常交易原则的实施有一定困难，但仍然是截至目前公认的最客观和公正的调整转让定价的基本原则。

（二）最优法原则

最优法原则是美国于 1994 年在新的转让定价调整规则中提出的原则，该原则强调要根据交易的实际情况，灵活选取用于认定受控交易为正常交易的结果的方法。即没有一种方法永远优于别的方法，要具体问题具体分析。在最优法原则被提出之前，实践中一直依照优先顺序[①]对调整转让定价的方法进行选择和使用。但在最优法原则提出后，可以选取一种可靠的办法对关联企业受控交易进行交易性质的认定，并选择其中最可靠的一种方法。此外，如果同一种方法在多次使用中产生了不一致的判定结果，则需要依据实际情况选择最可靠的那一次结果进行判定。

OECD 提出，没有哪一种方法是绝对最优的，每一种方法都有一定的适用范围。当进行转让定价调整时，应该综合考量每一具体案例的事实、环境、可供使用的综合证据、选用方法的相对可靠性等因素，选择一种具有较高可比性及与交易具有更直接关系或更接近交易实际的方法，对正常交易价格做出最精准的估计。因此，最优法原则与 OECD 调整转让定价的精神实质是一致的。

---

① 优先顺序为：可比非受控价格法为第一选择，只有当可比非受控价格法不能使用时，才能使用转售价格法或者成本加成法，除上述三种方法之外的其他方法则被排在第三顺序。

（三）可比性原则

判定一项关联企业的受控交易是否属于正常交易，需要以独立企业之间的交易数据作为基准。这种基准比较的准确性与可靠程度显然与受控交易和非受控交易之间的可比程度密切相关。可比性越高，判定结果越可靠。现实中往往难以找到完全相同的两项交易，作为参照的独立交易和受控交易难免存在差异。因此，两项交易可比的条件又包括这种差异是否可计量及是否可调整。如果显然不可计量或不可调整，意味着不可比；如果可计量且可调整，意味着受控交易与作为参照对象的非受控交易具有极强的可比性，此时运用可比非受控价格法更可靠。因此，可比性是确定哪种调整方法更适用和可靠的首要因素。

二、可比性分析

对一项受控交易进行转让定价调整之前，应考虑影响该交易正常价格和利润水平的因素，并结合这些因素将这一受控交易与非受控纳税人的类似交易进行比较。如何对受控交易进行科学的可比性分析，OECD、美国均列举了一些可比性因素。例如：①职能或功能；②财产或劳务的特性；③合同条款；④风险；⑤商务策略；⑥经济情况和经济环境。为方便读者加深理解，本书从以下五个方面对可比性分析进行全面介绍。

（一）功能和风险分析

功能是指转让定价审查的对象（产品或劳务）在生产经营中所经历的事和所耗用的原材料情况，而两家独立公司在此生产和管理过程中所发挥的功能客观地体现在交易价格或劳动报酬方面，即在受控与非受控交易的可比性分析中特别要考虑的功能具体包括：①研究与开发；②产品造型设计；③生产、制造和工艺设计；④制造、产品提取和组装；⑤原材料的采购和管理；⑥营销和发送管理（库存管理、产品质量保证、广告活动等）；⑦运输与储存；⑧法律沟通，会计和财务，信贷和收款，培训和人事管理服务。风险的比较有两方面：一是合同条款中关于风险分配的条款与其实际的交易结果会存在差异；二是在产品交易过程中，非受控交易相较受控交易产品需要多承担营销环节、销售环节、售后服务还有物流环节的风险，从而导致双方交易价格产生差异。企业履行的功能越多，承担的风险越大，其得到的报酬也越高，相应收取的价格和费用也就越高，作为被调整对象的受控交易应当与作为参照对象的非受控交易在功能方面具有足够的相似性，风险的差异也能够合理调整，否则它们将不可比较。

（二）合同条款分析

在进行受控与非受控交易的可比性分析时，合同条款可能规定了不同的付款条件，资本成本的差异会导致交易价格差异，此外，合同条款中对交易批量、交货期、产品质量、更改合同的赔偿协调问题、运输中的劳务负责情况等的规定都会影响交易结果，如有书面合同，则在可比性分析中将实际交易情况同书面合同规定作对比，若无书面合同，则视实际交易行为及交易双方的法律权利而定。

（三）经济环境分析

在进行可比性分析时，也需要充分考虑宏观环境，以及行业背景等要素，使得分析更加合理。具体包括：行业概况，地理区域，市场规模，市场层级，市场占有率，市场竞争程度，消费者购买力，商品或者劳务的可替代性，生产要素价格，运输成本，政府管制，以及成本节约、市场溢价等地域特殊因素。

（四）资产或劳务特征分析

进行可比性分析的重要一环就是对资产或劳务特征的分析，包括：有形资产的物理特性、质量、数量等；无形资产的类型、交易形式、保护程度、期限、预期收益等；劳务的性质和内容、金融资产的特性、内容、风险管理等。

（五）商务策略分析

商务策略分析包括对创新和开发、多元化经营、协同效应、风险规避，以及市场占有率等的分析。

三、转让定价调整的具体方法

（一）可比非受控价格法

可比非受控价格法就是以非关联方之间进行的与关联交易相同或类似业务活动所收取的价格作为关联交易的公平成交价格，也就是非受控价格，并据此调整关联企业之间不合理的转让定价[①]。可比非受控价格法适用于跨国关联企业之间有形资产的交易、贷款、

---

① 这里的非受控价格，首先应该是关联企业集团中的成员企业与非关联企业进行同类交易所使用的价格，如果成员企业没有与非关联企业进行同类交易，也可以按成员企业所在地同类交易的一般市场价格确定。

劳务提供、资产租赁和无形资产转让等交易。如果企业之间进行的交易的价格不符合该可比非受控价格，则国家相应的税务机关有权进行合理的税收调整。

可比非受控价格法是理论上最完善最契合独立交易原则的方法，也是审查和调整相关跨国关联企业的转让价格最合理最科学的方法。但可比非受控价格法在运用时，首先要找到非常具有可比性的对照交易和企业，其交易内容在物质特性及功能风险上的要求基本一致，且非受控要求交易的价格不能被企业本身以外的因素施加影响，在价格上也要求能从市面上找到与之对应的可量化的价格作为参考价格，即在运用可比非受控价格法时关键的一步是进行可比分析。可比非受控价格法被分为内部、外部两种：第一种是内部可比非受控价格法，某企业同时将产品交易给关联方和非关联方，则两者之间的交易价格可形成对比；第二种是外部可比非受控价格法，关联企业之间的交易也可能同样发生在非关联企业间，在满足可比条件后其交易价格也可作为参照。但这个方法在实际当中运用最少，原因有三：①对产品可比性要求太高；②非受控信息很难拿到；③商品的价格容易波动。但这个方法在某些特定情况下还是能用到的，如央行、期货交易所和特许权相关。

国家税务总局发布的《特别纳税调查调整及相互协商程序管理办法》，也强调了可比非受控价格法的可比性问题。该文件第十七条规定，可比非受控价格法的可比性分析，应当按照不同交易类型，特别考察关联交易与非关联交易中交易资产或者劳务的特性、合同条款、经济环境和经营策略上的差异。交易情形及考虑要素一览表，如表6-5所示。

表6-5 交易情形及考虑要素一览表

交易情形	考虑要素
有形资产使用权或者所有权的转让	（1）转让过程，包括交易时间与地点、交货条件、交货手续、支付条件、交易数量、售后服务等； （2）转让环节，包括出厂环节、批发环节、零售环节、出口环节等； （3）转让环境，包括民族风俗、消费者偏好、政局稳定程度以及财政、税收、外汇政策等； （4）有形资产的性能、规格、型号、结构、类型、折旧方法等； （5）提供使用权的时间、期限、地点、费用收取标准等； （6）资产所有者对资产的投资支出、维修费用等
金融资产的转让	金融资产的实际持有期限、流动性、安全性、收益性。其中，股权转让交易的分析内容包括公司性质、业务结构、资产构成、所属行业、行业周期、经营模式、企业规模、资产配置和使用情况、企业所处经营阶段、成长性、经营风险、财务风险、交易时间、地理区域、股权关系、历史与未来经营情况、商誉、税收利益、流动性、经济趋势、宏观政策、企业收入和成本结构及其他因素
无形资产使用权或者所有权的转让	（1）无形资产的类别、用途、适用行业、预期收益； （2）无形资产的开发投资、转让条件、独占程度、可替代性、受有关国家法律保护的程度及期限、地理位置、使用年限、研发阶段、维护改良及更新的权利、受让成本和费用、功能风险、摊销方法以及其他因素
资金融通	融资的金额、币种、期限、担保、资信、还款方式、计息方法
劳务交易	劳务性质、技术要求、专业水准、承担责任、付款条件和方式、直接和间接成本等

当然，如果受控交易与非受控交易之间存在确定的差异，则应考虑以下问题：①受控交易与非受控交易之间的差异是否对公开市场价格产生重大影响？②若存在重大影响，能否对这些差异进行合理性的调整？在交易条件、销售量、交易时间等要素上的差异可进行调整，但在产品质量、市场销售区域、市场水平、交易所涉及无形资产的

类型和数量等要素上不可进行调整。对于可以进行调整的差异，人们在调整过程中应当考虑商业实践、经济原理及统计分析等因素。但是如果受控与非受控企业之间存在大量的不可调整因素，而且这些不可调整的差异对交易的价格已经构成了实质性的影响，那么在审核和调整转让定价中采用可比非受控价格法是不妥当的，此时就应该选择其他适用的转让定价调整方法。国家税务总局发布的《特别纳税调查调整及相互协商程序管理办法》第十七条规定：关联交易与非关联交易在以上方面存在重大差异的，应当就该差异对价格的影响进行合理调整，无法合理调整的，应当选择其他合理的转让定价方法。

（二）再售价格法

当关联企业间进行交易时，以关联方购进商品再销售给非关联方的价格减去可比非关联交易毛利润后的金额作为关联方购进商品的公平成交价格。这就是再售价格法。

【例6.4.1】 A国的母公司将一批货物以15 000元的售价销售给B国的子公司，B国的子公司又将该批货物以24 000元的价格出售给当地批发商。

经查，B国的独立企业销售该类货物可以实现30%的销售毛利率。此时，按照转售价格法，A国的税务部门应将母公司的销售价格调整为

$$24\,000 \times (1-30\%) = 16\,800（元）$$

再销售价格法的核心点是确定合理毛利率，在选取合理销售毛利率时需要进行可比性分析，分析时应当特别考虑关联交易与非关联交易在履行的功能，使用的资产，承担的风险，合同条款中对交易条件、交易时间规定上的差异，并就这些影响毛利率的重大差异进行合理调整。若无法进行合理调整的，再转而选用转让定价方法。该方法适用的情况有两种：关联购销与有形资产的购销。由于这种方法只需要计算再销售方的毛利率是否合理即可，因此非常适合关联企业之间仅限于进行批发或简单销售业务而没有进行大量增值处理业务（如更改产品的外形、性能、结构或更换商标等）的情况，如此其取得的正常销售利润就可以抵消在经营活动中的费用的支出。如果再销售方进行了加工处理或通过其他方式进行增值，那其分配所得的利润额自然应增加，而且增加的利润额应该能够抵消增值活动所付出的成本，还要进行一定的加成以留出合理的利润空间，该加成额应按照再销售方向当地非关联方提供同类增值活动的成本加成率来确定。但如果再销售方的增值活动涉及大量无形资产，销售价格法就不能简单地进行应用。

使用再销售价格法并不需要像使用可比非受控价格法那样强调关联交易与可比非关联交易的产品之间具有可比性或相似性，它所强调的是这两种交易的功能要充分可比。国家税务总局《特别纳税调查调整及相互协商程序管理办法》第十八条指出：再销售价格法的可比性分析，应当特别考察关联交易与非关联交易中企业执行的功能、承担的风险、使用的资产和合同条款上的差异，以及影响毛利率的其他因素[1]。这些因素导致关联

---

[1] 这些因素包括营销、分销、产品保障及服务功能，存货风险，机器、设备的价值及使用年限，无形资产的使用及价值，有价值的营销型无形资产，批发或者零售环节，商业经验，会计处理及管理效率等。

交易与非关联交易在以上方面存在重大差异的，应当就该差异对毛利率的影响进行合理调整，无法合理调整的，应当选择其他合理的转让定价方法。

（三）成本加成法

成本加成法也叫成本利润法，这是一种将关联企业的合理成本加上合理的利润，最终用于确定关联企业之间的合理转让价格的方法。需要特别说明的是，这里的成本主要包括直接材料、直接人工和制造费用等生产成本，它不包括期间费用，如销售费用、管理费用、财务费用和财产减值损失等。另外，合理利润是指以毛利率为基础计算的利润，即企业的销售收入扣除生产成本后的差额。毛利润额应能够抵消产品生产周期的成本，并使企业获得合理的利润[1]。

成本加成法在使用过程中有两个问题值得注意：一是有关成本的统计口径和范围必须遵循本国会计制度的规定，应该计入成本项目内的费用开支必须计入，否则计算出来的价格就不准确合理。例如，假定受控企业将管理费用计入营业费用，而参照企业将管理费用计入产品生产成本，那么这两个企业的成本加成率肯定是不一致的，这就要求税务部门能够准确获得企业的成本信息。二是加成率的选择必须合理，应将一个公平的加成额加到成本之上。在选择加成率时首先可以选取被调查的关联方与非关联方进行可比交易使用的加成率，如果税务部门找不到这个数据，也可以参考当地的独立企业在可比非关联交易中使用的加成率。由于在使用成本加成法时存在误区，所以按照国家税务总局《特别纳税调查调整及相互协商程序管理办法》第十九条规定的要求，使用成本加成法在进行可比性分析时，应当特别考察关联交易与非关联交易中企业执行的功能、承担的风险、使用的资产和合同条款上的差异，以及影响成本加成率的其他因素[2]。

成本加成法适用于有形资产销售或者租赁转让、劳务、资金融通等业务的转让定价审核和调整。该方法的重点是确定合理毛利率，由于产品的毛利没有扣除期间费用，所以受企业管理水平等外部因素的影响较大，效率高的企业产品毛利率可能就高，而使用第三方数据时，潜在可比企业在产品销售成本、销售及管理费用等科目的会计核算应与被测试企业一致，否则将对计算结果产生重要影响。在使用成本加成法时，税务机关应当对因企业效率差异造成的毛利率差异进行一定的调整。因此成本加成法通常适用于被测试企业内部存在非关联交易，且该非关联交易可作为关联交易的对照分析。

【例6.4.2】 甲国制造企业A生产电子零部件并按成本加成40%的价格销售给乙国生产企业B，由其进一步加工生产电力设备，生产企业B再将其产品销往丙国C企业。同时，制造企业A在相同或类似的条件下向其他5个非关联企业销售相同的产品。

---

[1] 该公式表示为：组成市场价格=关联交易发生的合理成本×（1+合理毛利率），式中毛利率是指可比非关联交易的成本毛利率或成本加成率。
[2] 这些因素包括制造、加工、安装及测试功能，市场及汇兑风险，机器、设备的价值及使用年限，无形资产的使用及价值，商业经验，会计处理，生产及管理效率等。

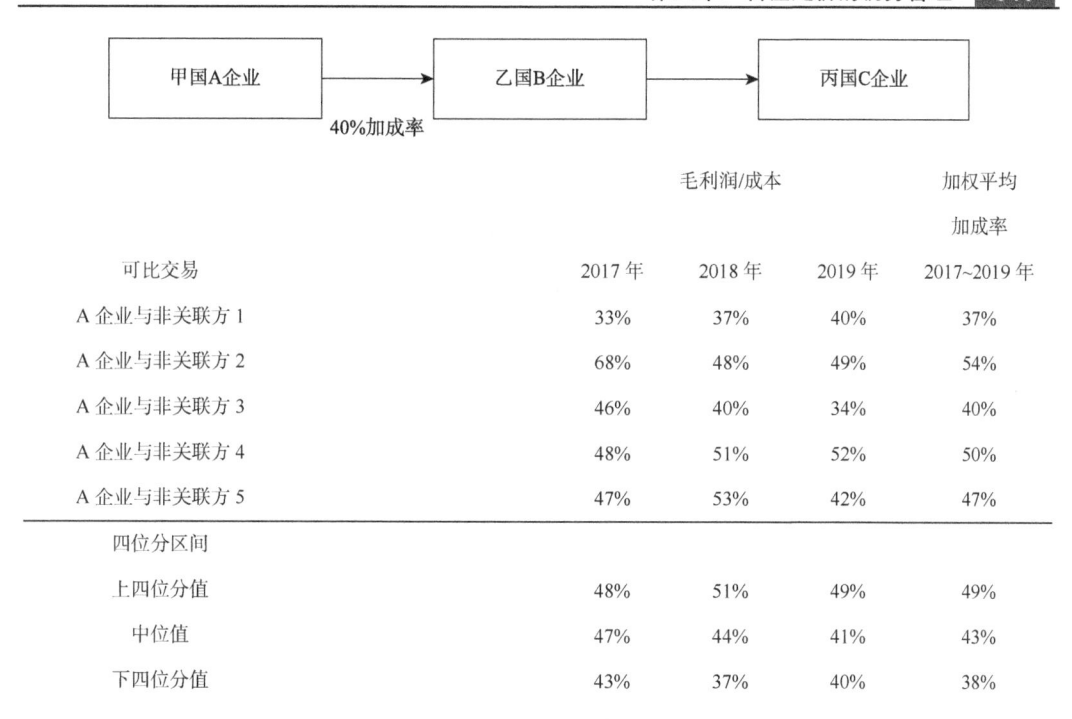

```
甲国A企业  →  乙国B企业  →  丙国C企业
       40%加成率
```

	毛利润/成本			加权平均加成率
可比交易	2017年	2018年	2019年	2017~2019年
A企业与非关联方1	33%	37%	40%	37%
A企业与非关联方2	68%	48%	49%	54%
A企业与非关联方3	46%	40%	34%	40%
A企业与非关联方4	48%	51%	52%	50%
A企业与非关联方5	47%	53%	42%	47%
四位分区间				
上四位分值	48%	51%	49%	49%
中位值	47%	44%	41%	43%
下四位分值	43%	37%	40%	38%

判断40%的加价是否合理，需要比较类似关联方的成本加成率。根据四分位数间距法，四分位区间在38%~49%，中位值为43%，A企业获得40%的成本加成率在四分位区间之内，该国制度认为该加价是合理的。

（四）利润分割法

当一方交易产生的合并利润由数家关联企业组成时，通过各企业履行的职能及对合并利润的贡献程度来确定分配比例，各关联企业则按该比例对合并利润进行分配，进而确定各个关联企业转让价格的合理性，这种方法即利润分割法。这种方法与前面所说各种方法不同，它不是一种单边的方式，而是分析关联交易的各方，同时，它并不依赖于严格的可比交易，主要依赖关联方的内部数据。当然，在利润分割时，有时也需要参考独立企业的外部数据，但这些外部数据主要用于评估关联各方对交易所做的贡献。合并利润在关联企业之间进行分割通常有贡献分析法[1]和剩余利润分析法这两种利润分割方法，两种方法的具体内容如表6-6所示。

表6-6 利润分割方法一览表

方法	内容
贡献分析法	利润的划分要依据各关联企业对某笔关联交易贡献的相对价值。首先算出各方共同创造的总利润，然后讨论各方在技术、市场和其他层面等贡献因素所占比重，综合考虑各方履行的职能，承担的风险及获得的报酬，通过估算形成分成的结论

---

[1] 在利用贡献分析法时，当难以获得可比交易信息但能合理确定合并利润时，可以结合实际情况考虑与价值贡献相关的收入、成本、费用、资产、雇佣人数等因素，分析关联交易各方对价值做出的贡献，将利润在各方之间平衡分配。

续表

方法	内容
剩余利润分析法	首先算出合并利润，然后根据母子公司一些不涉及无形资产的基础性功能先划分出部分利润，各关联公司按其生产经营过程中所付出的成本和相关费用以及所应获得的相对称的报酬，将总收入按一定比例分给各关联公司。合并利润减去分配出去的利润之后，剩下的利润就是对无形资产的估计，再按照一定比例分配

国家税务总局《特别纳税调查调整及相互协商程序管理办法》特别强调：在应用利润分割法时，要坚持利润应在经济活动发生地和价值创造地征税的基本原则，为了贯彻这个原则，该文件第二十一条要求在实行利润分割法的可比性分析时，应当特别考察关联交易各方执行的功能、承担的风险和使用的资产，收入、成本、费用和资产在各方之间的分配，成本节约、市场溢价等地域特殊因素，以及其他价值贡献因素，确定各方对剩余利润贡献所使用的信息和假设条件的可靠性等。

（五）交易净利润法

交易净利润法是应用最广泛的转让定价方法，适用于各种交易类型的分析。交易净利润法同成本加成法的区别是期间费用的标准。成本加成法的适用有一些弊端，成本加成法的前提是合理的成本加上利润，但关联方之间的交易对于成本费用的分摊由于避税的考虑难以合理，不能确定"合理"的成本，另外，成本加成法没有考虑特许权使用费，而关联方之间的特许权使用费对企业利润的影响非常大，由此产生了交易净利润法。在使用交易净利润法时，可以采用如下指标：

（1）资产收益率=息税前利润/[（年初资产总额+年末资产总额）/2] × 100%

（2）营业利润率=营业利润/营业收入 × 100%

（3）息税前营业利润=息税前利润/营业收入 × 100%

（4）完全成本加成率=息税前利润/完全成本 × 100%（这里的完全成本除了正常的直接成本，还要加上期间费用）

（5）贝里比率=营业利润/（营业费用+管理费用）× 100%

交易净利润法适用于没有重大无形资产，或者独一无二的资产型企业。所以其测试的企业是受控交易当中复杂程度低的一方，而一般的子公司不会掌握核心的技术，或者重要的无形资产，如销售渠道和品牌。假如母公司做技术开发和销售，子公司做生产，简单的一方就是子公司，在子公司的管理成本上加利润回报，此时的利润回报是相对稳定的，这种情况下可以采用交易净利润法。

使用交易净利润法也要进行可比性分析，按照国家税务总局《特别纳税调查调整及相互协商程序管理办法》的要求，在进行可比性分析时，应当特别考察关联交易与非关联交易中企业执行的功能、承担的风险和使用的资产，经济环境上的差异，以及影响利润的其他因素，具体包括行业和市场情况，经营规模，经济周期和产品生命周期，收入、成本、费用和资产在各交易间的分配，会计处理及经营管理效率等。

在找到可比交易后，因为经济周期或某些特殊事项的影响，几年来可比交易的毛利率可能波动很大，为了平抑波动可以采用加权平均法对利润指标进行处理。在使用交易净利润率法后必须用其他方法对其进行检验，若检验方法与计算结果存在重大差异，则要重新调整选择的企业或更换方法。

四、正常交易价格范围和附属调整

（一）正常交易价格范围的界定

在确定一种转让定价调整策略的时候，需要选择合适的可比对象与其进行对比，这样就会产生多个结果，此时，就需要确定纳税人的转让定价是否处于正常的交易价格范围，如果不在此范围，那么就需要调整纳税人的转让定价。

建立正常交易价格范围，存在一定的条件，必须选取那些具有可比性、真实性的非受控交易数据。当跟这些数据进行比较的时候，就可以找出存在的差异，构成差异的因素往往会对商品的价格产生影响而这些影响是可以确定的，通过确定这些影响就可以调整其中存在的差异，这样就可以建立一个正常的交易范围。

通常情况下，可以采用四分位数间距法来确定正常的交易价格范围。四分位区间，先把全部数据从小到大排列，并分成四等份，去掉最高和最低的两等份，保留中间的50%用来判断毛利率水平的正常区间。在样本量的选择上偏向于小量样本，因为在大量样本下，税务局会偏向选择利润较大的样本，表示税务局以后可以征的税较多，整个区间都变高，而企业的选择恰恰相反，会使企业和税务局发生较大的意见分歧，所以样本量一般控制在不超过10个。四分位数间距法的数据是那些非受控的可比交易数据，这些数据中位于25%的点到75%的点就是正常交易价格的区间，如果受控交易价格落在此区间，就符合正常交易价格，否则，税务局将会调整落在这个范围之外的点，调整的依据是非受控交易数据中位于50%的点即中位数，超出这个范围的结果就取中位数。例如，选取五个可比非受控单位价格，分别是50元、53元、57元、60元和62元，按照四分位数间距法，上四分位点即25%的点价格是51.5元，中位数是57元，下四分位点即75%的点价格为61元，则取25%~75%的点作为正常价格范围，即51.5到61元。在这个范围之外的价格，税务局会进行调整，价格会调整为中位数57元。

（二）附属调整

为使纳税人的信息不发生混乱，税务局对纳税人实行转让定价调整时，也要对纳税人账簿上的各项指标进行相应调整，在关联企业中，如果一方被调高了纳税责任，与其相关的企业也要进行对应调整，否则会产生重复征税问题，当发生重复征税时，需要对定价调整进行适度的附属调整。

1. 对应调整

当税务局对关联企业中的一员进行初始调整时，就会产生一个连锁反应，在这个关联企业集团中的每一个成员都会受到影响，这些成员也要进行适度调整。例如，当关联企业一方的利润被调增了，如果交易对方已经就这一项进行了缴税，此时，交易对方需要调整账面利润以应对这种变化，否则就会造成重复征税。对于处理重复征税有以下两种方法。

（1）通过调整税额来解决重复征税。例如，A国和B国分别有M企业和N企业，A国的税务局调增了M企业的利润额，但是其关联企业N企业已经向B国税务局进行缴税。此时，如果N企业不进行相关调整，就会造成重复征税，所以B国为了避免重复征税，其税务局调减了N企业的应纳税所得额和税额。另一种方法是，把M企业多缴纳的税额看作N企业的利润已经在A国进行缴纳。

（2）调整收入额、利润额或亏损额。例如，甲国A企业与乙国B企业为关联关系，A企业近几年一直都在向B企业支付巨额技术使用费,但远高于同类交易的正常成交价格，A国税务局则应调增A企业的利润额，对应地调减B企业利润额。如果A企业因支付巨额技术使用费出现连年亏损，又因为亏损可以跨年度进行弥补，应调减当年A企业的亏损额，确保其履行纳税义务。对于境内企业关联交易转让定价调整是否进行纳税调整，按规定实际税负相同的境内关联方之间的交易，在该交易没有直接或间接影响国家总体税收收入的前提下，原则上不进行转让定价审查及调整。但由于境内关联交易中交易各方由于企业性质和国家政策等实际税负不一定相同，企业通常会选择通过关联交易取得的转入到适用较低税率的高新技术企业、国家扶持的西部大开发政策企业和福利企业等，企业与这类企业的关联交易中成本分摊与费用的支付不同于非关联方之间的分摊和支付水平，当税务机关进行转让定价调整时，在调低企业的费用支出或调高利润时，对这类享受税收优惠企业的利润额或收入额也要进行对应数额的调低，以免导致重复征税。

2. 关联企业转让定价的账务调整

当纳税企业因转让定价问题进行税务调整后，在账务上也应做相应的调整，应将已经调整金额适当地作为股利分配或资本分摊，或者通过其他方法调整账户使其不影响所得税的正常缴纳义务。对关联企业间的转让定价进行税务调整后，如果关联企业当时没按时支付调整款项，被调整企业一般都将调整额挂在应收账款科目，待关联企业日后付款时再对该科目予以冲销。但也有可能出现企业长期将调整额挂在应收账款账户，导致几年后计入管理费用，以抵减以后年度的应缴所得税的问题。有学者提出在应收账款科目下设置转让定价调整相关明细科目，税务机关进行审批时应将该科目对应的数额部分予以剔除，不允许再列计管理费用。

> 复习思考题

1. 关联企业的判断依据有哪些？
2. 转让定价的避税表现形式有哪些？
3. 调整转让定价五种方法的适用范围是？
4. 利润分割法与交易净利润率法的区别是？

第七章

其他反避税法规与措施

■ 第一节 受控外国公司法规

受控外国公司法规是一国政府专门为了限制跨国纳税人避税而设置的法律。本节主要介绍受控外国公司法规是如何产生的，受控外国公司法规在世界各国不同的主要内容及受控外国公司在我国存在的立法问题。

一、受控外国公司法规的产生

跨国纳税人为了顺利开展国际避税通常的做法是在避税地建一个子公司，利用避税地征收低税或不征税的优势，将许多经营业务分配在子公司进行活动，使得避税地公司分到一部分未经母公司记录的利润，并利用居住国推迟课税的规定，将这部分利润进行不分配处理，使其停留在避税地，从而实现居住国的税收[1]。这种情况下产生的子公司被称为"基地公司"，一般跨国公司或自然人会作为股东去投资这种基地公司。

受控外国公司法规或应对避税地的法规的诞生就是为了取消推迟课税的规定以阻止跨国纳税人利用避税基地公司进行避税。

至今为止，世界范围内已经有30多个国家实施了受控外国公司法规，其内容大多与美国受控外国公司的法规一致，也还有20多个国家没有颁布受控外国公司法规，但这些国家设置了外汇管制，目的其实与受控外国公司法规一致，防止利润流入避税基地而对母公司的利润走向严加看管。但是现在受控外国公司立法才是国际主流，外汇管制会逐步被取代。

---

[1] 有的国家规定，本国企业境外子公司的利润如果不做分配则不对其征税，但也有国家规定即使子公司做了分配，只要利润没有汇回母公司，也不对其进行征税。

二、各国受控外国公司的法规及基本内容

各国受控外国公司的法规主要围绕纳税人在外国应分配到的股息、红利等在未分配时是否需要在本国纳税而展开。虽然各国法规内容不尽相同，但各国受控外国公司法规基本上都包括了以下内容。

1. 受控外国公司的界定

因为各国居民公司依旧存在为了进行避税而利用设在避税地的基地公司保留利润的行为，各国政府首先需要明确哪一类基地公司应该作为受控外国公司或者被管理的对象，在实践中，各国受控外国公司法规均瞄准了受控外国公司，即只有本国居民从受控外国公司取得的应分未分利润才需要在本国申报纳税，而至于哪一类公司属于外国受控公司，各国的规定也不尽相同，但多数国家都规定，受控外国公司一定要设立在无税或低税的国家或地区。界定受控外国公司，各国的法律规定各不相同，主要有以下几种形式（表7-1）。

表7-1　各国对受控外国公司界定规则表

国家	界定规则
法国	受控外国公司一定要在当地享受税收优惠，税负要比在相同条件下的法国公司低50%以上
德国	受控外国公司的所得在当地的有效税率要低于25%
日本	受控外国公司的所得在当地的有效税率要低于20%
韩国	受控外国公司近三年的平均有效税率不高于15%
葡萄牙	受控外国公司的所得要按照等于或低于葡萄牙适用税率的60%纳税
西班牙	受控外国公司要设立在低税国地区，且当地的公司所得税税率要比本国税率低75%以上
意大利	公布白名单和黑名单，凡是不在白名单的国家和地区，就是避税地
英国	利用无条件排除国和有条件排除国来确定受控外国公司
希腊	税率低于13%的为低税区，并列了40多个国家和地区的黑名单，凡是建在这些国家和地区的外国公司就被列为受控外国公司

值得一提的是，美国、加拿大、印度尼西亚等个别国家并不要求受控外国公司一定要建在避税地，换句话说，低税率并不是被列为受控外国公司的必要条件，因为税率再高的国家，一个企业也可能享受当地的产业政策或收入项目的税收优惠，实际税负也可能很低。另外，英国列出了两类白名单国家，第一类是无条件排除国，如澳大利亚、德国、意大利、日本等，鉴于这些国家的名义税率高，税收优惠少，所以建在这些国家和地区的外国公司在任何条件下都不可能成为受控外国公司。第二类是有条件排除国，设在这些国家的外国公司只要不享受被列出的特殊税收优惠，也不会被界定为受控外国公司。

上述的判定原则给受控外国公司的定义提供了标准，但受控外国公司除了有要求设在无税或低税的国家外，判定受控外国公司的关键条件还在于受本国居民的控制。至于

外国公司在什么情况下才是"受控"的，各国的规定也是各不相同，有的国家要求本国居民在该外国公司中持有的股份加在一起要达到或超过50%，而对于参加计算的是否达到50%标准的本国居民，各国也有不同的要求（表7-2）。

表7-2 持有股份的计算标准

国家	计算标准
美国	只有在外国公司中至少持有10%的表决权股份的居民股东，其持股比例才能在计算本国居民持股总和时予以考虑，持股比例达不到10%的股东，其持有的股份不参加计算
法国	在外国公司直接和间接持股5%以上的居民股东所持有的股份总和达到或超过50%，则该外国公司属于受控外国公司
加拿大	在外国公司中持有1%或以上股权的加拿大居民公司，如果单独或与关联方共同持有该外国公司股权达到10%，则该外国公司就属于受控外国公司
德国	全体德国股东在该外国公司中的持股比例总和超过50%，该外国公司就是受控的
西班牙	全体西班牙股东在该外国公司中的持股比例总和超过50%，该外国公司就是受控的
挪威	全体挪威股东在该外国公司中的持股比例总和超过50%，该外国公司就是受控的

值得注意的是，上述这些国家的法律在规定是否存在关联方上存在差异，如美国等国的法律并不要求这些国内股东之间具有关联关系，但德国、西班牙等国的法律要求共同持股的公司或个人必须具有关联关系。

在判定外国公司是否被本国居民控制时，有的国家也不一定要求对其共同持有50%或超过50%的股份，而是规定，只要本国某一居民股东在外国公司中持股比例达到规定，该外国公司就属于受控外国公司，受控外国公司法规就适用于这个居民股东。例如，瑞典的税法规定，如果在一个所得年度内，单个瑞典居民股东或其与关联方担保共同在外国公司中直接或间接投资达到25%或25%以上，该外国公司就属于瑞典的受控外国公司，接受瑞典居民的控制。芬兰也采取单一股东在外国公司中持股比例达25%的标准，而日本、韩国及埃及，单一持股比例甚至低于10%，而且没有关联股东共同持股比例的要求。

2. 应税外国公司保留利润

应税的外国公司保留利润是根据税收法规规定可以在居民国推迟纳税的部分利润，这部分利润既没有分配给居民国的股东，也没有纳入居民国可立即征收税款的部分。美国《国内收入法典》的F分布所得就属于应税的外国公司保留利润。F分布所得除了与国际制裁相关所得、贿赂和回扣所得及与"恐怖国家"相关的所得之外，外国基地公司所得是其主要内容。外国基地公司所得又包括以下部分。

（1）外国个人控股公司所得。如果一个外国公司在一个纳税年度的净所得至少60%是外国个人控股公司所得，公司已发行的股票价值50%以上直接为五人或更少的具有美国居民身份的人所拥有，该公司就是一个外国个人控股公司。此外，外国个人控股公司所得主要是指股息、利息和特许权使用费等消极投资所得，以及因控股而不是实际生产或销售产品和提供服务所取得的所得。同时这些所得必须是来源于第三国的，即来源于受控外国公司所在国之外的所得。

（2）外国公司基地公司的经营所得，包括销售、服务、货运、内部保险等多项业务的所得。这些所得都来自第三方开展的业务活动。美国外国基地公司经营所得项目表，如表 7-3 所示。

表 7-3 美国外国基地公司经营所得项目表

项目	具体内容
销售所得	美国公司在第三国销售和生产产品，但在财务上处理为经过其外国基地公司的销售而取得的利润
劳务所得	是指美国公司在第三国提供劳务或管理而取得的但支付给了关联的外国基地公司的所得
货运所得	美国公司在第三国从事交通运输活动但通过外国基地公司取得的收入
保险所得	美国公司在避税地建立内部保险公司，受保人就其在美国和外国的保险项目向内部保险公司支付的保险费

与美国相似的针对外国公司保留利润的政策也存在于其他国家。例如，德国税法规定，受控外国公司法规适用于消极所得，此外，德国税法还规定了哪些所得不属于消极所得，如公司的分配利润、贸易的劳务所得、银行和保险业所得等，不属于这些列明所得的都属于消极所得。

【例 7.1.1】 注册开曼的离岸公司可以免去开曼政府的大部分税收，政府只收取少量的年度管理费。开曼群岛完全没有税收，无论是对个人、公司还是信托行业都不征任何税。在开曼群岛注册豁免公司，还可向开曼政府申请一张 20 年有效的免除征税证书，更进一步保证其无须缴税的地位。由于在开曼注册的属于群岛类别的离岸公司，无法在当地进行实地经营，只能离岸在国内进行经营，但也正是因为这一特点，才使得开曼群岛被称为避税天堂。因为不需要实地经营，不会产生税务责任，更不需要向政府交纳税务及报税做账，很多企业通过离岸注册来增加企业利润。境内的公司集团利用离岸地进行避税，主要是通过税收统筹来进行。以这种方式经营，往往都是以离岸地的税收优惠政策或者是通过注册开曼、英属维尔京群岛、马绍尔、塞舌尔等这些税收较低的群岛公司进行。相比于境内，离岸地的税收要优惠很多。根据离岸区域不同，制定了注册公司免缴所得税、印花税等众多税务，而只需每年缴纳一笔年费的公司管理政策。注册开曼公司累计的营业额可以无限制地保留，也大大降低了公司的运营成本，因此通过成立注册开曼公司进行税务筹划，对于一些国内企业而言，具有极强的诱惑性。

更加具体化的步骤是：

境内公司与外国客户进行一笔 100 万元的交易。

1. 签合同。美国客户与国内掌控的开曼公司签合同，合同额 100 万元。
2. 货款。将货款 80 万元从开曼公司打到国内工厂。
3. 发货。国内工厂收到货款，将货物通过货代公司或进出口公司直接发货给美国客户。
4. 利润。20 万元的利润截留至开曼公司。

分析税费的减免。

1. 20 万元利润，在开曼公司不需要交税。
2. 境内无利润，不需要缴税。
3. 境内公司收入的款项由 100 万元减至 80 万元，手续费降低。

开曼公司与所有离岸公司操作基本相同，在国际贸易过程中，将产生的利润截留在离岸公司账户内，而这部分利润在离岸地不需要缴纳税费，故而达到避税的目的。

3. 受控外国公司法规适用的纳税人

受控外国公司是本国居民股东控制的外国公司，那么受控外国公司法规适用的纳税人自然是控制外国公司的本国居民股东。

例如，在中国，受控外国法规适用的纳税人是控制包括居民企业或中国居民直接或者间接单一持有外国企业10%以上有表决权股份，且由其共同持有该外国企业50%以上股份；或者居民企业和中国居民持股比例没有达到上述规定的标准，但在股份、资金、经营、购销等方面对该外国企业构成实质控制的中国居民股东。

为了完善各国受控外国公司法规，OECD在其发布的BEPS第三个行动计划《设计有效的受控外国公司规则》中，提出如下六点建议。

（1）受控外国公司不应该仅仅限于公司实体，也可以将常设机构，以及其他透明体包括在受控外国公司范围。对于受控的标准，也不能仅从法律控制角度考察，还要从经济控制的角度进行分析。除此之外，各国还应当增加事实标准，以防止纳税人绕开受控外国公司法规，而受控标准的设定，该规则建议以最低50%为准，但各国也可以定在50%以下。在计算持股比例时，还能够把关联方或非关联的居民企业及个人的持股比例加总计算，或者把那些行动一致纳税人的所有持股比例集中加到一起计算。

（2）受控外国公司法规应当适用于那些有效税率比母公司所在国低很多的受控外国公司。

（3）各国受控外国公司法规中需要增加一条关于应税的外国公司保留利润的定义，该定义可规定该项所得各种途径的非详尽清单或各种途径的组合。

（4）受控外国公司法规必须使用母公司所在国的法规来计算归属给股东的受控外国公司所得，此外，受控外国公司的亏损只能冲抵其自身的利润或者同一国家的其他受控外国公司的利润。

（5）在计算归属给股东的所得时还应当考虑与其相对应的所有权的影响。

（6）居住国需要做到允许境外所得已负担的外国税收用于税收抵免，去避免实施受控外国公司法规时出现的双重征税的目的。除此之外，在实施受控外国公司法规时居住国已经对境外来源的应归属所得课征了所得税，所以当本国股东从受控外国公司取得股息或股权转让所得时，居住国也要采取措施避免对其重复征税。

在OECD发布BEPS行动计划后，对受控外国公司法规适用的纳税人的影响又是什么呢？以下将举例。

【例7.1.2】 A公司是一家注册地在我国山东的大型化工企业。2011年6月，A公司在我国香港全资注册成立了B公司。之后，B公司在我国香港注册成立了C公司，持股比例为100%。C公司分别持有注册地位于山东的D公司、E公司、F公司各90%的股权，剩余各10%的股权由A公司持有。2011年7月，B公司与荷兰G公司签订股权转让协议，将C公司的全部股权以4.5亿元的价格转让给G公司，扣除相关成本后B公司最终取得股权转让收益3亿元。B公司自成立以来一直未向其母公司A公司进行过利润分配。2012年，B公司欲将对C公司股权转让的收益向A公司进行利润分配。为享受免税待遇，B公司委托A公司向地税机关提起居民身份认定申请。

在此过程中，地税机关掌握了A公司的上述整个股权投资架构和B公司对外转让C

公司股权的交易信息，并发现A公司存在利用受控外国企业和非居民企业间接转让中国居民企业股权实施避税的嫌疑。经过近一年的特别纳税调查程序，税务机关最终对A公司做出受控外国公司的特别纳税调整处理决定，查补企业所得税税款5 000余万元。

可以预见，随着BEPS各项成果的出台，各国税务机关开始重视受控外国公司规则这一有力的反避税工具，不论在法规层面还是在实践层面，都会开始加大对受控外国公司的管理力度。

三、我国受控外国公司的立法问题

同其他国家受控外国公司的立法原则不同，我国并没有对海外利润不汇回就不对其征税或者参股免税的规定。但目前国内一些居民企业为了规避我国的企业所得税，仍然继续利用国际避税办法，其手段主要是通过在国际避税地成立一家子公司，然后利用转让定价将利润尽可能多地转移到避税子公司，并长期滞留这部分利润在子公司使之不做分配或仅分配很少的利润。我国居民企业在海外的子公司如果不向其分配利润，仍不需要就其海外利润所得向国内税务部门申报企业所得税，但是目前许多国内公司到避税地设立子公司并不是为了在海外经营，而是为了利用避税地无税或低税及信息不外泄的特点去从事避税活动，因此，我国现行税法加入了受控外国公司的相关规定。《中华人民共和国企业所得税法》第四十五条规定：由居民企业，或者由居民企业和中国居民控制的设立在实际税负明显低于本法第四条第一款规定税率水平的国家（地区）的企业，并非由于合理的经营需要而对利润不作分配或者减少分配的，上述利润中应归属于该居民企业的部分，应当计入该居民企业的当期收入。据此规定，中国居民企业在实际税负明显低于25%的国家或地区设立企业，如果子公司没有向其分配利润且没有给出合理理由，那么该中国居民企业也必须就其应从子公司按股权比重分到的利润向中国政府申报纳税。

对于受控外国公司的哪些所得应当被列为打击的对象，我国与美国等国采用的方法相同，都是"项目法"，即只有受控外国公司取得的特定项目所得才属于打击的对象。中国居民企业如果在境外设立受控外国企业，而且受控外国企业属于打击的对象，那么受控外国企业中应分未分的所得也应视为受控外国企业的分配所得向税务机关申报纳税。《特别纳税调整实施办法（试行）》规定，计入中国居民企业股东当期的视同受控外国企业股息分配的所得，应按以下公式计算：

中国居民企业股东当期所得＝

视同股息分配额×实际持股天数/受控外国企业纳税年度天数×股东持股比例

另外存在不用申报纳税的情况，由中国居民企业控股的受控外国企业从事的投资活动，这些投资活动要求为贸易、旅游、金融投资等积极的投资活动。受控外国公司的主要收入为经营所得，或年利润总额不超过500万元，则外国子公司的应分未分利润无须纳税。从管理上看，居民企业直接或间接持有外国企业股份或有表决权达到10%以上的，应当在办理企业所得税预缴申报时向主管税务机关填报《居民企业参股外国企业信息报告表》，上述企业在办理企业所得税年度申报时，还应当填报《受控外国企业信息报告表》。

我国于 2018 年 8 月 31 日，在全国人民代表大会常务委员会通过的《中华人民共和国个人所得税法修正案（草案）》中首次加入受控外国公司条款。该草案中规定：居民个人控制的，或者居民个人和居民企业共同控制的设立在实际税负明显偏低的国家（地区）的企业，无合理经营需要，对应当归属于居民个人的利润不作分配或者减少分配。税务机关有权按照合理方法进行纳税调整。

第二节　防止滥用税收协定

滥用税收协定是指：本国与其他国家签署的税收协定，被第三国居民恶意利用，造成本国的税收损失。第三国居民的主要目的是避免被有关国家征收预提所得税。为了保护本国的税收利益，大多数国家对第三国居民滥用税收协定的行为进行严厉的打击，并已经开始采取相应措施，这些措施主要包括以下几个方面。

一、制定防止税收协定滥用的国内法规

瑞士是最典型的为了防止税收协定被第三国利用，而制定相关国内法规的国家。瑞士拥有广泛的税收协定，所得税税率在发达国家的所得税税率中处于较低水平，不对特许权使用费征收预提税且相关税收协定对协定国给予较大的税收优惠，如协定国支付给瑞士居民的股息和利息的预提税可以减少。基于上述条件，瑞士经常被第三国纳税人选为建立中间控股公司、中介金融公司和中介许可证公司的地点。这些公司利用瑞士与其他国家签署的税收协定来享受其他国家的预提所得税优惠。

在所有税收协定中，美瑞税收协定的滥用程度是最高的。鉴于美国和其他国家的压力，瑞士议会于 1962 年 12 月颁布了《防止税收协定滥用法》，以减少第三国居民对本国税收利益的侵蚀。法案规定：①瑞士公司的债务不超过股本的 6 倍，且利率不能超过正常利率；②以利息、特许权使用费、广告费等形式支付给居住在瑞士境外的纳税人的金额，不得超过协议收入的 50%；③如果非居民在瑞士公司中拥有控股权，则股息不应少于其从协议中获得的税收优惠收入的 25%，并应缴纳瑞士的预提所得税。只有同时满足以上条件，股息、利息和特许权使用费才能享受相关税收协定的税收优惠。通过上述限制条款的实施，第三国居民利用税收协定进行避税的行为受到了一定的遏制。但是上述条款对第三国居民在瑞士设立中介机构的行为遏制程度较低，所以瑞士政府在 1988 年 10 月发布了新的法案，法案规定：从 1999 年 1 月起，如果纳税人与享受税收协定优惠的法人或个人支付股息、利息和特许权使用费，则不得超过这笔所得的 50%。

我国税法也添加了防止税收协定被滥用的规定。国家税务总局《关于执行税收协定股息条款有关问题的通知》（国税函〔2009〕81 号）第四条规定："以获取优惠的税收地

位为主要目的的交易或安排不应构成适用税收协定股息条款优惠规定的理由,纳税人因该交易或安排而不当享受税收协定待遇的,主管税务机关有权进行调整。"

二、在双边税收协定中加进反滥用条款

根据 OECD 发布的应对 BEPS 行动计划报告,滥用税收协定会使一个不该享受税收协定利益的第三方纳税人享受协定双方相互提供的税收利益,从而使有关国家丧失一部分税收收入。OECD 发布的第六项行动计划指出,目前税收协定也存在一些规定用以应对导致双重不征税的协定滥用情况,据此,严格的反滥用条款加上国内税法中征税权的运用,在一些情况下对恢复来源地的课税会有很大的帮助。针对第三方纳税人在某缔约国注册成立信箱公司以享受该国税收协定的利益,OECD 建议有关国家采取以下策略。

首先,协定缔约国要申明本国力图避免为那些滥用税收协定的纳税人创造无税或低税的机会。

其次,在协定中加入"利益限制"条款,限制一些满足"条件"的纳税人享受税收优惠,这些条件往往基于法律性质、所有权、企业的主要活动等,企业希望用这些条件来证明自己与缔约国有充分的联系。

最后,在协定中加入"主要目的检验"条款,以应对上述"利益限制"条款不能解决的协定滥用问题。根据"主要目的检验"条款,如果纳税人进行交易或安排的主要目的是取得税收协定的利益,则税收协定的利益就可以不给予这个纳税人,除非提供这种税收利益符合税收协定的目的。

此外,OECD 和联合国修订了税收协定范本,包括基于主要交易目的的特殊反滥用规则、限制利益规则和一般反滥用规则。通过执行这些规则,税收协定提供的利益将仅授予满足特定条件的双方居民纳税人。例如,OECD 模式和联合国模式都添加了"享受协定优惠的资格判定"。实际上,各个国家通常选择同时使用多种方法,而很少局限于一种方法。这些方法可以分为以下几类。

(1)排除法。对于易于在避税地设立的充当中介机构的公司,双边税收中规定的税收优惠对其不适用。排除法的优点是,只要公司不能排除受规定限制的性质,就无法享受税收优惠,这种做法大大减轻了当地税务部门的工作压力,税务部门不需要对其设立目的进行检查,而需要公司自证清白。

【例 7.2.1】 中国和捷克签订的双边税收协定就规定了防止不正当适用规定的条款,其实质就是排除法的运用,它规定协定的利益不得给予本不应该但是意在获得协定利益的协定国公司。

(2)真实法。即规定纳税人建立公司的目的不是进行正常、真实的商业活动,而是谋求所在国的税收优惠的情况,则不得享受税收优惠。真实法也是《经合组织范本》在第六项行动计划中主张采用的方法之一。我国对外签订的税收协定也采用真实法以防止税收协定被滥用。

【例 7.2.2】 中芬税收协定规定,"如果据以支付股息的股份或其他权利的产生或

分配，是由任何人以取得本条利益为主要目的或主要目的之一而安排的，则本条规定不适用"。另外，在上述协定中的第十一条"利息"和第十二条"特许权使用费"中也有类似的条款。

（3）纳税义务法。如果中介公司的所得在注册成立所在国中没有纳税义务，当地的税务机关无法对其业务进行征纳税款，则该公司不得享受税收优惠。

【例 7.2.3】 瑞士与比利时、法国、意大利等国签订的税收协定规定：公司需有义务缴纳本国所得税，才能享有税收优惠。这种情况包括由瑞士非居民严格控制的瑞士居民公司可从缔约国获得利息、特许权使用费和资本收益。

（4）受益所有人法。即只有协定国的真实居民才能够享受相应协定的税收优惠。第三国的居民则不能凭借在条约国家中建立的居民公司从协议中受益。受益所有人是可以自由决定是否可以使用资本或资产或可以使用资本收益的人。目前来说，并没有官方机构对受益所有人有清楚、明确的定义，所以各国政府根据本国的情况对其进行本土化定义。

【例 7.2.4】 美国与澳大利亚、中国等签订的税收协定中列有类似的条款。具体而言，美国和塞浦路斯签署的税收协定规定，只有同时满足以下3种情况，才能够享受协议规定的税收优惠。

具体规定如下：
①塞浦路斯居民个人拥有超过75%的股份；
②公司大部分股票在塞浦路斯股票市场上市；
③公司的收入不是大部分向美国和塞浦路斯以外的第三国居民支付的。

（5）渠道法。该方法主要是为了限制第三国居民在协定国之一建立居民公司，从而利用税收协定避免预提税。具体规定：如果缔约国一方居民以利息、股息或特许权使用费的形式将大部分收入支付给第三国居民，则该收入不能享受税收协定提供的预提所得税优惠。

【例 7.2.5】 法国税法规定，来自另一个国家的股息、利息和特许权使用费必须满足以下条件，才能享受降低的预提税率。

①收入来源国的非居民债务不得超过权益和公积金的6倍；
②与非居民出借人约定的贷款利息不能超过正常利率；
③缔约国提供的用于满足获得收入的国家的非居民收入，且偿债要求的比例不能超过50%，公司必须使用来自另一缔约国的25%以上的所得分配利润。

这些限制可能会极大地阻碍跨国公司将设立在瑞士的公司作为中介机构进行国际避税。

（6）禁止法。为了防止跨国公司将设立在避税地的公司作为其避税中介，禁止缔结税收协议的双方与避税地所在国签订税收条约。如果一国签署的税收条约适用于另一国的前殖民地，但这些前殖民地已实施避税天堂政策，则必须废除这些条约。

【例 7.2.6】 美国于1983年与英属维尔京群岛废除了税收协定；次年1月，美国与安哥拉、巴巴多斯和多米尼加废除了税收协定。

三、严格对协定受益人资格的审查程序

随着我国对外签订的税收协定越来越多，如何准确判定协定受益人的问题也越来越引起国家税务部门的重视。2018年2月国家税务总局发布了《关于税收协定中"受益所有人"有关问题的公告》（国家税务总局公告2018年第9号），全面、系统、明确地阐述了受益所有人的判定标准和依据。我国对受益所有人的定义是对所得或所得据以产生的权利或财产具有所有权和支配权的人。由于我国与外国签订的税收协定对股息、利息、特许权使用费等规定了一定的税率，此税率有时会低于我国企业所得税法规定的预提所得税税率。然而，税收协定中明确规定，限定税率的适用对象只针对受益所有人而非所有纳税人。这一限定规则主要目的是防止第三国的税收居民滥用税收协定，要求本国的税务机关给予缔约国对方居民税收优惠待遇之前，必须先甄别其是否为受益所有人。我国国家税务总局2018年的第9号文件为我国税务机关甄别受益所有人提供了判定依据。其主要内容包括下列因素：

第一，税务机关在判定受益所有人时，要结合具体案例的实际情况进行综合分析，通常以下因素不利于确定申请人的受益所有人的身份：

（1）申请人有义务在收到所得的12个月内将所得的50%以上支付给第三国（地区）居民，"有义务"包括约定义务和虽未约定义务但已形成支付事实的情形。

（2）申请人从事的经营活动不构成实质性经营活动。实质性经营活动包括具有实质性的制造、经销、管理等活动。申请人从事的经营活动是否具有实质性，应根据其实际履行的功能及承担的风险进行判定。

申请人从事的具有实质性的投资控股管理活动，可以构成实质性经营活动；申请人从事不构成实质性经营活动的投资控股管理活动，同时从事其他经营活动的，如果其他经营活动不够显著，不构成实质性经营活动。

（3）缔约对方国家（地区）对有关所得不征税或免税，或征税但实际税率极低。

（4）在利息据以产生和支付的贷款合同之外，存在债权人与第三人之间在数额、利率和签订时间等方面相近的其他贷款或存款合同。

（5）在特许权使用费据以产生和支付的版权、专利、技术等使用权转让合同之外，存在申请人与第三人之间在有关版权、专利、技术等的使用权或所有权方面的转让合同。

第二，当申请人从中国取得的所得为股息时，申请人虽不符合"受益所有人"条件，但直接或间接持有申请人100%股份的人符合"受益所有人"条件，并且属于以下两种情形之一的，应认为申请人具有"受益所有人"身份：

（1）上述符合"受益所有人"条件的人为申请人所属居民国（地区）居民。

（2）上述符合"受益所有人"条件的人虽不为申请人所属居民国（地区）居民，但该人和间接持有股份情形下的中间层均为符合条件的人。

"符合'受益所有人'条件"是指根据本公告第二条的规定，综合分析后可以判定具有"受益所有人"身份。"符合条件的人"是指该人从中国取得的所得为股息时根据中

国与其所属居民国（地区）签署的税收协定可享受的税收协定待遇和申请人可享受的税收协定待遇相同或更为优惠。

第三，下列申请人从中国取得的所得为股息时，可不根据该公告第二条规定的因素进行综合分析，直接判定申请人具有受益所有人身份：

（1）缔约对方政府；

（2）缔约对方居民且在缔约对方上市的公司；

（3）缔约对方居民个人；

（4）申请人被上述（1）~（3）中的一人或多人直接或间接持有100%股份，且间接持有股份情形下的中间层为中国居民或缔约对方居民。

第四，代理人或指定收款人等(以下统称"代理人")不属于"受益所有人"。申请人通过代理人代为收取所得的，无论代理人是否属于缔约对方居民，都不应据此影响对申请人"受益所有人"身份的判定。股东基于持有股份取得股息，债权人基于持有债权取得利息，特许权授予人基于授予特许权取得特许权使用费，不属于本条所称的"代为收取所得"。

第五，申请人需要证明具有"受益所有人"身份的，应将相关证明资料按照《国家税务总局关于发布〈非居民纳税人享受税收协定待遇管理办法〉的公告》（国家税务总局公告2015年第60号）第七条的规定报送。其中，申请人根据本公告第三条规定具有"受益所有人"身份的，除提供申请人的税收居民身份证明外，还应提供符合"受益所有人"条件的人和符合条件的人所属居民国（地区）税务主管当局为该人开具的税收居民身份证明；申请人根据本公告第四条第（四）项规定具有"受益所有人"身份的，除提供申请人的税收居民身份证明外，还应提供直接或间接持有申请人100%股份的人和中间层所属居民国（地区）税务主管当局为该人和中间层开具的税收居民身份证明；税收居民身份证明均应证明取得所得的当年度或上一年度的税收居民身份。

第三节 限制资本弱化法规

为了保证一国的税收利益，该国税务机关会对本国公司的资本弱化进行限制。如今，许多国家采取了一些限制性措施，以防止跨国公司通过削弱其资本来减少其应纳税额。

【例7.3.1】 我国居民企业A向位于国外的B企业投资300万元，占B企业股权的35%。

2018年，A企业实现利润400万元，B企业预计实现利润150万元，假定B企业所得税税率为25%，且A、B公司均无纳税调整项。

A企业应缴纳企业所得税=400×25%=100（万元）。

因为B企业没有取得来源于我国的收入，不承担纳税义务，不需要向我国缴纳企业所得税。

限制资本弱化的主要方法有两种：第一种是限制允许扣除税前利息的债务规模，并规定纳税人借入的超过规模的债务利息不得扣除；第二种是直接限制可以在税前扣除的利息金额。采取第一种方式的国家也有两种方法。第一种是公平贸易法，即在相同条件下，如果债务人和债权人没有关联，则他们应该或可以负担的债务金额。第二种是比例法，它规定允许税前扣除利息的最大债务规模不能超过一定比例的股本。该方法称为债务/权益比率法。采用第二种方法的国家通常采用收入剥离法，该方法规定税前允许的扣除利息不得超过营业利润或息税折旧及摊销前利润的一定百分比。

【例7.3.2】 假定在例7.3.1中，A企业在2018年购入B企业1 000万元的长期公司债券，利率为5%。

在资本弱化的情况下，2018年A企业需缴纳企业所得税=（400−50）×25%=87.5（万元），B企业获得来源于我国的利息收入50万元，应向我国缴纳企业所得税=50×10%=5（万元）。

A、B企业向我国缴纳企业所得税=87.5+5=92.5（万元）

相比【例7.3.1】的情况，少缴纳税款=100−92.5=7.5（万元）。可以看出，A、B企业通过资本弱化方式进行避税。

各国的资本弱化法规一般适用于本国企业向境外关联企业支付的利息，但也有一些国家用资本弱化法规来限制向境内免税企业支付利息，防止企业用这种方式避税。另外，资本弱化法规是否适用于本国纳税人向境外支付第三方利息，各国的做法也不完全相同。一些国家规定，本国企业通过一家非关联的金融机构从境外关联方借款所需支付的利息也适用于资本弱化规定，还有的国家规定，本国企业从非关联方举借的由境外关联方担保的贷款所需支付的利息也适用于资本弱化规定。以下是几个国家的资本弱化法规。

1. 美国

1986年的《国内收入法典》对资本弱化方面的限制性条款规定不足，美国政府在1989年的《收入调和法案》中，对其进行了补充规定，从而防止纳税人使用薄弱的资本来避免美国税务部门对其征税。补充规定：不符合规定的利息不得扣除。表7-4对不符合规定的利息进行了界定。

表7-4 对不符合规定利息的界定

序号	界定内容
1	外国子公司收到利息后，由于收入不属于与美国生产和经营的实际联系，因此外国子公司不必向美国政府缴纳所得税
2	根据美国与其他国家之间缔结的税收协定，可以在美国预扣或少付预提所得税。美国公司向美国免税单位支付的利息构成不符合规定的利息，将会受到资本弱化条款的限制
3	美国公司的净利息费用超过了当年的利息扣除限额，因此无法扣除这笔额外的利息费用
4	公司在纳税年度末其债务比率超过了1.5∶1

2017年12月22日，美国总统特朗普签署了税改法案《减税与就业法案》，其中一项改革内容是用新的规则取代原有的资本弱化规定。新的法案规定，美国公司可以在税前扣除的经营利息费用不能超过企业调整后应税所得的30%。

在2022年1月1日以前，计算调整后的应税所得不考虑折旧、摊销和损耗，从2022年1月1日起，计算调整后的应税所得必须考虑折旧、摊销和损耗。不允许扣除的利息费用仍允许无限期向后年度结转,另外,毛收入低于 2 500 万美元的小企业不受上述利息费用扣除规定的限制。

2. 英国

英国与其他国家有所不同,其具体的债务/股本比率没有在资本弱化规定中给出,税务部门在实际工作时要按照转让定价的原理,依据公平交易的原则审定英国向关联方支付的利息,当税务部门认定被审定的企业存在利率过高或者该企业根本没有进行贷款时,则不允许被审定企业税前扣除过多的利息。由于英国自 2009 年 7 月 1 日起对其本国企业分得的海外利润实施免税,所以自 2010 年 1 月 1 日为了杜绝本国企业为避税向国外子公司支付过多利息的行为,英国又实行了全球债务上限的规定,以限制英国的大型跨国公司集团通过上述手段而避税。从 2017 年 4 月 1 日开始,英国在利息扣除方面又实行了一项新的规定,即税前扣除的利息金额不能超过以下两个数额中的较小者:一是英国的息税折旧及摊销前利润的 30%;二是基于公司集团净利息与息税折旧及摊销前利润之比所计算出的利息扣除限额,即公司集团在英国税前扣除的净利息不能超过公司集团全球调整后的净利息费用。另外,如果英国公司每年的利息费用支付不到 200 万英镑,则不受上述规则的限制。如果英国公司实际利息费用支出超过了固定比例或集团比例规则确定的上限,则税前列支的全部利息费用也不能突破上述两个规则的制约,如果实际利息费用支出比按规则计算的扣除限额小,则限额的结余部分可以列转到未来五年内使用,以增加以后年度利息费用扣除的能力。在新规则实施后,制约利息费用扣除的转让定价规则仍然有效。

3. 加拿大

加拿大的《所得税法案》中对资本弱化的相关规定如表 7-5 所示。

表 7-5　加拿大《所得税法案》中资本弱化相关条款

序号	资本弱化条款
1	加拿大居民公司不能税前扣除向特定非居民股东支付的利息。[1]
2	加拿大的资本弱化规定其债务/股本比率为 1.5∶1,当特定非居民股东向加拿大居民公司提供的信贷资金与非居民股东在加拿大居民公司中股本金额的比值大于 1.5 时,加拿大公司可以被认定为资本弱化问题
3	计算不可扣除的利息时,超额负债依据加拿大的居民公司在本年度中最大的负债金额计算得出[2]
4	加拿大修改了资本弱化法则,将其适用于背对背贷款,以防止人们规避资本弱化的规定
5	《所得税法案》第十八条(6)款规定的资本弱化规定也适用于背对背贷款[3]

1)加拿大的资本弱化公司适用于加拿大居民公司、外国公司设在加拿大的分公司、信托及加拿大居民公司设立的合伙企业。在加拿大居民公司的股权市价中持有 25%以上份额的非居民公司或非加拿大居民个人称为特定非居民股东。

2)加拿大居民公司超额负债占总负债的比率乘以其应支付的总利息即其不可税前扣除的利息额。根据加拿大税法的规定,对于加拿大居民公司的负债利息大于其债务/股本比率的部分应视同股息分配,适用 25%的预提所得税,如果有协定,也要对股息按 5%或 15%的协定税率征收,而不适用 10%的利息协定税率。

3)如果加拿大公司的非居民股东将一笔资金贷给某中介机构,该中介机构又将一笔资金贷给加拿大公司,如果中介机构的金额不少于初始贷款的 25%,则初始贷款就可以被认定为非居民股东向加拿大公司发放的贷款,同样适用于资本弱化的规定

4. 澳大利亚

澳大利亚的《所得税课征法案法》规定，纳税人不能扣除税前付给外国控制人的超额利息费用。经过不断改进，现在澳大利亚的资本弱化规定不仅适用于外国居民控制的澳大利亚企业及其在澳大利亚的常设机构，也适用于在海外设立子公司或常设机构的澳大利亚居民企业。如果他们向境外纳税人支付利息，这两类公司都将受制于资本弱化规则。受外国居民控制的澳大利亚企业包括：①单一外国居民在澳大利亚企业中至少控制40%的利益；②5个或5个以下外国居民在澳大利亚企业中持有至少50%的有选举权的股票；③根据澳大利亚法律规定，如果澳大利亚企业没有被超过5家外国公司控制，当债务/股本比例超过1.5∶1时，债务利息的超出部分不能扣除，另外，企业也可以选择公平交易检测来确定最大允许债务，能够享受资本弱化规定豁免的年利息的条件是支付不超过200万澳元的企业，或有海外投资但其澳大利亚的资产占总资产90%以上的企业。

5. 法国

法国《公司所得税法》第212条还限制法国公司向境内外关联公司支付过高利息。除了独立交易的原则，还采用了债务比率法。债务比率法从2011年1月1日起也适用于由关联方担保的第三方借款。除此之外，如果超过以下三个上限（表7-6），即使法国公司支付给关联方的利息符合独立交易的原则，也不允许税前扣除。

表7-6 法国《公司所得税法》中关于资本弱化条款的规定

序号	资本弱化条款
1	债务/股本比例上限。其含义为，A为符合独立交易原则的利息支出；B为借款企业本会计年度开始或结束时净股本金额的1.5倍；C为法国借款企业从关联方借款的全部负债余额，这个比率是用一家公司来计算的，即 $A \times B/C$
2	收入比例上限。即支付的利息不得超过调整后税前净利润的25%。调整后的税前净所得等于扣除所得税、关联方利息、折旧及特定租金之前的营业利润
3	利息收入上限，它等于法国企业从关联方收取的利息收入的金额

需要特别说明的是，如果法国企业向关联方支付的利息超过了上述三个上限中最高的那个，则超过的部分就不能在当年税前扣除，除非超过的金额不足15万欧元，超标部分可以向后年度结转，但结转金额每年只能为超标部分利息的5%。

6. 德国

直到1993年，德国在支付企业利息的方式上一直很宽松，从1994年1月1日起，德国开始实行新法规，严格管制下列情况下德国公司支付的利息（表7-7）。

表7-7 德国相关条款

序号	被严格管制支付利息的德国公司
1	具有债务人身份的德国居民公司
2	具有贷款人身份的德国非居民公司
3	贷款人持有德国公司的大量股权，或者与在德国借款公司持有大量股权的公司有密切联系

实际上,早在2008年,德国的资本弱化规定就开始从债务/股本比率的限制转到"收入剥离"的方式,规定允许纳税人税前扣除的利息支出小于等于息税折旧及摊销前利润的30%,如果纳税人的实际利息费用低于这个比例,结余部分可以向后年度结转使用。另外,资本弱化法规也适用于非关联的第三方贷款,但如果利息扣除不超过300万欧元,则不受上述比例的限制。

自2000年起我国有资本弱化规定的只有内资企业,不得税前扣除关联方借款金额超过其注册资本二分之一的纳税人的超额利息费用,我国对内资企业的债务/股本的比率实际上为0.5∶1,这一规定与国外相比相对严格,但是当时我国还没有针对外商投资企业资本弱化的规定,仅有外商投资企业在投资总额中注册资本达到一定比例的要求,且支付足够的注册资本后,是否可以税前扣除外商投资企业向境外关联借款所支付的利息,这取决于其是否使用正常的利率支付利息,可以税前扣除按正常利率计算利息的企业支付给境外关联方的利息。即按照原来的税法规定,只要外商投资企业向境外关联公司支付了合理的借贷利息,无论其借款规模有多大及支付多少利息,都可以在税前扣除。针对这一点,现行的《中华人民共和国企业所得税法》第四十六条对资本弱化的规定如下:企业从其关联方接受的债权性投资与权益性投资的比例超过规定标准而发生的利息支出[①],不得在计算应纳税所得额时扣除。《财政部 国家税务总局关于企业关联方利息支出税前扣除标准有关税收政策问题的通知》(财税〔2008〕121号)规定,金融企业的标准为5∶1,其他企业的标准为2∶1,即自2008年起,不论内资企业或外资企业,在向境外关联方支付借款利息时,均要受到一定的限制。

【例7.3.3】 A公司、B公司均为非金融公司,A公司、B公司分别投资1 500万元、500万元设立甲公司,甲公司所有者权益2 500万元,甲公司向A公司借款6 000万元,全年利息支出360万元。

(1)考虑享有份额

关联债资比=6 000÷(2 500×1 500÷2 000)=3.2

税前不得扣除的利息=360×(1−2÷3.2)=135(万元)

(2)不考虑享有份额

关联债资比=6 000÷2 500=2.4

税前不得扣除的利息=360×(1−2÷2.4)≈60.0(万元)

【例7.3.4】 A公司、B公司均为非金融公司,A公司、B公司分别投资3 500万元、1 500万元设立甲公司,甲公司所有者权益5 500万元,甲公司向A公司借款9 000万元,全年利息支出540万元。

(1)考虑占股比例享有份额

关联债资比=9 000÷(5 500×3 500÷5 000)≈2.34

税前不得扣除的利息=540×(1−2÷2.34)≈78.46(万元)

(2)不考虑占股比例享有份额

关联债资比=9 000÷5 500≈1.64

[①] 不得扣除的利息支出=年度实际列支的全部关联方信息×(1−标准比例/关联债资比例)

由于关联债资比不超过标准比例2，所以税前不得扣除的利息为0元

我国在限制企业向关联方支付利息方面也采用独立交易原则。当向关联方支付的利息符合独立交易的原则时，我国可以不受资本弱化法规规定的债务/股本比率的限制。《特别纳税调整实施办法（试行）》第九十条规定，企业未按规定准备、保存和提供同期资料证明关联债权投资金额、利率、期限、融资条件以及债资比例等符合独立交易原则的，其超过标准比例的关联方利息支出，不得在计算应纳税所得额时扣除。另外，《国家税务总局关于完善关联申报和同期资料管理有关事项的公告》还规定，关联债务资本比例超标企业还需要提供以下特殊资料：

（1）企业偿债能力和举债能力分析；
（2）企业集团举债能力及融资结构情况分析；
（3）企业注册资本等权益投资的变动情况说明；
（4）关联债权投资的性质、目的及取得时的市场状况；
（5）关联债权投资的货币种类、金额、利率、期限及融资条件；
（6）非关联方是否能够并且愿意接受上述融资条件、融资金额及利率；
（7）企业为取得债权性投资而提供的抵押品情况及条件；
（8）担保人状况及担保条件；
（9）同类同期贷款的利率情况及融资条件；
（10）可转换公司债券的转换条件；
（11）其他能够证明符合独立交易原则的资料。

第四节 限制避税性移居

为了限制高税国纳税人通过移居到低税国进行避税和限制纳税人通过移居避免在高税收国家缴纳资本利得税的行为，有些高税国通过立法措施来限制纳税人向国外移居。

一、限制自然人移居的措施

许多国家不会阻止居民移居，当发现居民有通过移居进行避税的企图时，只能从经济上采取一系列措施予以制止，但是一些发达国家在立法上有条件要求本国向外移居者仍负有无限纳税义务。

【例7.4.1】 德国1972年公布的《涉外税法》规定，前德国公民如果移居到避税地，其从移居当年起的往前10年中有5年是德国税收上的居民或公民，符合下列三个条件之一的公民在未来十年仍然是德国的税收居民，认定其与德国保持有实质的联系，其来自德国境内外的所得均要被课税。

这三个条件为：

(1)移居后纳税人取得来自德国的净所得在某个纳税年度达到 12 万马克或占纳税人全球所得的 30%以上。

(2)移居的纳税人与德国企业保持着实质性的经济联系。如果其拥有一家德国的居民公司的不少于 25%的股票或者以合伙人身份取得有限合伙企业不少于 25%的所得额就符合本条判定标准。

(3)纳税人在移居地缴纳税率不足德国税率 2/3 的所得税,或者不缴纳所得税。

为了逃避无限的纳税义务,一些高税收国家的居民完全切断了与居住国的联系,实际移居到其他国家,一些人则是虚假移民。一些国家为抵制这种行为采取了相应措施。各国限制避税移居条款,如表 7-8 所示。

表 7-8 各国限制避税移居条款

序号	国家	限制避税移居条款
1	瑞典	瑞典公民在移居其他国家后三年内通常被视为瑞典税务居民。在瑞典,他们仍然负有无限的纳税义务,除非他们能够证明自己与瑞典没有任何实质性联系,而且在这三年中证明自己与瑞典没有实质性联系的举证责任由纳税人个人承担
2	意大利	从 1999 纳税年度起,任何迁往避税名单所在国的意大利居民,即使其姓名已从市户籍办公室注销,仍将被认定为意大利居民,并将继续对意大利政府负有无限的纳税义务
3	西班牙	如果一个居民搬去避税所,在他离开的那一年和接下来的四年里,他仍然是西班牙的税务居民
4	美国	如果美国公民为了避税而放弃其美国公民身份,纳税人必须在未来 10 年内对美国政府承担无限的纳税义务

二、限制法人移居的措施

不同国家对法人居民身份的认定标准不同,限制法人移民的措施也不同。在一个根据登记地和管理机构所在地确定法人居民身份的国家,法人居民迁移到另一个国家相对困难,因为此时,无论法人登记地在国内,还是管理机构在国内,国家都可以承认法人居民。因此,目前大多数发达国家都采用这两个标准来确定法人的居民身份。单独采用管理机构所在地标准的,公司法人只能将股东大会或董事会会议地点迁往低税国家,避免高税国家的居民身份。为了解决这一问题,英国开始效仿其他欧洲国家的平行注册地标准,实行管理机构化。这项改革规定,1988 年 3 月 15 日以后在英国注册的所有公司,无论其管理机构是否设在英国,都是英国的常驻公司;1988 年 3 月 15 日以前在英国注册的公司,但管理机构不在英国,最迟在 1993 年 3 月 15 日被视为非常驻公司,将被视为常驻公司并在其他国家注册,但在英国设有管理和控制中心的公司仍视为常驻公司。

一国采用登记地标准确定法人的居民身份的,该国居民公司迁往他国的,只能在本国注销登记,在他国重新登记。为了防止国内居民向低税国家迁移,许多国家规定,如果国内居民公司变更在他国的注册或总部,有效的管理机构迁往国外,使其不再属于国内居民公司,则应视为清算,其资产作为出售后取得的资本利得,在母国缴纳所得税。根据美国国内税法,境内居民公司清算后合并为境外居民公司的,必须在 183 日内向美国国内税务部门证明,公司对外转让并非有意逃避美国税收,否则公司对外转让将受到法律制裁。

由于同时适用登记地和实际管理机构的标准确定法人在中国的居民身份,如果中国居民企业在中国注册成立，即使其实际管理机构迁出中国，仍然是中国居民企业，对中国政府负有无限的纳税义务。如果企业将实际管理机构迁出中国，或者新公司被注销并在其他国家注册，公司将转让，必须在中国办理清算手续，并按照中国公司法缴纳清算所得税。

第五节 应对间接转让股权的反避税措施

企业间接转让股权，有的是出于实际经营管理的需要，有的是为了避税。各国的应对办法主要是遵循"实质重于形式"以及"一步到位"的原则，在间接转让股权问题上"去伪存真"。例如，《国家税务总局关于非居民企业间接转让财产企业所得税若干问题的公告》明确指出，非居民企业通过实施不具有合理商业目的的安排，间接转让中国居民企业股权等财产，规避企业所得税纳税义务的，应按照企业所得税法第四十七条的规定，重新定性该间接转让交易，确认为直接转让中国居民企业股权等财产。这里所说的中国居民企业股权间接转让，是指非居民企业通过直接或间接持有中国居民企业股权的外国企业股权转让，直接转让中国居民企业股权，取得与直接转让中国居民企业股权相同或类似的实质性结果的交易企业。为准确判断中国居民企业股权间接转让是否具有合理的经营目的，所有与间接转让中国居民企业股权有关的安排中国居民企业要统筹考虑，并结合实际情况综合分析以下相关因素（表7-9）。

表7-9 相关因素表

因素序号	内容
1	中国是否直接或间接产生境外企业的主要股权价值
2	境外企业的资产或者取得的主要收入是否直接或间接来源于中国境内
3	企业结构的经济实质能否由相关企业的职能和风险证明
4	境外企业股东、经营模式及相关组织架构的存续时间
5	中国应税财产间接转让境外应纳税所得额的情况
6	股权转让方间接投资、间接转让中国应税财产交易与直接投资、直接转让中国应税财产交易的可替代性
7	适用于中国应税财产所得间接转移的税收协定或安排
8	其他相关因素

如果间接转让满足下列条件之一，则无须根据上述因素进行分析和判断，可以直接认定为不具有合理商业目的（表7-10）。

表7-10 不具有合理商业目的的认定表

情形	内容
1	境外企业股权3/4以上价值来自中国应税财产
2	在中国居民企业股权交易间接转让前一年的任何时候，境外企业总资产的90%以上直接或间接由在中国境内投资构成，或境外企业直接或间接收入的90%以上来自中国境内企业股权间接转让交易发生前一年的中国境内
3	直接或间接持有中国居民企业股权的境外企业和下属企业，虽然为符合法律规定的组织形式在其所在国注册登记，但其实际功能和风险有限，不足以证明其经济实质
4	中国居民企业股权间接转让的境外所得税低于中国居民企业股权直接转让的境内所得税

间接转让中国居民企业股权且被认定为具有合理商业目的，应当具备以下条件（表7-11）。

表7-11 具有合理商业目的认定表

情形	内容
1	交易双方的股权关系中符合以下条件的，可认定为具有合理的商业目的： （1）股权转让方直接或间接拥有股权受让方80%以上的股权 （2）股权受让方直接或间接拥有股权转让方80%以上的股权 （3）股权转让方和股权受让方是同一方直接或间接拥有80%以上的股权
2	若将间接转让交易和可能再次发生的此类交易相比较，间接转让交易不发生的情况下，相同或类似间接转让交易中的缴纳的中国企业所得税不会减少
3	股权受让方全部以本企业或与其具有控制关系的企业的股权支付股权交易对价

表7-11中，当中国境内不动产的价值直接或间接构成境外企业股权价值的50%以上，情形1中的（1）（2）（3）的持股比例应为100%，且间接拥有的股权按照持股链中各企业的持股比例乘积计算。

> **复习思考题**

1. 发达国家应对避税地法规的主要内容是什么？
2. 如何防止滥用国际税收协定？
3. 为什么要规定资本弱化法规？
4. 各国资本弱化法规的主要内容是什么？

第八章

国际税收协定

国际税收协定指的是广义的税收协定和狭义的税收协定，广义的税收协定包括国与国之间签订的有关税收问题的具有法律效力的书面协议，具体内容既包括跨国纳税人的跨国所得和财产征税的税收利益分配关系，也包括税务行政合作关系及处理所得税征纳矛盾的专利条款。本章介绍的国际税收协定指的是狭义的国际税收协定，即国与国之间为了解决对财产和所得双重征税问题而达成的一系列具有法律效力的书面协议。

世界上第一个税收协定是比利时和法国签订的。20世纪90年代以来，世界各国签订的税收协定一直在持续发展，目前世界上共有4 000多个所得税双边税收协定在有效执行，而且这个数字还在不断增加，这些协定大多数以OECD的协定范本为基础。

第一节 国际税收协定概述

国际税收协定的产生是国际贸易和税收发展到一定程度的产物。19世纪初期，随着国家资本主义的对外扩张，国家之间的贸易交往活动日渐增多，经济的全球化带来了收入来源的国际化，从而引起了税收管辖权的分配问题，加之世界各国的税收制度差异化明显，这势必会在错综复杂的经济利益面前引起税收利益争端。为了解决这一问题，一国政府单方面采取税收政策避免国际重复征税和逃税已然存在很多的局限性。鉴于此，相关国家和地区只有通过签订具有法律效力的税收协定来约束双方的行为，即协调国家之间的税收管辖权，缓和国家之间的利益冲突和打击偷逃税款的行为。

一、国际税收协定的概念

国际税收协定又称为国际税收条约，是以调节各国税收利益分配为对象的国际公法规范。它主要是按照平等、互利的原则，在互相尊重各国主权的基础上，为更好地协调两个或两个以上主权国家的税收分配关系和处理跨国纳税人征税事务方面的问题，通过谈判签订的一种书面协议。这种协定和条约一般经过缔约国立法机构审批，并经过外交途径交换批准文件后才能生效。在协定的有效期内，对缔约国双方均具有法律效力，并履行其中的义务和享受其中的权利。当国内税法与国际税收协定冲突时，一般要按照税收协定执行，即国际税收协定权利要高于国内税法权利。这是因为国内税法在对跨国纳税人的征税方面具有不同的规定，但是又不能对他国的征税行为做出约束，强制对方接受本国的税法规定，因此，就需要各国政府或税务机关通力合作，签订税收条约加以规范，如果缔约国一方想要终止合约，必须在协定期满后才能提出，并经外交部门发出终止通知后，才能宣布该协定失效，不再执行。

二、国际税收协定的分类

根据不同的分类方法，国际税收协定可以分为不同类型的组合方式，一般情况下有三种。

（一）按参加缔约国的多少，分为双边税收协定和多边税收协定

1. 双边税收协定

双边税收协定是指仅由两个缔约国签订的税收协定，它是当今国际税收协定的主要形式。由于世界各国间存在税收制度的差异，难以避免对企业或个人的重复征税，各国为了消除这种现象，大多采取双边税收协定的方式。当前，参加双边税收协定的缔约国已从发达国家为主转向众多发展中国家多主体参与的格局，至今，世界各国签订的双边税收协定已经超过 2 000 项。我国对外签订的避免双重征税的协定也属于双边税收协定的范畴。

2. 多边税收协定

多边税收协定是指由三个或三个以上缔约国共同签订的税收协定，又称为"税收公约"和"税收协约"，它是在双边税收协定的基础上发展起来的。由于多边税收协定涉及的国家多，范围广，加之世界各国之间的税法差异较大，协调较为困难，因此，目前国际上多边税收协定还不多，仅为数不多的几个地区性集团国家内缔结了这类协定。随着欧盟、北美自由贸易区、美洲自由贸易区、亚洲太平洋经济合作组织等经济一体化组织的建立，全球区域合作和贸易合作不断加强，加之不断发展的税收趋同化形式，多边税收协定的发展将可能取得新的突破。

（二）按涉及内容范围的大小，分为单边税收协定和综合性税收协定

1. 单边税收协定

单边税收协定是指两个或两个以上的国家针对经济交往中出现的税收问题，仅就某一方面所签订的税收协议，又称为"特定税收协定"或"专项税收协定"。这类税收协定涉及的经济事项往往包括空运、海运、陆运等领域，同时，在关税、外交等方面单边税收协定也较为常见。单边税收协定一般仅限于一种税的相互免除和削减，不涉及国际税收关系的全面协调，因此，单边税收协定条款少，形式较为灵活，即缔约国既可以就某项税收问题达成单边税收协定，也可以在已形成的相关协定中加入税收条款，或者在综合性税收协定中专列条款。既可以采取正式的协定形式，也可以采用政府间的换文形式。

2. 综合性税收协定

综合性税收协定是指两个或两个以上国家签订的广泛涉及处理各种税收关系的协定，一般是针对所得和财产避免双重征税或防止偷税漏税而签订的协定，又被称为"一般税收协定"或"全面税收协定"。这类税收协定是在单边税收协定的基础上发展起来的，以协调国家间税收管辖关系为调整对象，即在认同缔约国双方都拥有征税权的基础上，合理限制所得来源地和财产所在地国家实施税收管辖权的范围，其协调范围广，具有全面性。综合性的税收协定大部分以《经合组织范本》或《联合国范本》为基础缔结，除此之外，一些国家也有自己的国际税收协定范本。

（三）按涉及地域范围的大小，分为区域性税收协定与全球性税收协定

区域性税收协定是指一些国家之间或一定地理范围内的税收协定；全球性税收协定是指世界各国公认的有关税收关系的公约。

三、国际税收协定的作用

为了加强国际经济的合作与发展，解决存在的跨国重复征税问题，以及利用各国税法差异而造成的避税与漏税问题，国际税收协定是各国广泛采用的一种方式，以达到国际资金、技术和劳务的合理流动与配置。具体来说，国际税收协定的作用主要有以下几个方面。

（一）处理国家间的双重征税问题，减轻纳税人不合理的负担

国际重复征税是指两个或两个以上国家对纳税人的同一所得同时征税，造成纳税人

税收负担升高的情况。在这种情况下，势必会增加纳税人的经济负担，在一定程度上阻碍世界经济技术的合作，鉴于此，国家间互签国际税收协定，处理双重征税的问题。据此，国际税收协定也被写入了各类税收协定的主要条款之中。解决国际的双重征税问题，仅仅依靠一国政府单方面的努力是不可能实现的，因为国际双重征税问题既涉及来源国征税，又涉及居住国征税，必须在兼顾来源国和居住国双重收益的情况下，减轻跨国纳税人的双重纳税负担。

（二）互换税收情报，减少国际偷漏税行为的发生

跨国组织的经营业务活动遍及全球，其业务范围已经远远超出一国政府的管理范围，这一情况会造成居住国政府对纳税人的财产、所得、经营活动等情况了解不够，跨国纳税人利用此漏洞进行偷税等，造成国家税收利益受损。为了维护国家利益，世界各国均认识到国家间税务合作的重要性，将互换税收情报纳入国际税收协定，限制跨国纳税人偷漏税行为的发生。

（三）规范缔约国税收管辖权，解决国家间税收利益分配的关系问题

为了保证国家税收利益，世界上绝大多数国家均采用地域税收管辖权和居民税收管辖权相结合的形式，但这种形式势必会造成税收管辖权的交叉重叠，引起政府间税收关系的恶化，鉴于此，各利益主体间本着互相尊重、互惠互让、平等协商的原则，缔结相关的税收协定，各方均要放弃一定的征税权，协调好国家间的税收权益分配关系。

四、国际税收协定和国内税法的关系

（一）彼此联系，相互补充

国际税收协定和国内税法既有区别，又相互联系。国际税收协定和国内税法都是体现国家意志的法律文件，其目的是解决国际税收争端，国内税法体现的是一个国家的国家意志，国际税收协定体现的是缔约国双方的国家意志。此外，国内税法是国际税收协定的基础，也是国际税收协定得以执行的保证。从各国签订的税收协定来看，都是对缔约国双方某个税种的特殊规定。当然，国际税收协定也不是对国内税法的否定，它不能脱离国内税法而独立存在，是国内税法的延伸和发展。但国内税法和国际税收协定也相互补充：国内税法具有降低交易成本，提供激励机制，以及外部问题内部化的功能，而国际税收协定的调节功能在于弥补国内税法单边解决重复征税问题存在的缺陷，有效约束协定国之间征税权的矛盾。两者之间相互补充。

（二）两者既相一致，又有矛盾

1. 两者的不同之处

国内税法和国际税收协定的主要不同之处体现在以下几个方面：首先，两者的税收法律关系基础不同。国内税法的法律关系主体既包括纳税义务主体的单位和个人，也包括作为课税权利主体的国家及其代表机构。其次，两者的渊源不同。国内税法的条款取决于国内政治经济条件和文化差异，也受到国内传统习俗的制约；与之相对应的国际税收协定则源于国际性规范和国际惯例，而不能将本国的税法强加于国际税收协定之中。最后，两者的强制性不同。国内税法是由国家通过军队、警察等暴力工具来保证其实施的，而国际税收协定则主要依靠缔约国立法机关和政府的自我约束，以及在国际上所承担的政治、道义上的责任后果来保证实施，显然后者的强制性弱于前者。

2. 两者矛盾的处理

世界各国对国际税收协定和国内税法的矛盾所采取的做法不尽一致。有的是在国内税法中明文规定国际税收协定优先于国内税法。法国就采取这种做法，规定了凡是法国政府按照国际税收协定有权征收的税，即使与法国国内税法相抵触，也可以征收。有的采取的是国内税法与国际税收协定相比照的原则。我国税务主管部门在实务中的做法是：国内税法同国际税收协定出现矛盾和冲突时，如果国内税法规定的征税条件、待遇或负担严于或高于国际税收协定，按国际税收协定执行。反之，如果国内税法规定的征税条件、待遇或负担优于或低于国际税收协定，在一般情况下，按照国内税法的规定处理，也就是不因为国际税收协定许可的税率高于国内税法而增加税负，体现了税收负担就低不就高的精神。也有少数国家并不提倡国际税收协定优先的主张，两者发生冲突，要处于同等的地位，按法律生效的时间顺序执行。例如，美国《宪法》第二部分第六条就是这样规定的。

另外，国际税收协定也不构成对缔约国制定或修订本国税法的限制。缔约国各方不论是在协定签订期间还是在执行期间，都对本国税法享有充分的制定和修改权。

第二节 国际税收协定的主要内容

随着国际税收协定模式的发展和国际税收协定范本的出现，加之《经合组织范本》和《联合国范本》的深远影响，国际税收协定的签订均以这两本范本为基础，所以，国际税收协定的内容开始趋同化，主要包括以下几个方面：①税收协定适用的基本范围及有关定义。②划分税收管辖权的专列条款。③消除重复征税的办法。④互换税收情报，实施税收饶让办法。

一、国际税收协定适用的范围

国际税收协定适用的范围包括协定涉及的人的范围与税种范围。同时在上述两种范围之中也内嵌了空间范围和时间范围[①]。

（一）人的范围

税收协定适用于缔约国一方或同时为双方居民的纳税人。纳税人包括自然人、法人，即个人、公司、基金会和任何其他团体。在两个范本文件中，纳税人被限制为缔约国一方或双方的居民纳税人，这就意味着，尽管是缔约国一方或双方的跨国纳税人，只要它不满足居民纳税人的身份，就不适用税收协定的范围，无法享受税收协定的优惠条款等政策。除了协定的个别条款外，非居民纳税人不能享受税收协定的待遇。

两个协定范本对"缔约国一方居民"的定义作了明确的解释。两个范本都定义为：根据该国法律判定住所、管理场所及其他类似性质的判定标准，负有纳税义务的单位和个人。由于各国税法的差异，判定居民身份的标准不同，时常会出现同时是双方居民的现象。在两个税收协定范本中，都有解决双重居民身份归属的专门条款。一种是按照《联合国范本》和《经合组织范本》的规定，在协定中列出判断规则，来确定其居民身份，判断顺序依次为：①是否具有永久性住所；②哪国与个人的经济关系更加密切，即看其重要利益中心设立在哪个国家；③是否有习惯性住所；④是哪个国家的居民。如果按照上述顺序还不能确定该纳税人的居民身份，则由缔约国双方主管当局协商，如中德、中英税收协定均采用这种方式。另一种则是直接由缔约国双方事务当局协商解决，确定该纳税人的税收居民身份，如中日、中美税收协定就采用这种方式判断纳税人居民身份。

（二）税种范围

两个税收协定范本均规定协定仅适用于对所得和财产征收的各种直接税。由于不同国家所得税和财产税可能由不同级次的政府同时征收，或者这些税收的名称不同，但性质都属于所得税或者财产税，所以为了彻底避免双重征税，双方征税协定就必须覆盖这些税种。例如，我国与日本签订的税收协定就包括了日本的三种所得税，即中央政府征收的所得税，市县政府征收的法人税和市县政府征收的居民税。如果日本与中国签订的税收协定只适用于其中一种或两种所得税，那么仍然存在重复征税的可能。又如，丹麦对外签订的税收协定涵盖了10个税种，包括国家所得税、市政所得税、县政所得税、老年养老金捐助、海员税、特别所得税、教会税、股息税、对疾病每日基

---

① 空间范围和时间范围是融入在人和税种范围之内的。例如，对于场所、住户的判断，内嵌了空间范围；对于居民身份的判断，内嵌了时间范围。

金捐助和化合物税。

我国对外签订的避免双重征税的税收协定主要包括两个税种，即个人所得税和企业所得税。由于我国并未实行全面的财产税收制度，故我国在对外签订的税收协定中，较少将财产税纳入税收协定当中，但是并不排斥在税收协定中列入以财产为征税对象的税种，如同德国、奥地利、瑞士、挪威、西班牙、卢森堡、阿尔及利亚、塔吉克斯坦等少数国家签订的税收协定中列有财产税（而且仅适用于缔约国对方的财产税）。此外，考虑到各国税收制度可能会发生变化，协定中专门列出一款，明确协定也适用于签订之日后，缔约国任何一方增加或代替协定中所列相同或类似的税种。在每年年终，缔约国双方主管当局均要将本国税法的变动情况告知对方。

二、国际税收协定的有关定义及外延

（一）居民

《经合组织范本》和《联合国范本》都在第四条中对"居民"概念的内涵及当纳税人同时为缔约国双方居民时其身份的确认做出规定。即缔约国一方的税法定义为：按照该国法律，根据住所、居所、管理场所或其他类似性质的标准，负有纳税义务的单位和个人。《经合组织范本》强调，这一用语不包括仅由于来源于该国的所得或位于该国的财产在该国负有纳税义务的人。上述居民定义的基本精神表明在具体划分纳税人为哪一方居民时，还要遵从各自的国内法的规定。

但当同时为缔约国双方法人居民时，两个范本规定应将法人认定为其实际管理机构所在的居民，但2017年《联合国范本》和《经合组织范本》均进行了修改，都要求缔约国双方的主管当局应该通过相互协商来确定该法人最终适用的居民身份，这种情况下，往往参考的因素包括实际管理机构所在地、注册地或组建地及其他因素。如果经过协商仍未能达成协议，则该法人就无法享受协定提供的减免税待遇，除非征得双方主管当局的同意。从我国对外签订的税收协定来看，确定居民身份的情况有以下 6 种：①总机构在缔约国一方的，将其视为缔约国居民。②如果总机构就是实际管理机构，则应视为实际管理机构所在国纳税人。③实际管理机构和总机构不在同一缔约国的，应协商确定税收管辖权。④在不确定采用总机构标准还是实际管理机构标准的情况下，如果同时为缔约国双方的居民纳税人，应认为是总机构或实际管理机构的居民纳税人。⑤如果同时为缔约国双方的居民纳税人，仅看作企业的实际管理机构所在国的居民纳税人。⑥直接协商确定。

（二）常设机构

常设机构的判定对于划分企业利润征税权非常重要，各国签订的税收协定一般会对常设机构的判定做出特殊的说明。《联合国范本》《经合组织范本》及我国对外签订的税收协定均规定：缔约国一方企业在另一国设立的经营场所如果被视为常设机构，那么，所得来源国可以对其征税，当然，如果缔约国一方的企业不在另一缔约国设立常设机构，另一国就不能对其企业的经营利润进行征税，即遵循所得来源国优先征税，同时也要保证投资居住国的税收利益，坚持共享征税的原则，因此，理解常设机构的定义，判定常设机构的归属就很重要。

两个范本对常设机构的定义是：一个企业进行其全部或者部分经营活动的固定场所。根据这个定义，常设机构具体包括管理机构、分支机构、办事处、工厂、车间、作业场所、矿场、油井或气井、采石场或者任何其他开采资源的场地。在上述常设机构中，管理机构有时候也叫办事处；分支机构包括分公司、分部等，它是居住国企业在东道国生产经营活动的一部分，但在东道国并不具有独立的法人资格。常设机构这一用语还包括连续活动一定时间以上的居住工地、建筑、装配、安装工程或与其有关的监督管理活动，以及企业通过雇员和雇用的其他人员为上述目的提供一定时期的劳务，包括咨询服务（一般为半年或一年，我国对外签订的税收协定最长为18个月）。但是常设机构不包括为本企业储存、陈列、加工商品和货物而使用的场所、库存及采购和收集情报而设立的固定场所。在实践中，它的范围可能很广，如《国家税务总局关于税收协定执行若干问题的公告》就规定：不具有法人资格的中外合作办学机构，以及中外合作办学项目中开展教育教学活动的场所构成税收协定缔约对方居民在中国的常设机构。另外，值得注意的是，常设机构中提到了开采自然资源，但没有提到勘探自然资源，这主要是因为人们对勘探自然资源所产生的收入的性质及征税管辖权还有争议。

对于常设机构的范围，《经合组织范本》和《联合国范本》均对常设机构的范围做了重要的解释，两本协定都强调了以下几点：常设机构是一个客观存在的固定场所；外国纳税人对该国的常设机构具有长期使用权；该固定场所服务于外国纳税人的生产经营活动。

对常设机构范围的理解是划分企业利润征税权的重要依据，切实涉及国家的税收利益，因此有必要进一步加深对常设机构范围的理解。首先，对于常设机构是一个客观存在的固定场所的理解：常设机构是一个固定的营业地点，是一个客观存在的事物。在税收实践中，我们往往会遇到如下问题，如果营业场所并不是出于临时性目的而建立，但是经营过程中出于客观原因等停止经营，那么该营业场所也会被视为常设机构，同样，如果一个营业场所是出于临时性目的建立的，但在生产经营活动中长久地保留了下来，这样的营业场所也应该被视为常设机构。在理解营业机构范围时，有如下几点值得注意：①营业场所的固定性还包括特定地理位置的生产经营活动，如企业通过特定市场上的可移动摊位定期开展经营活动，该市场构成了企业的常设机构。②营业场所可以是房屋、设施及其设备的存在，但如果没有房屋，或者不需要通过房屋来开展业务的情况下，营业场所便是供企业用于生产经营活动的场所。③如果一个经营性的固定场所已经能构成常设机构，但是该场所被划分为几部分分别进行生产经营活动实践，而且这些场所的生产经营活动不被视为辅助性质和准备性质，那么分设的生产经营活动场所仍然被视为常设机构。当然，营业场所的固定性，依然是判定常设机构的一个重要条件，换句话说，如果一个外国纳税人在本国拥有为其经营服务的场所，但场所不固定，则一般也不能认定该场所为常设机构。丹麦法院在审理著名的"丹麦潜水设备"案件时就表示，潜水设备属于经营场所，但该经营场所并不固定，因此，潜水设备不宜被判定为常设机构。

其次，强调外国纳税人对该场所拥有长期使用权。常设机构具有固定性，固定性就具有了长期的含义，即临时性的营业场所不能构成常设机构，但如果经营活动本身就是短期的，而它在长时期内有规律地发生，则这种经营场所也要被视为常设机构。例如，如果一项广告销售活动的持续时间不超过6个月，一般不能把该经营场所视为常设机构，但是如果这项活动是规律性或周期性发生的，那么计算营业场所的使用时间就是所有经营时间的加总。此外，经营活动的暂时中断，并不影响常设机构的判定。例如，一项建桥工程从某年3月开工，但气候等客观因素造成工期受阻，于12月中断，次年5月开工，并于7月竣工，整个工程从开工到竣工持续了16个月，按照12个月的标准，这个道路工程就属于常设机构。

最后，强调该固定场所要服务于外国纳税人的经营活动，而不是从属于其经营活动，而这一点又是判断常设机构的关键。按照《经合组织范本》和《联合国范本》的解释，固定场所要成为常设机构，其生产经营活动必须是具备辅助性质和准备性质的。例如，外国公司在本国的经营活动场所提供的商品和服务与总公司的经营目标是一致的或相近的，该经营场所被视为来源国的常设机构。但是如果该厂房从属于外国公司经营活动的储存货物或是商品的库房，则这些库房就不是常设机构，实际上，储存货物的库房是辅助性质和准备性质的。正确理解固定场所服务于外国纳税人的经营活动，需要注意以下几点：①营业场所还是判定常设机构的重要条件，如果一公司出租设备等固定资产给另一外国公司，但并未在外国公司所在国有经营场所，则出租的设备并不能算作常设机构。②如果外国企业在出租固定资产业务活动中还提供人员到对方国家的承租企业，他们的责任仅限于在承租企业的安排下运行和维护出租设备，那么这些人员也不构成外国企业的常设机构。③但如果这些工作人员的工作职责超过了运营和维护的范畴，而是参与到外国公司的管理活动，则派出的这些工作人员就可以被认定为常设机构。

《经合组织范本》和《联合国范本》均列出了常设机构的范围、定义和判定条件等内容，同时还列举了以下排除在常设机构以外的否定目录。

（1）专为储存、陈列，或者交付本企业货物或者商品的目的而使用的设施及厂房等库存场所。

（2）专为另一企业加工的目的而保存在本企业货物或者商品的库存。

（3）专为本企业采购货物或者商品，或者本企业收集情报的目的所设的固定营业场所。

（4）专为本企业从事其他活动所设的固定营业场所。

（5）专为上述第一项到第四项活动的结合所设的固定营业场所。

对于上述五类专列条款中的设备和库房，只是企业生产经营的辅助性工具和准备性活动，故被列入否定名单目录，不宜被判定为常设机构，如果成立售后服务部门，该场所提供的业务活动就是为了母公司服务，与母公司的经营活动和目标一致，这种活动就不再具有准备性或辅助性的特点了，应该被视为常设机构，因为在现实生活中，如果一个营业场所对企业的生产有贡献，但是所发挥的作用与企业实现利润很远，这样就很难将利润和该营业场所挂钩，则该营业场所不能被视作常设机构。

在实践中，其实很难区分什么是准备性或辅助性活动，一个重要的办法便是看该固定营业场所进行的活动是否构成企业整体经营运营活动的重要组成部分。其一，如果一个固定场所的总目标与企业整体目标相同或相近，那么这种营业场所就不是辅助性或准备性质的。例如，企业的经营目的是销售更多的产品，而营业场所提供的业务就是为公司提供销售服务或直接在营业场成立售后服务部门，则该营业场所就不是辅助性质的，应该被视为常设机构。其二，如果一个营业场所具有管理一个企业或是管理企业的部分功能，那么它就应该被视为常设机构，该营业场所的管理功能超出了辅助和准备性质的范畴。其三，如果一个企业设立的固定营业场所是为了向其客户提供备件或是为其客户维修所售设备，这是企业销售环节的重要组成部分，那么该营业场所应该被视为常设机构，特别是跨国公司的管理权限被逐层划分至各地区的分管机构，总部仅仅起到一个监督职能，这种情况下，我们没有理由认为地区管理部门不是常设机构。

一个自然人从事的活动很难被判定为常设机构，因为人既不满足固定性的特点，也不满足营业场所的特点。但在各国税收实践中，外国公司会派遣工作人员到他国企业开展销售业务等活动，或者通过非独立代理人的资格为其提供生产和劳务，在这种情况下，如果所得来源国不将这些工作人员视为常设机构，则这种活动往往会成为外国公司逃避所得来源国纳税义务的一种手段。为了解决这一问题，国际税收协定将外国公司的雇员或非独立代理人从事的活动纳入常设机构的范畴。《联合国范本》和《经合组织范本》都规定一个在他国从事生产经营活动的自然人，能代表一国企业签订合同并生效，那么该自然人的生产经营活动就可以被判定为常设机构。实际上，关于自然人能否构成常设机构，《经合组织范本》有如下规定：一个企业的雇员在某一场所停留并不意味着该场所就是企业的固定营业场所，判断依据还在于停留时间要足够长，停留的内容要与企业的经营活动相关，停留时间不够长就不能视为该企业的营业场所，但是如果某企业的一个雇员被长期允许在另一企业的一间办公室工作，且工作内容与两个企业的合作有关，此时该雇员工作的办公室就被视为常设机构。关于外国企业通过个人在我国境内提供劳务活动构成常设机构的判定及利润的归属问题，《国家税务总局关于外国企业在中国境内提供劳务活动常设机构判定及利润归属问题的批复》做了明确规定：①税收协定常设机构条款"缔约国一方企业通过雇员或其他人员，在缔约国另一方为同一项目或相关联的项目提供劳务，包括咨询劳务，仅以在任何十二个月中连续或累计超过六个月的为限"的规定，具体执行中是指，外国企业在中国境内未设立机构场所，仅派其雇员到中国境内为有关项目提供劳务，包括咨询劳务，当这些雇员在中国境内实际工作时间在任何十二个月中连续或累计超过六个月时，则可判定该外国企业在中国境内构成常设机构。②如果项目历经数年，而外国企业的雇员只在某一期间被派来华提供劳务，劳务时间超过六个月，而在项目其他时间内派人来华提供劳务未超过六个月的，仍应判定该外国企业在华构成常设机构。该常设机构是对该外国企业在我国境内为有关项目提供的所有劳务而言，而不是某一期间提供的劳务。③外国企业通过其雇员在中国境内为某项目提供劳务构成常设机构的，其源自有关项目境内劳务的利润应视为该常设机构的利润并征税。

是否将非独立代理人视为常设机构还需要视具体情况而定。《联合国范本》和《经合组织范本》做了一个大概的说明：一个代理人从事的经营活动能否构成常设机构，主要取决于代理人在经济上和法律上的独立性，如果一个代理人在法律上和经济上都是独立的，则不宜被判定为常设机构。首先，考察一个代理人的独立性，主要在于代理人对企业负责的程度。如果一个代理人的生产经营活动或者商业模式等完全受控于其他公司，那么就不能被视为独立于代理企业，相反，如果委托人对代理人的经营活动不采取任何干预，只需要代理人对其代理结果负责，代理人在法律上和经济上均独立于委托人，则这种代理人被视为独立代理人。其次，判断独立性的另一个参考条件是代理人的个数：如果一个企业的代理人只有一个，则该代理人无法体现其独立性，可能受控于该企业，在经济上未处于独立地位。最后，判定代理人独立性的又一个重要依据是代理人是否承担了风险，如果代理人的经营管理风险完全由委托人来承担，那么该代理人就是非独立的。

从签订合同效率的角度看，一个非独立代理人是否构成常设机构的主要根据有两个：①一个代理人是否经常反复使用代理权利签订对被代理企业有约束力的合同，如果代理人拥有并经常使用代理权利签订约束被代理人的合同，则该代理人不属于独立代理人，也不宜被判定为常设机构。②上述签订的合同是否与企业的经营活动相关，如果一个代理人只是有权代表企业签订与内部运营相关的合同，那也不能被看成是企业的常设机构。值得注意的是，一个自然人虽不具有替外国企业签订合同的权力，但仍然可以被视为外国企业的常设机构[①]。

用上文的委托代理关系分析子公司与母公司的关系，《联合国范本》和《经合组织范本》均承认子公司不能成为母公司的常设机构。因为从法律的角度来看，子公司是一个独立的法人，在法律上拥有独立的地位，尽管子公司的业务由母公司指导，但也不能认为子公司就是母公司在缔约国另一方设立的常设机构。但是如果子公司有权签订对母公司具备约束力的合同，此时子公司作为非独立代理人而被视为母公司在缔约国另一方的常设机构，此外，如果母公司在子公司有一个供其从事非生产性和非辅助性的场所，则该场所将会被认为是母公司的常设机构。

在我国的税收实践中，外国企业在我国设立的办公场地或办事处等是否应该被判定为常设机构而对其征税，是一个较为复杂的问题。1999年国家税务总局下发文件《关于外国企业常驻代表机构是否构成税收协定所述常设机构问题的解释的通知》对外国企业在华办公或经营场所是否属于常设机构、是否征税问题进行了明确规定。

（1）常设机构包括办事处，但不包括如下几个方面：①专为储存，陈列或者交付本企业货物或者商品的目的而使用的设施；②专为储存，陈列或者交付的目的而保存本企业货物或者商品的库存；③专为另一企业加工的目的而保存在本企业货物或者商品的库存；④专为本企业采购货物或者商品，或者搜集情报的目的所设的固定营业场所；⑤专为本企业进行其他准备性或辅助性活动的目的所设的固定营业场所；⑥专为上述第一项到第五项活动的结合所设的固定营业场所。

---

① 例如，如果一个企业的经营活动主要是通过自动售货机、游戏机等自动设备进行的，而该企业的一个非独立代理人的工作是安装、控制、运行和维护这些设备，那么在这种情况下该非独立代理人就构成了常设机构，但是假如该非独立代理人的工作仅仅只是负责安装设备，安装好的设备租赁或售卖给其他企业运营，则该非独立代理人就不构成常设机构。

值得注意的一点是，上述条款所说具备辅助性质和准备性质的内容，须由税收协定或是安排协定的税务总局确定，各地方税务机关不得自行认定"具备辅助性和准备性质的内容"。

（2）我国政府对税法规定的从事非应税活动的代表机构不予征税，但并不影响税收协定对常设机构的判定，以及根据相关税法计算非中国居民雇员的工资薪金所得税。一旦外国企业在我国构成了常设机构，就要按照我国税法缴纳增值税及附加、企业所得税等相关税收。国家税务总局2010年下发的《外国企业常驻代表机构税收管理暂行办法》规定：对账簿不健全，不能准确核算收入或成本费用，不能据实申报的代表机构或企业，国家税务机关有权采取核定征收的方式征收。

对于不能正确反映收入和成本费用，但能够准确反映经费支出的代表机构适用以下计算公式：

$$应纳税所得额=\frac{本期经费支出额}{1-核定利润率}\times 核定利润率$$

$$应纳企业所得税税额=应纳税所得额\times 企业所得税税率$$

上式中，代表机构的经费支出额包括在中国境内外支付给工作人员的工资薪金、财务费用、管理费用及其他相关费用。

对于能够准确反映收入，但不能准确反映成本费用的代表机构，按收入核定应纳税额。其计算公式可以表示为

$$应纳企业所得税额=收入总额\times 核定利润率\times 企业所得税税率$$

一般情况下，税务机关对代表机构的核定利润率不得低于15%，企业所得税税率根据税法相关规定执行。

三、税收协定的冲突规范

一般情况下，税收协定所涉及的所得主要包含以下几种：一是经营利润所得；二是投资所得；三是劳务所得；四是财产所得。当这些课税客体涉及两个国家时，关系到两个国家的税收利益，因此判断究竟哪个国家行使征税权利，运用冲突规范避免发生税收争端就显得十分重要。税收协定范本对不同的所得清晰地划分了征税权。

（一）不动产所得

《经合组织范本》和《联合国范本》对不动产所得均作了一致的规定，即所得来源国的征税权优先于财产所有人居住国的征税权。换句话说，一国居民如果在另一国拥有不动产，则这种不动产的所得可以由不动产的所在国对其征税。不动产的所得主要包括两种形式，一是直接使用不动产的所得，如个人经营农庄和养殖等生产经营所得；二是以出租的形式供他人使用不动产，自己取得租金所得，如出租房屋、厂房等设备获取的租金所得。值得注意的一点是，船舶、飞机等经营所得不属于不动产所得的范畴。

(二)营业所得

根据所得来源国的征税权优先于财产所有人居住国的征税权判断原则,缔约国一方的企业营业利润应该在缔约国征税,但是该企业通过设立在缔约国另一方的常设机构除外。《经合组织范本》和《联合国范本》两个协定范本解决税收争端运用的冲突规范均遵循居住国原则,但是缔约国一方在缔约国另一方设立常设机构开展经营活动的除外,这种情况下经营所得来源国有权对其经营所得利润征税。实际上,这是通过常设机构取得的经营利润实行来源国优先征税的原则,但两个协定范本还要求所得来源国对常设机构的经营利润征税时须保持公平,即企业通过常设机构取得的利润与市场上同其他企业进行独立交易能获得的利润保持相同,同理,一个企业的常设机构与该企业的其他常设机构进行独立交易获得的利润也要遵循公平交易的原则。值得注意的是常设机构是企业的一部分,不具备独立法人资格,所以它与公司总部之间的交易属于内部价格,因此,常设机构的账面价值不一定能够正确反映同类交易的公平利润,所以常设机构的所在国可以在账面利润的基础上对其进行审核和调整。

对于绝大部分行业,《经合组织范本》和《联合国范本》两个协定范本还规定了两个具体办法,一是采用实际所得的方式,即在确定常设机构的利润时,允许扣除一定比例的费用,包括与取得利润有关的费用支出,如常设机构的行政管理费,不过值得注意的一点是《联合国范本》明确表明常设机构支付给母公司的特许权使用费、佣金、利息等不准在税前列支。二是用比例分配方式来确定常设机构的利润,即按照一定的比例将跨国公司的总利润分配给常设机构,所得来源国根据这个比例征收税收。两个协定范本还对特殊行业(如航海和空运)的营业利润做了特殊规定:对于国际航空的飞机和航海运输的船舶,由于国际运输的利润来源地的判定较为复杂,因此两个范本均对从事国际运输的航运和空运企业实行实际管理机构所在缔约国征税的原则。即承认国际运输企业的投资居住国对国际运输所得具有独占征税权。

(三)投资所得

投资所得主要是指股息、利息、特许权使用费等消极投资所得,《经合组织范本》和《联合国范本》两个协定范本对这三类投资所得征税权进行了明确的划分。

(1)两个协定范本对投资所得的征税权均遵循相互分享原则,但所得来源国具有优先征税权,征税权相互分享原则保证了缔约国双方的税收利益。

实际上,来源国按较低的税率对汇出本国的股息、利息、特许权使用费等投资所得课征税收时需要考虑如下几个方面:①在投资居住国实行税收抵免的情况下,所得来源国只有征收较少的税收才能保证投资居住国征收到一部分税收。②投资者在来源国取得的利息、股息是税后所得,他们已经负担了来源国的公司所得税,如果来源国再向其征收较高的预提所得税,那么,投资居住国从中获得的税收利益就会更少。

关于税收分享的比例,《经合组织范本》原来规定,如果股息受益所有人直接持有支付股息公司的股本达到 25%，那么股息来源国征收的预提所得税率不得超过 5%。2017年修订后的《经合组织范本》对此做了进一步严格的假定：只有受益所有人持有支付股息公司的股本达到 365 天，才能享有 5%的限定税率。另外，在计算持股期限时，可以不考虑直接导致持股公司或支付股息公司重组的所有权变化。

在我国的税收实践中，《中华人民共和国政府和新加坡共和国政府关于对所得避免双重征税和防止偷漏税的协定》及议定书（简称中新税收协定）规定，收入来源国对利息所得进行征税时，在收益人为银行和金融机构的情况下，预提所得税税率不得超过 7%，而我国税法规定的预提所得税税率为 10%，新加坡税法规定预提所得税税率为 15%。中新税收协定规定的企业所得税预提税率均没有超过各自国内税法的规定，其目的在于兼顾投资居住国和所得来源国的税收利益，体现税收分享原则。在这种操作模式下，投资居住国对其居民公司在国外经营所得进行税收抵免后，仍有一部分税收利益。例如，一家新加坡银行向我国一家企业提供贷款并取得利息收入，该银行为利息的直接受益人且该银行在我国未设立分支机构，那么我国作为收入来源国，按照中新税收协定规定，所得来源国可以向其贷款利息部分征收 7%的企业所得税预提税款，新加坡税务当局在对中国的预提税款实行抵免后，仍然可以确保对贷款利息收入行使居民管辖权，对抵免后的所得按照新加坡企业所得税税率补征税款。

（2）《经合组织范本》和《联合国范本》规定，如果投资居住国企业未在所得来源国设立分支机构或营业场所，则所得来源国有权利对投资企业的所得实行税收预提政策。

如果投资居住国企业的投资所得和常设机构有关联，则所得来源国就无须征收预提税，而是直接将投资所得与营业利润合并征收企业所得税。值得注意的是，根据范本协定：所得来源国对投资居住国企业征收所得税后，常设机构将其利润汇回总机构，其总机构对常设机构的股息进行分配，所得来源国不能再征收预提税和企业所得税。

（四）资本利得

两个协定范本都规定，一国居民的所得是来源于转让位于他国的不动产的资本利得，则该资本利得可以由不动产地理位置所在国对其征税。此条款也同样适用于转让动产所获得的资本利得。由于航运和空运等交通运输的利润来源难以确定，所以，对于从事国际运输的轮船和飞机的资本利得及从事内河运输的船只所得，应由运营这些船舶、飞机的企业的所在国对其行使征税权。一国居民转让位于另一国公司的股票和股份，或者转让可比收益，如在转让合伙企业和信托收益的前一年度内，这些股份或者可比收益的价值的 50%以上直接来源于位于另一国的不动产，则此时股权或可比收益的资本转让所得可以由另一国征税。除了上述规定外，资本利得一般由转让者的居住国征税。

（五）劳务所得和其他个人所得

国际税收协定所涉及的劳务所得和其他个人所得包括独立个人劳务所得、非独立个人劳务所得、董事费、艺术家和运动员报酬所得、政府职员所得、退休金、教师和研究人员所得、大学生和实习生所得等。在我国对外签订的税收协定中，主要囊括了以下几个方面的具体内容。

1. 对独立个人劳务所得而言，一般情况下由其该国居民所在的缔约国一方行使税收独占权

如果有下列条件之一的，所得来源国有权对其劳务所得征税：一是独立的劳务提供者在缔约国另一方设立有非辅助性和非准备性的专业经营固定场所。二是上述所得是在提供劳务的独立个人在缔约国另一方某个年度内连续停留半年以上期间取得的。

2. 对非独立个人劳务所得

我国的税收协定均对两个范本的规定予以采用。同样，对于非独立个人劳务所得，仍然采用所得来源国优先征税的原则。但同时符合以下三个条件的除外，仍由其居住国征税：①该个人在日历年度内或会计年度内在缔约国另一方滞留时间未超过183天的。②非独立个人劳务所得并不是由非居住国的雇主和雇主代表支付。③非独立个人的劳务所得并不是由雇主设在非居住国的常设机构或固定基地所负担的。

3. 对董事的报酬所得

缔约国一方居民在缔约国另一方公司担任董事职务的，遵循所得来源国优先征税的原则，在我国的税收实践中，董事会条款也同样适用于高层管理人员的薪金工资和其他劳务报酬所得。

4. 对于艺术家和运动员的报酬所得

对于艺术家和运动员的劳务报酬所得，要分具体情况而定：如果该活动是双方政府刻意安排的文化交流、体育赛事等，则缔约国对这些活动的报酬应予以免税政策优惠。其他情况由活动收入的来源国征税，即由非居住国政府行使收入来源管辖权。

5. 对于政府职员所得

政府职员所得原则上由居住国行使独占征税权，具体地说，缔约国一方政府支付给本国职员的工资，该国政府对其有征税独占权。但是除以下条款外：该职员提供的劳务在缔约国另一方进行，且该职员的身份是缔约国另一方的居民或国民，那么缔约国另一方支付给该职员的工资由缔约方另一国对其征税。

6. 对于退休金所得

对于退休金所得，税收协定往往规定由居住国政府对其行使征税权。但是如果其退休金所得来自社会保障基金账户，则应该在支付地所在国征税，如果该职员是缔约国另一方的职员和居民，则应该由缔约国另一方政府征税。

7. 对于教师和研究人员及大学生和实习生的报酬所得

关于教师和研究人员的劳务报酬所得，《经合组织范本》和《联合国范本》均未做出明确规定，仅从我国目前对外签订的税收协定来看，对教师和研究人员取得的劳务报酬从第一次达到之日起算，规定免税 2~5 年。对于学生实习取得的劳务报酬或工资薪金所得，两个范本均作了较明确的规定。即如果学生人员是缔约国一方，或曾经是缔约国一方的居民，其在缔约国另一方实习期间取得的劳务报酬和工资薪金收入所得，可在该缔约国另一方免税。此外，《联合国范本》还特别说明，对于学生和实习人员从学习所在国取得的奖学金、雇佣报酬等所得在纳税时同该国居民一样享有同样的免税和优惠待遇。例如，中美协定规定，在缔约国从事个人劳务的所得，如果任何年度的报酬所得不超过 5 000 美元或者是等额的人民币，可以在该缔约国免税。

（六）财产所得

《经合组织范本》和《联合国范本》都规定，一国居民拥有的位于另一国的不动产，可以由另一国对其财产征税，同样，一国企业在另一国设立的常设机构所经营获得的财产所得，可由另一国对其征税。这实际上也体现了所得来源国拥有优先征税权的原则。另外，从事国际运输的轮船、航空飞机及从事内河运输的船只等交通工具动产所得，由于这些动产的经营所得的来源很难确定，所以只能由运输企业的有效管理机构所在国对其行使征税权。对于上述未涉及的其他动产，一律由居民的居住国对其财产征税。在我国的税收实践中，对外签订的税收协定很多，关于财产所得征税的内容差别较大。同德国、奥地利、哈萨克斯坦、挪威、格鲁吉亚等少数国家签订的税收协定列入了对财产征税的条款，税收协定中具体规定：位于对方国家的不动产，常设机构和固定基地的动产，可以在对方国家征税，而对于从事国际运输所使用的轮船、航空飞机及从事内河运输的船只等交通工具动产所得，应该仅在动产有效管理机构所在国征税。

四、消除国际重复征税的方法

签订税收协定的目的除了划分所得的征税权之外，还有消除国际重复征税。消除国际重复征税也是国际税收协定要解决的重点问题之一。《经合组织范本》和《联合国范本》都对消除国际重复征税做了具体的规定，主要包括免税法和抵免法消除重复征税，至于方法的选择取决于缔约国双方的协商和谈判。

在缔约国双方签订税收协定中，一般会选择如下几种组合方式予以解决国际重复征税问题。一是缔约国双方均采用免税法，如中日、中美税收协定。二是采用一方免税法加部分抵免法，另一方采用抵免法，如中法税收协定。三是缔约国双方均采用免税加部分抵免法，但是当前我国对外税收协定还未采用这一方式。

第三节 《经合组织范本》和《联合国范本》的主要区别

《经合组织范本》和《联合国范本》是指导各国签订国际税收协定最有影响力的两个范本，两者的结构和框架比较类似，1980 年的《联合国范本》以 1977 年的《经合组织范本》为基础，2001 年的《联合国范本》也主要根据 2000 年的《经合组织范本》作了一些技术性的修订。两个范本的差别主要体现在以下几个方面。

一、范本制定的目的及指导思想的差异

制定两个范本的目的存在差异，因此在指导思想上也存在一定的差异。《经合组织范本》是由 OECD 成员国组织的财政事务委员会研究制定的，其内容涉及的范畴仅考虑发达国家之间的利益分配问题，以及如何处理跨国投资收益的税收争端问题。《联合国范本》的内容是联合国召集了 8 个发达国家和 13 个发展中国家的财政税收专家共同制定的，既代表了发达国家处理税务争端的立场，又代表了发展中国家争取税收利益的意志，其目的在于协调跨国间的税收利益争端问题。

《经合组织范本》和《联合国范本》在指导思想上存在一定的差异。《经合组织范本》强调居民税收管辖权，而《联合国范本》主要强调扩大地域管辖权，两个范本在指导思想上的差别在协定范本的内容中均有体现。

二、范本的内容差异

两个范本内容的差异主要体现在税种、常设机构、营业利润、股息、利息、特许权使用费、从事国际运输的航运和海运所得、劳务所得等方面的征税规定差异。

（一）税种

《经合组织范本》的税收范围包括了财产税，而《联合国范本》则采取了较灵活的态度，由签订税收协定的缔约国双方自行确定是否对财产所得征税。

（二）常设机构

对常设机构标准的认定，关系到发展中国家的税收管辖权，涉及各国的财政利益。①《经合组织范本》认定的常设机构相对来说较窄一些，如建筑安装工程仅以连续 12

个月以上的为限,《联合国范本》认定的则相对宽松一些,规定安装工程以 6 个月以上为限。②两个范本对常设机构的判定也有一些细小的差异,《经合组织范本》规定:专门为本企业储存货物和商品的场所具备辅助性和准备性的性质,不宜被判定为常设机构。《联合国范本》则没有此项规定。③在以时间为限判定是否属于常设机构的标准中,《联合国范本》规定:与建筑相关的监理活动,如果在 12 个月中连续或累计达到 6 个月以上的,则监理活动的场所应该被视为常设机构,而《经合组织范本》中则没有此规定。

(三)营业利润

《经合组织范本》和《联合国范本》在对营业利润的征税方面,《联合国范本》统计的口径更加宽泛,主张采用引力原则,而《经合组织范本》对营业利润所得采用的是归属原则。引力原则表明,营业利润的范畴除了常设机构的经营所得,还包括通过该常设机构的营业外收入以及通过该常设机构,但在另一国进行的其他经营活动,而归属原则仅仅包括常设机构的经营所得。

(四)股息、利息、特许权使用费

对股息、利息、特许权使用费这类资本利得所得,《联合国范本》和《经合组织范本》的规定条款存在较大的差异。

(1)股息所得征税。《经合组织范本》规定,股息受益人对公司的持股比例超过 25%时,股息支付国政府对该笔股息所得征收的预提所得税率只能是 5%,相反,如果控股比例低于 25%,则股息支付国政府对该笔股息的预提所得税率可提升至 15%。《联合国范本》规定对股息征税的预提比例由签订协议的缔约国双方谈判确定。

(2)利息所得征税。《经合组织范本》规定,当缔约国一方居民收到缔约国另一方居民的利息时,缔约国双方均有权对该笔利息收入征税,但缔约国另一方政府的税收预提比例不得超过 10%。《联合国范本》则规定利息的预提税税率由缔约国双方谈判确定。

(3)特许权使用费。《联合国范本》跟《经合组织范本》的规定存在较大差异:《联合国范本》采用的是税收分享原则,认为缔约国双方均应享有征税权,但支付方所在国征税时,如果收款人是特许权使用费的受益人,则应该使用限制税率,具体税率由双方谈判确定。但是《经合组织范本》对特许权使用费征税问题的规定则是居住国享有独占征税权。

(五)船运、内河转运和空运

《经合组织范本》把跨国运输的航运公司和航海公司利润所得的征税权划给了跨国运输企业的实际管理机构所在国,其目的在于强调实际管理机构的征税独占权。《联合国范本》的规定则有了更多的选择空间，对于航运和空运所得，《联合国范本》提供了两种选择方案：第一种方案强调企业机构所在国的税收独占权，第二种方案则强调税收共享原则，即可由所得来源国征税，也可由实际管理机构所在国征税，但必须要求所得来源国的优先征税权。

（六）劳务所得

关于对劳务所得的征税问题，两个范本的主要区别体现在独立个人的劳务所得的征税问题。《经合组织范本》规定：如果个人和公司有在另一国设立常设机构，那么他们在该国通过该常设机构从事的独立个人劳务所得要归属到常设机构并在该国缴纳所得税。在被判定为在缔约国另一方设立有常设机构的条件下，《联合国范本》除有这些规定外，还增加了两条所得来源国有权对常设机构所得征税的相关规定：

（1）如果独立劳务个人在缔约国另一方的一个财政年度内累计或连续停留时间超过183天的，且该独立劳务个人所得是在连续停留或累计停留的时间内获得的。

（2）如果独立劳务个人所得的报酬超过一定的限额，且是由所得来源国居民负担或由所得来源国的常设机构负担。

（七）退休金所得

《经合组织范本》规定，缔约国一方对由于过去的雇佣关系而支付给另一方居民的退休金所得，只能在居住地所在国政府征税。对于退休金所得，《联合国范本》则提供了较为多元的选择方案。

（1）在继承《经合组织范本》的大概框架下，《联合国范本》还规定：根据社会保险基金支付制度，如果在缔约国一方按照社会保险制度支付的退休金及相关款项，应该由支付国政府征税。

（2）在第（1）个方案的基础上，进一步，《联合国范本》还规定：如果退休金及其他相关款项是由缔约国另一方政府或居民、设立在本国的常设机构负担，则这笔退休金可由支付国政府征税。事实上，这肯定了所得来源国的优先征税权，也扩大了来源地管辖机构的适用范围。

（八）税收情报

对税收情报交换工作的规定，《联合国范本》比《经合组织范本》更加详细，主要表现在《联合国范本》认为，缔约国双方应该互相交换情报，以防止欺诈或偷税逃税的情况，双方主管税务当局应该进一步加强合作，创造有利条件和技术手段，及时交换偷税逃税情报等内容。

第四节　中国对外缔结税收协定的情况

随着经济全球一体化的发展，世界各个国家间的联系越来越紧密。因此，我国在不断深化对外开放的过程中，不可避免地会出现与他国税收管辖权的矛盾和冲突，鉴于此，我国也与其他国家展开协商，签订了许多友好互惠的双边或多边协定。

一、我国签订税收协定遵循的原则

我国签订国际税收协定，既要坚持自己的原则，维护本国的经济利益，又要尊重国际惯例，尊重他国的经济利益。具体来说，体现为以下四项原则。

（一）来源国优先征税原则

我国作为最大的发展中国家，引进外资刺激投资是发展经济的必然选择，因此许多发达国家资本大量流入我国，并在我国境内开展生产经营活动，从我国取得大量的营业利润和各项所得，因此我国对外签订的税收协定中坚持来源地税收征管权优先原则，这种方式可以增加本国的税收利益和保证财政收入，同时，在此基础上也考虑居民税收管辖权，因此，我国在对外签订税收协定时，一般比较倾向于参照强调来源地国家征税权的《联合国范本》。值得注意的一点是当前我国已经与很多发达国家签订了税收协定，发达国家作为资本输出国，我国在与其签订税收协定时强调的是所得来源国征税问题，但是，今后我国会更多地与发展中国家签订税收协定，对于发展中国家而言，我国就是资本输出国，因此，为保证税收利益，需及时调整身份，更多以投资居住国的身份参与签订国际税收协定。

（二）待遇对等原则

待遇对等原则是签订国际税收协定的重要内容，我国在对外签订税收协定中也要坚持这一原则。待遇对等原则在签订税收协定时均会被写入相应条款中，对缔约双方均有约束力。

（三）提倡税收饶让原则

税收饶让原则表明缔约国一方的税收优惠，要求缔约国另一方给予税收饶让和抵免。在我国对外签订的税收协定中，鉴于我国还处于发展中国家的阶段，多数发达国家目前均同意单方面给予税收优惠政策,但是,如果双方都是发展中国家,在签订税收协定中双方均同意税收饶让,我国也应该按照对等原则给予税收抵免,将对方投资者的税收优惠视同已征税待遇。

二、我国对外签订税收协定的成果

随着经济改革和对外开放的不断深入,国家间的税收争端日益增多,为了解决这一问题,国际上两个国家及多个国家之间签订了一系列的税收冲突规范。我国历来重视对外缔结国际税收协定,1970年7月《中华人民共和国中外合资经营企业法》颁布,标志着我国吸引外商直接投资工作的开始,随后我国又陆续颁布了《中华人民共和国中外合资经营企业所得税法》《中华人民共和国个人所得税法》和《中华人民共和国外国企业所得税法》,这一系列涉外税法的颁布,基本确立了我国的对外税收法律体系。随后向我国提出签订避免双重征税协定的国家增多,截至2018年12月,同我国签订税收协定的国家达到107个(表8-1),对外签订避免双重征税协定的工作取得重大进展。

表8-1 我国对外税收协定的签署日期、生效日期、执行日期、涉及税种一览表

序号	国家	签署日期	生效日期	执行日期	涉及的具体税种
1	日本	1983/09/06	1984/06/26	1985/01/01	所得税、法人税、居民税
2	美国	1984/04/30	1986/11/21	1987/01/01	联邦所得税
3	法国	1984/05/30	1985/02/21	1986/01/01	所得税、公司税
4	英国	1984/07/26	1984/12/23	1985/01/01	公司税、所得税、财产收益税
5	比利时	1985/04/18	1987/09/11	1988/01/01	自然人税,公司税,法人税,非居民税,视同自然人税收的捐赠
6	德国	1985/06/10	1986/05/14	1985/07/01	个人所得税,公司税,财产税以及营业税
7	马来西亚	1985/11/23	1986/09/14	1987/01/01	所得税和超额利润税,补充所得税,开发税和木材利润税,石油税
8	挪威	1986/02/25	1986/12/21	1987/01/01	对所得征收的国家税,对所得征收的郡的市政税,对所得征收的市政税,国家平衡基金税,对财产征收的市政税,按照石油税法令对所得和财产征收的国家税,对非居民艺术家报酬征收的国家税,海员税
9	丹麦	1986/03/26	1986/10/22	1987/01/01	国家所得税,市政所得税,县政所得税,老年养老金捐助,海员税,特别所得税,教会税,股息税,对疾病每日基金捐助,碳氢化合物税
10	新加坡	1986/04/18	1986/12/11	1987/01/01	所得税
11	加拿大	1986/05/12	1986/12/19	1987/01/01	加拿大政府征收的所得税
12	芬兰	1986/05/12	1987/12/18	1988/01/01	国家所得税,公司所得税,公共税,教会税,对居民取得的利息源泉扣缴的税收,对非居民所得源泉扣缴的税收(议定书) 国家所得税,公共税,教会税,对非居民所得源泉扣缴的税(原协定)
13	瑞典	1986/05/16	1987/01/03	1987/01/01	国家所得税,预提税,个人所得税,市政所得税,扩大经营目的税,海员税,息票税,公共所得税
14	新西兰	1986/09/16	1986/12/17	1987/01/01	所得税,超额留存税

续表

序号	国家	签署日期	生效日期	执行日期	涉及的具体税种
15	泰国	1986/10/27	1986/12/29	1987/01/01	所得税，石油所得税
16	意大利	1986/10/31	1989/11/14	1990/01/01	个人所得税，公司所得税，地方所得税（无论这些税是否经过源泉扣缴）
17	荷兰	1987/05/13	1988/03/05	1989/01/01	所得税，工资税，公司股息税（包括开发自然资源净利润中的政府股份）
18	捷克斯洛伐克	1987/06/11	1987/12/13	1988/01/01	所得税，工资薪金税，文学艺术活动税，农业利润税，人口所得税，房屋租金税
19	波兰	1988/06/07	1989/01/07	1990/01/01	所得税，工资薪金税，平衡税，不动产，农业税
20	澳大利亚	1988/11/17	1990/12/28	1991/01/01	澳大利亚税收
21	南斯拉夫[1]（适用于波斯尼亚和黑塞哥维那）	1988/12/02	1989/12/16	1990/01/01	所得税、财产税
22	保加利亚	1989/11/06	1990/05/25	1991/01/01	个人所得税，企业所得税，财产税，最终年度税（议定书，2003年1月3日生效）总所得税，独生男女、离婚者和无子女者所得税，利润税，房产税（原协定）
23	巴基斯坦	1989/11/15	1989/12/27	1989/01/01；1989/07/01	所得税，特别税，附加税
24	科威特	1989/12/25	1990/07/20	1989/01/01	公司所得税，股份公司应向科威特科学发展基金会支付的净利润的百分之五，财产税
25	瑞士	1990/07/06	1991/09/27	1990/01/01	联邦、州和镇的所得税，包括全部所得，薪金所得，财产所得，工商利润，财产收益和其他所得征收的税收，其中对财产所得征收的税收包括全部财产，动产和不动产，营业财产，实收股本，准备金和其他财产
26	塞浦路斯	1990/10/25	1991/10/05	1992/01/01	所得税，财产收益税，特别捐助税，不动产
27	西班牙	1990/11/22	1992/05/20	1993/01/01	个人所得税，公司税，财产税，地方对所得和财产征收的税收
28	罗马尼亚	1991/01/16	1992/03/05	1993/01/01	对个人和法人团体取得的所得征收的税收，对外国代表机构和按照罗马尼亚法律建立的有外国资本参与的公司取得的利润征收的税收，对从事农业活动实现的所得征收的税收
29	奥地利	1991/04/10	1992/11/01	1993/01/01	所得税，公司税，董事税，财产税，替代遗产财产税，工商企业税，包括对工资总额征收的税收，土地税，农林企业税，闲置土地价值税
30	巴西	1991/08/05	1993/01/06	1994/01/01	联邦所得税，不包括追加所得税和对次要活动征收的税收
31	蒙古	1991/08/26	1992/06/23	1993/01/01	个人所得税，外商投资企业所得税，外国企业所得税，地方所得税
32	匈牙利	1992/06/17	1994/12/31	1995/01/01	个人所得税，利润税
33	马耳他	1993/02/02	1994/03/20	1995/01/01	所得税
34	阿联酋	1993/07/01	1994/07/14	1995/01/01	所得税，公司税，附加税
35	卢森堡	1994/03/12	1995/07/28	1996/01/01	个人所得税，公司税，对公司董事费征税的税收，财产税，地区贸易税
36	韩国	1994/03/28	1994/09/27	1995/01/01	所得税，公司税，居民税。2006年7月生效的第二议定书关于韩国方面的税种应理解为以所得税或者公司税为税基，再直接加上或间接附加征收农村发展特别税
37	俄罗斯	1994/05/27	1997/04/10	1998/01/01	企业和团体所得税，个人所得税

续表

序号	国家	签署日期	生效日期	执行日期	涉及的具体税种
38	巴布亚新几内亚	1994/07/14	1995/08/16	1996/01/01	根据巴布亚新几内亚法律征收的所得税
39	印度	1994/07/18	1994/11/19	1995/01/01	所得税及其附加
40	毛里求斯	1994/08/01	1995/05/04	1996/01/01	所得税
41	克罗地亚	1995/01/09	2001/05/18	2002/01/01	所得税，利润税
42	白俄罗斯	1995/01/17	1996/10/03	1997/01/01	法人所得和利润税，个人所得税，不动产税
43	斯洛文尼亚	1995/02/13	1995/12/27	1996/01/01	法人利润，包括对斯洛文尼亚共和国境内设有代理机构的外国人从事运输服务的所得征收的税收。个人所得，包括工资薪金，农业活动所得，经营所得，财产收益，特许权使用费及不动产和动产所得征收的税收
44	以色列	1995/04/08	1995/12/22	1996/01/01	所得税（包括公司税和财产收益税）根据土地增值税法对不动产转让收益征收的税收，根据财产税法对不动产征收的税收
45	越南	1995/05/17	1996/10/18	1997/01/01	个人所得税，利润税，利润汇出税
46	土耳其	1995/05/23	1997/01/20	1998/01/01	所得税，公司税及以所得税和公司税为税基的附加税
47	乌克兰	1995/12/04	1996/10/18	中方：1997/01/01 乌方：1996/12/17（股息、利息、特许权使用费、个人所得），1997/01/01（企业所得）	公民所得税，对企业利润征收的税收
48	亚美尼亚	1996/05/05	1996/11/28	1997/01/01	利润税，财产税，所得税
49	牙买加	1996/06/03	1997/03/15	1998/01/01	所得税，有关财产收益的转让税
50	冰岛	1996/06/03	1997/02/05	1998/01/01	国民所得税，特别国民所得税，市政所得税，对银行机构取得的所得征收的税收
51	立陶宛	1996/06/03	1996/10/18	1997/01/01	对法人利润征收的税收，对自然人所得征收的税收，对使用国有资产的企业征收的税收，不动产税
52	拉脱维亚	1996/06/07	1997/01/27	1998/01/01	企业所得税，个人所得税，财产税
53	乌兹别克斯坦	1996/07/03	1996/07/03	1997/01/01	企业、协会及社团组织所得税，乌兹别克斯坦共和国公民，外籍个人及无国籍人员所得税
54	孟加拉国	1996/09/12	1997/04/10	中方：1998/01/01 孟方：1998/07/01	孟加拉国法律规定的所得税
55	塞尔维亚和黑山共和国	1997/03/21	1998/01/01	1998/01/01	公司所得税，公民所得税，财产税，对从事国际运输活动取得的收入征收的税收
56	苏丹	1997/05/30	1999/02/09	2000/01/01	所得税，财产收益税
57	马其顿[2]	1997/06/09	1997/11/29	1998/01/01	个人所得税，利润税，财产税
58	埃及	1997/08/13	1999/03/24	2000/01/01	不动产所得税（包括农业土地税和建筑税），统一的个人所得税，公司利润税，国家金融资源开发税，以上述税收为税基，按百分比征收的附加税
59	葡萄牙	1998/04/21	2000/06/07	2001/01/01	个人所得税，公司所得税，公司所得税及附加
60	爱沙尼亚	1998/05/12	1999/01/08	2000/01/01	所得税，地方所得税
61	老挝	1999/01/25	1999/06/22	2000/01/01	企业所得税，个人所得税

续表

序号	国家	签署日期	生效日期	执行日期	涉及的具体税种
62	塞舌尔	1999/08/26	1999/12/17	2000/01/01	营业税，石油所得税
63	菲律宾	1990/11/18	2001/03/23	2002/01/01	对个人、公司、产业和信托征收的所得税，股票交易税
64	爱尔兰	2000/04/19	2000/12/19	中方：2000/01/01 爱方：2000/04/06	所得税，公司税，财产收益税
65	南非	2000/04/25	2001/01/07	2002/01/01	标准税，附加公司所得税
66	巴巴多斯	2000/05/15	2000/10/27	2001/01/01	所得税，公司税（包括分支机构利润税和保险费所得税），石油经营收益税
67	摩尔多瓦	2000/06/07	2001/05/26	2002/01/01	所得税
68	卡塔尔	2001/04/02	2008/10/21	2009/01/01	所得税
69	古巴	2001/04/13	2003/10/17	2004/01/01	利润税，个人所得税
70	委内瑞拉	2001/04/17	2004/12/23	2005/01/01	公司所得税，营业财产税
71	尼泊尔	2001/05/14	2010/12/31	2011/01/01	按照所得税法征收的所得税
72	哈萨克斯坦	2001/09/12	2003/07/27	2004/01/01	法人所得税，个人所得税
73	印度尼西亚	2001/11/07	2003/08/25	2004/01/01	按照1984年所得税法征收的所得税
74	阿曼	2002/03/25	2002/07/20	2003/01/01	根据皇家修订法令第47/1981号征收的公司所得税以及根据皇家修订法令第77/1989号征收的商业和工业利润税
75	尼日利亚	2002/04/15	2009/03/21	2010/01/01	个人所得税，公司所得税，石油利润税，财产收益税，教育税
76	突尼斯	2002/04/16	2003/09/23	2004/01/01	所得税，公司税
77	伊朗	2002/04/20	2003/08/14	2004/01/01	所得税
78	巴林	2002/05/16	2002/08/08	2003/01/01	所得税（所得税法22/1979号）
79	希腊	2002/06/03	2005/11/11	2006/01/01	个人所得税，法人所得税
80	吉尔吉斯斯坦	2002/06/24	2003/03/29	2004/01/01	对法人利润以及其他收入征收的税收，个人所得税
81	摩洛哥	2002/08/27	2006/08/16	2007/01/01	一般所得税，公司税
82	斯里兰卡	2003/08/11	2005/05/22	2006/01/01	所得税，包括对投资委员会颁发许可证的企业营业额征收的所得税
83	特立尼达和多巴哥	2003/09/18	2005/05/22	2005/06/01；2006/01/01	所得税，公司税，石油利润税，附加石油税，失业税
84	阿尔巴尼亚	2004/09/13	2005/07/28	2006/01/01	所得税（包括公司利润税和个人所得税）；小规模经营活动税，财产
85	文莱	2004/09/21	2006/12/29	2007/01/01	根据所得税法征收的所得税（第三十五号）；根据所得税法征收的石油利润税（第119号）
86	阿塞拜疆	2005/03/17	2005/08/17	2006/01/01	法人利润税，个人所得税
87	格鲁吉亚	2005/06/22	2005/11/10	2006/01/01	企业所得税，企业财产税，个人所得税，个人财产税
88	墨西哥	2005/09/12	2006/03/01	2007/01/01	联邦所得税
89	沙特阿拉伯	2006/01/23	2006/09/01	2007/01/01	扎卡特税，所得税，天然气投资税
90	阿尔及利亚	2006/11/06	2007/07/27	2008/01/01	全球所得税，公司利润税，职业行为税，财产税，矿区使用费以及碳氢化合物勘探、研究、开采和管道运输活动成果税

续表

序号	国家	签署日期	生效日期	执行日期	涉及的具体税种
91	塔吉克斯坦	2008/08/27	2009/03/28	2010/01/01	自然人所得税，法人利润税，不动产税
92	埃塞俄比亚	2009/05/14	2012/12/25	2013/01/01	按286/2002号公告规定对所得和利润征收的税收；按相应公告对采矿、石油和农业活动所得征收的税收
93	土库曼斯坦	2009/12/13	2010/05/30	2011/01/01	法人利润（所得）税；个人所得税
94	捷克	2009/08/28	2011/05/04	2012/01/01	个人所得税、法人所得税
95	赞比亚	2010/07/26	2011/06/30	2012/01/01	所得税（转让动产和不动产所得，企业支付的工资薪金以及对资本增值征收的税收，视为所得征收税收）
96	叙利亚	2010/10/31	2011/09/01	2012/01/01	工商业和非商业利润所得税、薪金工资所得税、非居民所得税、动产和不动产收入所得税、附加税
97	乌干达	2012/01/01	尚未生效		所得税（来自转让动产或不动产的收益征收的税收以及对资本增值征收的税收）
98	博茨瓦纳	2012/04/11	2018/09/19	中方：2019/01/01 博方：2018/10/19（源泉扣缴税种）；2019/07/01（其他税种）	所得税，包括对财产收益的征税，来自转让动产或不动产的收益征收的税收以及对企业支付的工资或薪金总额征收的税收
99	厄瓜多尔	2013/01/21	2014/03/06	2015/01/01	个人所得、社团和其他类似实体的所得税
100	智利	2015/05/25	2016/08/08	2017/01/01	根据所得税法所征收的税收，包括对来自转让动产或不动产的收益征收的税收，对企业支付的工资或薪金总额征收的税收，以及对资本增值征收的税收
101	津巴布韦	2015/12/01	2016/09/29	2017/01/01	所得税、非居民股东税、非居民酬金税、非居民特许权使用费税、财产收益税、居民利息税
102	柬埔寨	2016/10/13	2018/01/26	2019/01/01	利润税，包括（预提税、最低税、股息分配附加利润税和财产收益税）；工资税
103	肯尼亚	2017/09/21	尚未生效		根据《所得税法案》征收的所得税，包括对来自转让动产或不动产的收益征收的税收，对企业支付的工资或薪金总额征收的税收
104	加蓬	2018/09/01	尚未生效		公司税或单一税率的最低税、自然人所得税、薪金附加税、租赁不动产特别税
105	刚果	2018/09/05	尚未生效		个人所得税、公司所得税。包括对来自转让动产或不动产的收益，企业支付的工资或薪金总额
106	安哥拉	2018/10/09	尚未生效		所得税、核定最低所得税、个人资产税
107	阿根廷	2018/12/02	尚未生效		所得税、核定最低所得税、个人资产税

1）该国已于1992年解体。
2）该国已于2019年更名为北马其顿。
注：本表不包括税收协定更新的情况
资料来源：根据国家税务总局官网资料整理；http://www.chinatax.gov.cn/n810341/n810770/index.html

> 课后阅读资料

数字经济环境下的常设机构困境

当前的常设机构能从物理形态、空间位置和经营活动等多个方面联合判定，所得来源国在税收协定下履行税收管辖权，投资居住国也能较好地了解本国居民纳税人在外的纳税情况，在这种情况下，纳税人逃避纳税义务的空间较小，但数字经济环境下，大量开拓新业务，传统的常设机构判定方法已经不能适应新的业务内容，造成大量的税款流失，如在线销售、电子支付、大数据使用等业务模式的创新，经营活动不再受限于地点、活动场所。经济活动方式、内容及所得项目的发展变化，也使常设机构功能定位及所得确认出现难题，常设机构的适用性受到质疑。

常设机构的判定难题，取决于一个重要的因素：固定的经营场所。但是在数字经济环境下，企业不必通过在他国设立经营场所就能完成交易，或向外国企业提供咨询等劳务服务，便可获得所得和利润，如欧洲呼叫中心可直接通过网络将自己的业务活动和资源在全球范围内快速配置，也可以通过网络媒介在全世界向其客户提供业务咨询。互联网信息技术的发展能使企业轻易跨越地理位置的限制，其经营方式、地点选择等非常灵活，同时对常设机构的依赖减弱，现行的以时空存在为主要联系特征的常设机构规则已不足以反映数字经济环境下的经济连接度。在这种情况下，更新常设机构的相关内容和重新确定常设机构的判定标准是当前签订国际税收协定时，关系常设机构税收政策的一项重要内容。

常设机构功能定位难题。传统的常设机构是建立在实体经济条件下的，此时，常设机构是在投资公司的控制下开展经营业务活动，常设机构的业务简单，风险较小，尽管与企业的经营目标一致，但对企业的价值贡献不高。但是在数字经济环境下，企业获取收益的方式以信息为主，收益渠道多元化，这一方面增加了税收征管的难度，同时企业通过信息渠道了解客户需求，而企业在市场需求下推陈出新，刺激新产品的产生和推动技术的革新，从上述的传导机制可以发现，企业的信息需求和技术创新相辅相成，通过网络信息渠道获取收益已经成为企业收入的重要组成部分，这跟传统的常设机构有区别。一个典型的案例是网络巨头公司免费向客户提供搜索引擎服务，客户利用搜索引擎寻求产品，表达自己的偏好，网络巨头收集这些偏好信息并不时推送给浏览网页的消费者和商家，同时商家根据客户需求定制个性化产品卖给消费者，并从中获利，进而提升企业自身的价值。在这种情况下，利用信息获利的常设机构已经构成了企业收入的重要来源，而传统的常设机构对企业的价值贡献往往并不高，那么如何定位当前的常设机构？信息与技术的这种依存关系交互作用造成常设机构的功能定位困境，常设机构为企业的整体决策提供动力和支持，其价值贡献水平不能仅以执行业务活动的规模进行评估。数字经济条件下，常设机构在集团整体价值贡献的功能定位需要重新进行分析认定。

常设机构经营活动确认难题。传统的常设机构是为企业带来直接收益的场所，但是在数字经济条件下，经营活动不一定同时与经济利益的发生联系在一起，而是通过一些间接的方式转换实现经济利益。例如，百度网站通过免费提供搜索引擎服务以吸引大量的用户，进而使得众多电商、媒介、广告及作者与其合作。这种做法的好处是庞大的用户群体可以提升企业的无形资产，使企业从中获利。因此，在数字经济条件下，单单从一项经济活动判定常设机构的构成，有些欠妥。应当从企业经济活动全局出发，判断各项业务活动在企业整体战略中的经济地位，以合理判断常设机构业务活动及其所得归属。

所得性质的认定困难。不管是对外签订的税收协定，还是国内税法的规定，都对不同性质的所得予以不同的税率和征收原则，但是在数字经济条件下，业务创新，各种不同的所得性质逐渐模糊化，界限不清，这给税务机关的征管带来了极大的困难，颁布适用的税法或更新条款也就尤为必要。当前世界各国的税收经济案件大多与所得性质的模糊确认有关,如我国泛美公司税案。案件发生的经过是泛美公司与央视合作,后者向前者提供压缩数字视频服务,央视向其支付相关费用,随后税务机关对泛美公司取得的所得认定产生争议,并诉讼至法庭。数字经济环境下,销售与服务、产品与技术的界限越来越模糊。鉴于此,如何划分特许权使用费与产品销售、服务活动所得,也是数字经济条件下对所得性质认定的一项极大挑战。

准备性、辅助性活动的认定问题。实体经济下的库存机构、信息采集等被认为是具备辅助性质和准备性质的场所,对企业的贡献价值有限,不宜被认定为常设机构,但是,数字经济条件下的辅助性活动和准备性活动已经被视为数字经济活动中的重要组成部分,成为提升企业价值的重要资源。例如:

1. 某些聊天软件附带向客户推送产品信息服务,而这种信息采集服务成了企业收入来源的重要组成部分。

2. 实体仓库通常被认为是辅助性和准备性的场所,不宜被判定为常设机构,但在数字经济条件下的实体仓库对于网络销售来说是提高其竞争力的重要资源,成为卖家的核心业务活动之一。

因此,应当重新认定准备性、辅助性活动的内容范围,以合理评估常设机构的价值贡献。

> **复习思考题**

1. 国际税收协定的作用有哪些?
2. 国际税收协定的主要内容有哪些?
3. 《经合组织范本》和《联合国范本》的区别有哪些?
4. 我国对外签订税收协定的原则有哪些?

第九章

商品课税的国际税收问题

税收收入是一国政府最主要的财政收入来源,肩负着筹集本国财政收入的主要功能。在经济全球化和区域经济一体化的大背景下,各国的税收政策不仅要承担调节经济的职能,还要兼顾其条款与国际税收规范、准则的兼容性。商品课税的国际税收问题主要包括增值税、消费税和关税等。在开放经济条件下,各国不同的商品课税制度会对其国际经济与贸易产生影响。在当今世界各国经济活动紧密联系、相互渗透的时代,商品课税的国际税收问题尤其是国际商品课税的世界性协调活动显得尤为重要。

第一节 关税制度的世界性协调

商品课税的世界性协调是指世界各国普遍参与的非区域性商品课税制度的协调。在商品课税中,国际贸易发展最主要的障碍是关税,因此关税制度的世界性协调是商品课税世界性协调的关键内容,也是商品课税世界性协调的主要对象。关税的世界性协调主要针对的是税率及完税价格的确定方法,对实行市场经济的国家来说,税率的高低会对进出口产品的价格和竞争能力造成直接影响,进而会影响国际贸易的规模,所以关税税率的协调是关税制度的世界性协调的首要问题。

一、关税税率的世界性协调

(一)关税及贸易总协定

1. 关税及贸易总协定的产生

在人类历史发展的很长一段时期,世界各国处于封闭或者半封闭状态,直到文艺复兴以后，世界各国人民才开始觉醒，从此以后，自然科学和社会科学的发展突飞猛进，人类社会很快进入资本主义近现代社会。至此，国与国之间的联系日益紧密，世界各国政治、经济、文化等各方面相互交织，国际贸易频繁，国与国之间产生税收分配关系。国际税收问题产生之初，国际贸易发展不足，国际税收规则不规范，由此引发了很多战争，直到人类社会经历两次世界大战以后，国际社会才深刻认识到战争的危害。

关贸总协定全称关税及贸易总协定。第二次世界大战结束以后，美国成为世界上唯一的超级大国。1946年2月，美国向联合国经济与社会理事会提议，建议成立一个世界性的国际贸易组织，以进行国际经贸关系的协调。由于深刻的历史教训，国际社会形成了基本共识。1946年10月，联合国就美国提出的《国际贸易组织宪章》草案进行了第一轮探讨。经过世界各国多回合的讨论，关税协调方案最终于1947年10月30日签订，有23个国家参与签订，并约定该方案于1948年1月1日生效。需要特别说明的是，由于美国内政原因，其提议成立国际贸易组织的设想没有实现，上述关税协调方案只能以世界性关税协定的形式签订，被称为《关税及贸易总协定》(General Agreement on Tariffs and Trade, GATT)，后文简称《关贸总协定》。在关贸总协定更名为世界贸易组织的前夕，《关贸总协定》的缔约国已经从1947年的23个增加到1994年的123个，成为世界性关税与贸易协调的典范。

2. 关贸总协定的八轮谈判

达成关贸总协定的基本目的是通过实施互惠和非歧视性关税减让，在消除其他贸易壁垒的基础上进行谈判，制定规则以实现国际贸易的自由化。从1947年至1994年，缔约方之间主要针对关税减让进行了八次贸易谈判，这些谈判通常称为"回合"。表9-1展示的是八次谈判的举办时间、地点、参与国家数，以及主要达成的谈判结果。

表9-1 八轮谈判情况表

谈判轮次	举办时间/地点	参与国家数	主要达成的谈判结果
第一轮	1947年瑞士日内瓦	23	参与税收减让的商品占发达国家应税进口额54%，减税项目45 000个，关税平均降价幅度为35%
第二轮	1949年法国安纳西	33	参与税收减让的商品占发达国家应征进口额5.6%，减税项目5 000多个，关税平均降价幅度35%
第三轮	1950~1951年英国多尔基	38	参与税收减让的商品占发达国家应税进口额11.7%，减税项目8 700个，关税平均降价幅度26%
第四轮"日内瓦回合"	1956年瑞士日内瓦	28	参与税收减让的商品占发达国家应税进口额16%，减税项目3 000个，关税平均降价幅度15%
第五轮"狄龙回合"	1960~1962年瑞士日内瓦	45	占发达国家应税进口额20%的商品参与税收减让，关税平均降价幅度20%，减税项目4 400个
第六轮"肯尼迪回合"	1964~1967年瑞士日内瓦	54	1968年起的五年内，美国工业品的平均关税水平降低了37%，欧洲共同体工业品的平均关税水平降低了35%，缔约方的关税水平平均降低了35%
第七轮"东京回合"	1973~1979年瑞士日内瓦	99	1968年起的五年内，西方国家制成品的平均进口关税水平由7%降至4.7%，发展中国家平均关税水平降低了13%~15%，缔约方关税水平平均降低了25%~30%
第八轮"乌拉圭回合"	1986~1993年乌拉圭埃斯特角	117	工业化国家预计在6年内削减农产品关税36%，发展中国家预计在10年内削减农产品关税24%，各缔约方工业品的关税总水平将削减40%，平均关税水平降至3%

最开始的多边贸易谈判主要是关税减让方面，在"肯尼迪回合"就已逐步涉及非关税领域，而"东京回合"到"乌拉圭回合"，重点则在非关税贸易障碍上，尤其是"乌拉圭回合"将多边贸易谈判从货物贸易领域扩展到服务贸易，以及与贸易有关的知识产权和投资措施等领域。1994年4月15日，参与乌拉圭回合的谈判方于摩洛哥马拉喀什城举行会议，宣告结束《关贸总协定》自1948年开始临时适用的实践。在关贸总协定产生之前，国际社会的初衷是成立一个国际性的贸易组织，但因为彼时的具体历史条件没有达成。1994年，在经历了长达半个世纪的演变后，关贸总协定实际上已经成为真正意义上的国际贸易组织。同年4月15日，国际社会在摩洛哥签署建立世界贸易组织的协议，这对关贸总协定来说既是结束，又是重生。结束的是长达半个世纪以关贸协定形式存在的"国际贸易组织"，重生的是更有效的解决争端的机制和管理等。1995年1月1日，世界贸易组织成立，继续秉承关税及贸易总协定的基本原则，调节和推动国际贸易向更高水平发展。

3. 关贸总协定的基本原则

关贸总协定有两个基本原则：互惠原则和非歧视原则。

互惠原则：关贸总协定自成立以来，在推动世界贸易自由化发展上做出了巨大贡献。第二次世界大战以后，由于建立国际贸易组织的构想是由美国提出，在关贸总协定建立之初成员国也大多是发达国家，所以其协定的条款也基本是为发达国家服务，关贸总协定也被称为"富人俱乐部"。但随着国际社会和平稳定发展局面基本形成、国际经贸关系日益频繁，越来越多的发展中国家参与了进来。1964年，应大多数发展中国家要求，关贸总协定加入了有利于发展中国家的条款。加入关贸总协定的发展中国家大多为第二次世界大战以后新建立的国家，经济实力薄弱，如果适用与发达国家同样的条款，实际上会对本国产业造成致命打击，为此关贸总协定规定，允许国与国之间不对等的国际贸易关系，也就是说，发展中国家未必需要对发达国家的关税减让给予同样的回应。这种看似"不公平"的税收协定，实际上是另一种公平。当然，当发展中国家对他国降低关税有利于本国经济发展时，也并不拘泥于上述规定。

非歧视原则：为在国际社会形成良好的经济贸易关系和秩序，关贸总协定还对所有成员国实行非歧视原则。具体是指：对所有成员国实行最惠国待遇。《关贸总协定》"一般最惠国待遇"规定：一缔约国对来自或运往其他国家的产品所给予的利益、优待、特权或豁免，应当立即无条件地给予来自或运往所有其他缔约国的相同产品[①]。当任意两个成员国通过双边谈判缔结了关税减免的合约时，该合约同样适用于其他成员国，这就是非歧视原则。

互惠原则和非歧视原则是《关贸总协定》的两大基本原则，它维持各成员国的经贸关系的平衡，有效促进了国际经贸关系的自由化发展。

4. 关贸总协定框架下的关税减让机制

不管是用双边或多边的谈判程序，采用哪种减让方式，有关关税减让的谈判结果必

---

① 朱青. 国际税收（第八版）[M]. 北京：中国人民大学出版社，2018，第289页。

须明文载入本国所附加于总协定的减让表上。减让表的效力在于"一缔约国对其他缔约国贸易所给的待遇，不得低于协定所附这一缔约国有关减让表中有关部分所列待遇"，减让后的税率一旦确定，不得随意修改。

传统的谈判方式为双边谈判程序，"肯尼迪回合"以前的五轮谈判都以这种方式进行。参与谈判的国家先选择对手，有选择地选择产品税目逐一谈判，双方达成的有关关税减让的条款纳入减让表，再依据最惠国待遇条款，适用于所有的缔约国。这种谈判方式的特点是：在减让方式上是"产品对产品"，在效力范围上是"双边谈判，多边适用"。但是由于各国的经济发展水平、商品结构、生产成本等不同，适用范围有限，双边谈判耗时耗力也不能适应缔约国逐年增加的情况，而且原本低关税的国家经最惠国优惠条款后一减再减，容易处于不利地位。

由于双边谈判的这种缺陷，自"肯尼迪回合"以后开始逐步采用多边谈判程序，对一些敏感产品如农产品和少数初级产品仍允许缔约国按双边谈判程序进行关税谈判，多边关税谈判的目的是全面促成关税减让。不同于双边谈判，这种方式在若干个缔约国之间进行，通常由一缔约国向若干缔约国递交关税减让清单，并同时提出关税减让索要清单，不是产品对产品逐个减让，而是对某一类的产品统一进行关税减免，同样适用最惠国待遇条款。

在多边贸易谈判过程中，主要采取过以下三种关税减让方法。

1）线性法

最初在"狄龙回合"中采用，但无预期效果，后来在"肯尼迪回合"中应用并取得成效，美国主张对所有工业品的关税直线下降50%，原为50%的关税税率降至25%，经谈判决定，缔约国对工业品统一按 50%的减税幅度实行"直线减税"，把敏感产品（农产品和初级产品）及发展中国家作为例外情况。

2）协调法

由于线性法会使高关税和低关税的国家都实行统一幅度的减让，有利于高关税国家（美国），而对低关税国家（西欧国家）不利，所以为解决线性法产生的关税差异问题，欧共体在"东京回合"中提出减让公式，具体计算为每种产品的税率按税率本身的比例累减四次，最后得到削减后的关税税率。

以原有的税率为50%来说：

第一次削减，$50\% \times (1-50\%) = 25\%$；

第二次削减，$25\% \times (1-25\%) = 18.75\%$；

第三次削减，$18.75\% \times (1-18.75\%) = 15.23\%$；

第四次削减，$15.23\% \times (1-15.23\%) = 12.92\%$，最后税率为12.91%。

以原有税率为20%来说：

第一次削减，$20\% \times (1-20\%) = 16\%$；

第二次削减，$16\% \times (1-16\%) = 13.44\%$；

第三次削减，$13.44\% \times (1-13.44\%) = 11.63\%$；

第四次削减，$11.63\% \times (1-11.63\%) = 10.28\%$，最后税率为10.28%。

由此可见，高税率降价幅度大，低税率降价幅度小。

3）瑞士公式

在"东京回合"谈判中，由于美国坚持线性法，欧共体坚持协调法，而发展中国家要求关税减让的差别待遇，在这种情况下，瑞士谈判团提出了折中方案，结合了线性法和协调法的特点，即"瑞士公式"。瑞士公式表现为：

$$Z = AX \times 100\% / (A + X)$$

其中，X指原税率，Z指减让后税率，A指固定参数（最低14，最高16，缔约国可根据原有税率高低进行选择，最高税率选14，最低税率选16）。以原税率20%和30%为例：

当原税率为20%，X=20，固定参数为14时，Z=14×20%/（14+20）=8.235%，固定参数为16时，Z=16×20%/（16+20）=8.889%；

当原税率为30%，X=30，固定参数为14时，Z=14×30%/（14+30）=9.545%，固定参数为16时，Z=16×30%/（16+30）=10.435%。

由此可见，高税率的减让幅度会大于低税率的减让幅度，符合"税率越高，减税越多"的协调税率要求，此外参数越小，影响越大，因参数不同，会得到细小的反向税差，具有一定的补偿性。

5. 从最惠国待遇到普惠制

在《关贸总协定》的规定中，最惠国待遇条款和非互惠原则实际上有一定的矛盾。例如，当发达国家承诺对发展中国家进行单方面的关税优惠时，根据最惠国待遇条款，这种关税优惠也应该适用于其他发达国家。因此，很多发达国家并不愿意在关税优惠中给予发展中国家太多让步，以防止其他发达国家也享受同等待遇以冲击到本国的外向型经济。

但是，大部分发展中国家都是第二次世界大战以后在各发达国家殖民地建立起来的新政权、新国家，加之长期在发达国家殖民统治之下，经济结构布局畸形，经济发展水平无法与发达国家相比。1964年，77个发展中国家发表联合宣言，正式要求发达国家给予发展中国家单方面普遍的、非互惠和非歧视的关税优惠制度，这就是普惠制。也就是说，关贸总协定的所有发达成员国一致对所有发展中成员国实行普惠制，所有发达国家单方面对发展中国家进行关税减免，对所有发展中国家一视同仁，同时不允许其他发达国家享受到同等的关税优惠。普惠制发展的历史时间表，如表9-2所示。

表9-2 普惠制发展的历史时间表

年份	历史进程
1964	77个发展中国家发表联合宣言，要求发达国家给予发展中国家普遍的、非互惠的、非歧视的关税优惠制度，即普惠制
1966	澳大利亚决定对60多种从发展中国家进口的产品给予更高的关税优惠待遇
1967	OECD通过了允许发达成员国给予发展中成员国普遍非互惠非歧视的关税优惠的决议
1968	第二届联合国贸易与发展会议确立了对发展中国家实施普惠制的原则、目标和最后期限
1971	欧洲共同体率先实行了普惠制，普惠制真正落地实施

续表

年份	历史进程
1976	28个发达国家、苏联和东欧实行普惠制
1979	允许《关贸总协定》缔约国绕开最惠国待遇的条款规定，对发展中国家实行更加优惠的关税优惠
2002	实行普惠制的国家达到32个

我国作为发展中国家，也得到过发达国家的关税减让。但由于我国是世界上最大的发展中国家，欧盟于1998年和2004年分别对我国大量出口的产品停止实施普惠制。美国更是根据本国法律法规，至今为止都没有给予我国出口产品普惠制。普惠制大大地促进了国际经济与贸易的自由化发展，但是还存在一些历史局限性，期待未来国际普惠制有进一步发展。

（二）世界贸易组织

中国曾是《关贸总协定》的创始缔约国。1948年4月21日，中国政府在《关税与贸易总协定临时适用议定书》上签字，并于5月21日成为《关贸总协定》的第23个缔约国，但之后出于历史原因退出了《关贸总协定》。1986年7月，中国正式申请恢复在关贸总协定中的缔约方地位，之后中国进入了较长的复关谈判阶段。1995年，世界贸易组织成立，《世界贸易组织协议》取代了原来的《关贸总协定》。同年6月3日，中国成为世界贸易组织的观察员，7月11日，中国又正式提出加入世界贸易组织的申请。1998年3月28日至4月9日，中国代表团向世界贸易组织递交了一份近6 000个税号的关税减让表，谈判取得了有意义的进展。2001年12月11日，中国正式成为世界贸易组织第143个成员。

2001年11月，世界贸易组织成立后不久，它开始组织"多哈回合"贸易谈判，这是在关贸总协定谈判基础上开始的新一轮谈判。由于自身的局限性，在"乌拉圭回合"中缔结的农业协定导致各国之间的农产品贸易争端和争端不断扩大，"多哈回合"谈判因此应运而生，但是这场谈判未能达成协议，2006年谈判中止。尽管"多哈回合"谈判涉及农业、非农业市场准入、服务贸易和知识产权等8个方面，但谈判的核心是农业。发达国家的农业补贴总体水平很高，在发达国家市场上本国的农产品的竞争优势强，贸易保护主义严重。日本由于地理位置可用于耕种的土地较少，其土地资源和生产规模的有限性要求日本发展高科技现代化农业，通过高额补贴来刺激农业发展，由于本身能生产的农产品数量少而依赖于进口，其通过高关税税率来减少其他国家对本国农产品市场的冲击，贸易保护主义严重。欧盟在世界农业市场上以贸易保护主义著称，欧盟国家对内取消关税，对外进行贸易保护，通过提高其农产品关税税率来保护农业，而且由于欧盟的食品安全要求严格，也提高了外来农产品的门槛。但是，与发达国家相比，绝大部分发展中国家在农业上科学化、专业化水平低，生产率低，而农业在发展中国家所占比重较高，导致发展中国家在农产品市场一直缺乏竞争优势。发展中国家坚决要求发达国家降低农业补贴，但发达国家坚决认为是不能接受的，而发达国家希望发展中国家通过降低进口关税，来降低农产品市场准入标准，发展中国家为提高本国农产品竞争力只能采取高额的关税,正是这种矛盾导致"多哈回合"谈判一直没有取得实质性进展。直到2013年12月7日在印度尼西亚巴厘岛闭幕的世界贸易组织第九次部长会议上才取得"多哈回合"开始后的首次突破性成果,即"巴厘一揽子协定"。"巴厘一揽子协定"的成就主要有对贸易便利化的推进,贸易便利化将通过简化通关手续清除各种不必要的贸易成本,在农业问题上对关税配额管理和出口补贴做了规定,改善棉花市场的市场准入等,标志着世界贸易组织自成立以来实现了多边谈判的"零突破",再一次重申了世界贸易组织作为全球首要的多边贸易谈判机制的地位。"多哈回合"谈判维持了15年,对于是否持续下去的问题,世界贸易组织成员之间有很大的分歧。美国等一些发达国家主张用《跨太平洋伙伴关系协定》等区域性协议来取代"多哈回合"谈判所追求的那种面面俱到的大规模全球协定,但中国、印度、巴西等发展中国家则希望继续"多哈回合"谈判。"巴厘一揽子协定"只是"多哈回合"谈判的早期成果,仍有多个重要议题亟待解决,"多哈回合"谈判的命运和世界贸易组织的前途值得人们关注。

二、完税价格审定方法的世界性协调

关税分为从价税和从量税两种。从价税的计税依据为进口商品的价格,应纳关税等于完税价格与适用税率的乘积。在税率一定的情况下,变动完税价格会直接影响应缴纳的关税。所以,关税完税价格的审定方法也是影响进出口贸易的一个重要因素,因而有必要对完税价格也做统一的规定。

《1947年关税与贸易总协定》规定,海关征收关税的完税价格应以进口货物或同类货物的"实际价格"为依据,不应采用同类国产品的价格及任意或虚构的价格。虽然这一历史上第一次针对进口货物海关估价达成的多边国际贸易条约,确立了"公平""非歧视性",以及"符合商业惯例"的估价基本方针,但由于规定过于抽象和不具体,未能得到落实。

1950年12月15日,部分欧洲国家在比利时首都布鲁塞尔签订《关于设立海关合作理事会的公约》,同时签署的还有《海关商品估价公约》和《海关税则商品分类目录公约》。《海关商品估价公约》,也称为《布鲁塞尔海关估价公约》,它规定:从价计征关税时,应使用正式进口货物的正常价格,正常价格不一定是货物的实际销售价格,必须满足三个条件:①必须是货物正式销售的价格;②价格是在充分竞争的公开市场上形成的;③买卖双方没有特殊经济关系,即进口商品的完税价格不能以发票上的价格为依据,而应该以在买卖双方相互独立的采购地市场上任何买方都可以买到该种商品所支付的价格为依据,防止进口商家假报价格。此外,《海关商品估价公约》还规定完税价格以到岸价格来确定。但是后来遭到了美国和加拿大的反对,且由于正常价格的标准往往会被海关滥用,难以成为通行的估价准则。

在1973年至1979年的"东京回合"谈判上,签订了《关于实施关税与贸易总协定第7条的协定》(亦称《海关估价守则》《新估价法规》),于1981年1月1日生效,规定主要以商品成交价格为海关完税价格的新估价制度,作为对关贸总协定第7条的补充。主要有以下6种估计完税价格的方法。

（1）以进口商品的成交价格估计：指商品销售出口运往进口国的实际或已付价格，不包括运费、保险费和其他费用。

（2）以相同货物的成交价格估计：指与待估价产品同时销售出口到同一进口国的同类产品的成交价格，需在质量、物理性质和信誉上相同，选取同类产品中最低价格估价。

（3）以类似货物的成交价格估计：指与该货物同时或者大约同时销售出口到同一进口国的类似产品的成交价格。类似产品指具备同样的效用可以用作商业交换的货物，还要考虑货物的品质、信誉和商标。

（4）扣除法：是以进口商品，或同类或类似进口商品在国内的销售价格为基础减去有关的税费后所得的价格。其倒扣的项目包括代销佣金、销售的利润和一般费用，进口国内的运费、保险费、进口关税和国内税等。

（5）计算价格法：是以制造该种进口商品的原材料、部件、生产费用、运输和保险费用等成本费及销售进口商品获取的利润和所产生的一般费用为基础进行估算的完税价格。这种方法必须由进口商提供相关凭证为条件来确定其完税价格。

（6）合理法：海关在确定应税商品的完税价格时，使用上述任何一种估价方法都无法确定海关估价时，只要不违背本协议的估价原则和关贸总协定第七条的规定，可以灵活地采用上述方法中任何一个最便于计算海关价格的方法。

上述六种估价方法应依次使用，当前一种估价方法无法确定时，才能使用后一种方法，但根据进口商的要求，第三种和第四种估价方法次序可以颠倒。《关于实施关税与贸易总协定第 7 条的协定》弥补了之前协定中对完税价格界定过于笼统的弊病，做了更详细的规定，且不要求所有缔约国都加入。

《WTO 估价协定》，又称《关于实施 1994 年关税与贸易总协定第七条的协定》《海关估价协议》，是世界贸易组织管辖的一项多边贸易协议，是在关贸总协定东京回合的《海关估价守则》的基础上修订的。作为乌拉圭回合所达成的一揽子多边贸易协议之一，具有强制性，因此实施范围扩大到世界贸易组织的所有成员国，成为真正意义上的国际海关估价制度。《WTO 估价协定》确定了海关估价的六种方法：成交价格、相同货物的成交价格、类似货物的成交价格、扣除法价格、计算价格、海关估价计算顺序类推法。此外，对涉及海关估价的其他问题作出规定，对发展中国家给予特殊待遇。至于完税价格以到岸价格还是以离岸价格为依据，则允许缔约国根据本国立法确定。美国、澳大利亚及少数国家按照离岸价格条件估价，即完税价格中扣除运送至进口国的运输成本。世界上大多数国家是按照到岸价格条件估价，即把运输及其他相关成本包括在完税价格之内。

我国于 1951 年颁布的《中华人民共和国暂行海关法》、《中华人民共和国海关进出口税则》和《中华人民共和国海关进出口税则暂行实施条例》对海关完税价格做出界定：进口货物以到岸价格（即货物在采购地的正常批发价格加上出口税、抵达我国输入地点起卸前的包装费、运输费、保险费、手续费等费用）为完税价格。1987 年的《中华人民共和国海关法》规定以正常到岸价格为完税价格。1992 年发布的《中华人民共和国海关审定进出口货物完税价格办法》进一步将完税价格确定为货物在公开市场上可以采购到的正常的价格。中国加入世界贸易组织后，海关全面实施《WTO 估价协定》，明确规定我国海关以进口货物的"成交价格"作为完税价格准则。自 2004 年 1 月 1 日施行的《中华人民共和国进出口关税条例》第十八条规定:"进口货物的完税价格由海关以符合本条第三款所列条件的成交价格以及该货物运抵中华人民共和国境内输入地点起卸前的运输及其相关费用、保险费为基础审查确定。"于2014年2月1日实施的《中华人民共和国海关审定进出口货物完税价格办法》(海关总署令第213号)也延续该项规定:进口货物的完税价格,由海关以该货物的成交价格为基础审查确定,并且应当包括货物运抵中华人民共和国境内输入地点起卸前的运输及其相关费用、保险费。

第二节 商品课税管辖权原则的世界性协调

一、国内商品税的管辖权原则的协调

与所得税的情况类似,国内商品课税也存在税收管辖权问题,涉及外国货物进入国内流通或出口国内货物的征税原则。对国内商品课税的管辖权原则(简称商品课税原则)有两种:一是原产地原则,即一国政府要对国内生产的所有商品课税,而不论这些商品是在本国消费还是在国外消费;二是消费地原则,即一国政府有权对在本国消费的所有商品课税,而不论这些商品是在本国生产的还是从国外进口的。

当一出口国适用原产地原则,另一进口国适用消费地原则时,两个国家都要按税收管辖权对同一贸易商品课税,同一批出口商品要同时负担两国的商品课税,它在进口国的国内市场上就无法与进口国本国生产的同类产品进行公平竞争,导致对商品的国际重复课税,阻碍国际贸易发展,所以有必要对各国的商品课税原则加以协调。无论各国统一实行哪种课税原则,都要避免税收管辖权的相互冲突,才有利于促进商品的跨国自由流通,避免商品的国际重复课税。如果世界各国统一实行原产地原则,那么一切出口商品就只负担出口国的税收,而不需要负担进口国的国内商品税,如果各国统一实行消费地原则,那么国际贸易商品就只负担进口国的国内商品税,同样避免了国际重复课税。

但是对各国商品课税原则的协调,究竟是将各国的商品课税原则统一到原产地原则还是消费地原则上去,应该从税收协调的公平原则和效率原则两个方面进行综合考虑。

首先,从税收协调的公平原则来看,按照国际公认的国家间税收公平原则,一个国家应只对本国的消费者征税,而不是将税收负担转移给外国消费者,并实施税负输出政策。根据这一要求,很明显每个国家都应该统一实施消费地原则。如果以原产地原则征税,该税将加在出口价格上,并由外国消费者承担。特别是,不同国家的商品课税税率不同,在一国征收较高国内商品税的情况下,最终却由其他国家的消费者承担,这不符合国家之间公平征税的原则。还有,一国的税收收入最终要用于财政支出,本国消费者在向政府纳税的同时也享受了政府教育、国防、医疗等财政支出带来的利益,但外国的消费者并没有享受到这种利益,所以一国的税收不应该由其他国家的消费者负担。

其次,从税收的效率原则来看,各国的国内商品课税制度一般实行多种税率,税率结构也不相同,对同一种产品征收的税率差异较大,如果两国统一适用消费地原则,不管是

国内生产的产品还是国外生产的产品，在对出口商品退还国内商品税的情况下，同一产品在对方国家的消费市场上都征收相同的税，在商品质量、性能等一致的情况下，消费者能进行自由的选择，不会因价格因素而产生选择偏好问题，即一国税率的高低不会影响到产品在对方市场上同对方同类产品的竞争，不会影响商品的跨国流动，能维持原有市场主导下两国市场的有效的资源配置和国际分工。如果两国适用原产地原则，那么一国的出口产品会受到该国的税率影响，在税负不同的情况下同对方国家同类产品进行不公平竞争，原有的国家间分工和一国的比较优势也难以维持，资源在两国之间不能得到有效配置。

出口国不征税而由进口国征税的消费地原则已被《关贸总协定》和其他国际协议采用，因为它符合经济效率原则，并且在一定程度上符合国家间的公平原则。《关贸总协定》中的许多条款都鼓励各国实行消费地原则，即对出口产品实行退税，对进口产品课征国内商品税。例如，《关贸总协定》第3条第1款规定，进口国可以对进口产品征收国内税，但不得用此办法对国内生产提供保护；《关贸总协定》第6条第4款规定，一缔约国的产品输入到另一缔约国，进口国不得因产品在出口国已经退税便对它征收反倾销税或反补贴税；关于第16条的补充规定还指出，退还与所缴数量相等的国内税，不能视为出口补贴。根据《关贸总协定》等有关的国际协定，目前世界各国有关国际贸易商品部分，国内商品课税制度基本上都实行消费地原则。

二、我国增值税的出口退税问题

我国从1985年开始按消费地原则实行出口退税制度。

1994年我国进行分税制改革，并对出口环节实行了零税率的政策。从1995年7月至2009年4月进行了11次大幅调整。

从1995年7月至1997年，由于受税收管理水平和中央资金压力的影响，也为解决退税增长大大超过征税和出口额的增长、欺诈性出口退税等问题，1995年和1996年进行了第一次大幅度的出口退税政策调整。

1998~1999年，受东南亚金融危机的影响，为促进出口和扭转外贸出口下降趋势，进行了第二次调整，提高部分产品的出口退税率。2004~2007年，为解决出口退税财政负担加重、税款退付周期过长、骗取出口退税违法行为抬头等问题，国家又陆续降低了退税率，于2004年、2005年和2007年分别进行出口退税率的调整。

2008~2009年，为应对国际金融危机的影响，又大幅提高大部分商品的出口退税率，期间进行了六次调整。

2010年，出于进一步落实节能减排的目标及减少与主要贸易伙伴之间贸易摩擦的目的，对一些产品取消出口退税。2014年又对部分产品的出口退税率进行了调整。

自2016年5月1日全面进行营改增，应深化增值税改革的要求，2017~2019年将制造业、交通运输业、建筑业等行业税率下调，确保主要行业税负明显降低，向推进税率三档并两档、税制简化方向迈进，出口退税率也进行了相应调整。

1985~2019年按消费地原则实行出口退税制度之后出口退税率由于国际形势和中国

自身发展要求所做的主要相关变动见表9-3。

表9-3 1985~2019年出口退税率部分变动情况表

年份	相关政策及有关出口退税的主要变动
1985	《关于对进出口产品征、退产品税或增值税的规定》(国发〔1985〕43号)标志着我国出口退税制度的形成,但是当时这一制度只适用内资企业,对外商企业另有政策规定
1994	1994年分税制改革后,外商投资企业同样适用出口退税制度。国家税务总局发布的《出口货物退(免)税管理方法》(国税发〔1994〕031号)中规定我国实行出口环节的零税率的政策,出口货物增值税的退税率等于货物的适用税率,分别为17%和13%
1995~1996	自1995年7月1日起,我国将原来适用17%退税率的改为14%;原来适用13%税率的改为10%;农产品和煤的退税率降为3%。自1996年1月1日起,进一步降低出口退税率,将原来适用14%退税率的改为9%;原来适用10%退税率的改为6%;农产品和煤的退税率仍为3%
1998~1999	将机械及仪器、电子产品及服装等的出口退税率提高到17%;纺织原料及制品、不适用17%退税率的机电产品,以及法定税率为17%但退税率为13%或11%的货物统一提高到15%的退税率;农机、钟表、鞋、陶瓷、钢材及其制品、水泥、煤炭及法定税率为17%但退税率为9%的其他货物,农产品以外的法定税率为13%但现行税率未达13%的货物出口退税率提高至13%;农产品的出口退税率提高至5%
2004	自2004年1月1日起,对现行的出口退税机制进行改革,主要是对出口退税率进行结构性调整,适当降低出口退税率。对国家鼓励出口的产品退税率不降或少降,对一般性出口产品退税率适当降低,对国家限制出口的产品和一些资源性产品多降或取消退税。还有建立中央和地方财政共同负担出口退税的新机制。具体办法是:从2004年起,以2003年出口退税实退指标为基数,对超基数部分的应退税额,由中央与地方按75:25的比例分别负担。出口退税率有5%、8%、11%、13%和17%五档
2005	中国分期分批调低和取消了部分"高耗能、高污染、资源性"产品的出口退税率,同时适当降低了纺织品等容易引起贸易摩擦的出口退税率,提高重大技术装备、信息技术产品、生物医药产品的出口退税率。中央和地方财政共同负担出口退税比例也做了变更:国务院批准核定的各地出口退税基数不变,超基数部分中央与地方按照92.5:7.5的比例共同负担
2007	我国从2007年7月1日起,调整部分商品的出口退税政策。此次政策调整包括取消濒危动植物及其制品等553项"高耗能、高污染、资源性"产品的出口退税;降低服装、鞋帽等2 268项容易引起贸易摩擦的商品的出口退税率;将花生果仁等10项商品的出口退税改为出口免税政策。出口退税率有5%、9%、11%、13%、17%五档
2008	自2008年8月1日起,部分纺织品、服装的出口退税率由11%提高到13%;部分竹制品的出口退税率提高到11%。自2008年11月1日起,适当提高纺织品、服装、玩具等劳动密集型商品出口退税率,提高抗艾滋病药物等高技术含量、高附加值商品的出口退税率,出口退税率有5%、9%、11%、13%、14%、17%六档。自2008年12月1日起,提高部分商品的退税率。例如,部分橡胶制品、林产品的退税率由5%提高到9%,部分模具、玻璃器皿的退税率由5%提高到11%,部分水产品的退税率由5%提高到13%,等等
2009	自2009年1月1日起,提高部分技术含量和附加值高的机电产品的出口退税率。自2009年2月1日起,将纺织品、服装出口退税率提高到15%。2009年4月1日起,提高部分商品(CRT[1])彩电、部分电视机零件;纺织品、服装;涵盖一些化工、橡胶,纸、塑料、木、玻璃等)的出口退税率。主要将纺织品、服装的出口退税率从原来的15%上调至16%,希望借此推动中国纺织企业的复苏
2010	《财政部 国家税务总局关于取消部分商品出口退税的通知》(财税〔2010〕57号)颁布,取消的商品范围包括:部分钢材;部分有色金属加工材;银粉;酒精;玉米淀粉;部分农药、医药、化工产品;部分塑料及制品、橡胶及制品、玻璃及制品
2014	《财政部 国家税务总局关于调整部分产品出口退税率的通知》(财税〔2014〕150号)发布,自2015年1月1日起,提高部分高附加值产品、玉米加工产品、纺织品服装的出口退税率;取消含硼钢的出口退税
2017	《财政部 国家税务总局关于简并增值税税率有关政策的通知》(财税[2017]37号),规定自2017年7月1日起,简并增值税税率结构,取消13%的增值税税率,原适用13%税率的货物,适用11%的税率,但是原抵扣力度不受影响
2018	《财政部 税务总局关于调整增值税税率的通知》(财税[2018]32号)规定,自2018年5月1日起,原适用17%税率且出口退税率为17%的出口货物,出口退税率调整至16%。原适用11%税率且出口退税率为11%的出口货物、跨境应税行为,出口退税率调整至10%。

续表

年份	相关政策及有关出口退税的主要变动
2019	《财政部 税务总局 海关总署关于深化增值税改革有关政策的公告》规定，自2019年4月1日起，对增值税税率16%调整为13%、10%调整为9%；同时对出口货物劳务及跨境应税服务的退税率进行调整，即原16%的退税率调整为13%，原税率为10%且退税率为10%的退税率调整为9%

1）CRT，crystal ray tube，阴极射线管

第三节　区域经济一体化与商品课税的国际协调

一、区域经济一体化

区域经济一体化是第二次世界大战后国际经济发展的主要趋势。区域经济一体化组织对内取消成员国之间的贸易关税，在成员国之间开展自由贸易，但是对外继续对非成员国课征关税，没有将自由贸易体制扩大到全球范围。经济一体化之所以只能限于区域内而不是全球范围，是因为在世界范围内开展自由贸易，并不一定会给各国带来均等的利益，还需要考虑贸易利益的国际分配问题。现代国际贸易理论研究表明，在自由贸易体制中，一国能够从国际贸易中取得的利益取决于该国的工业化水平。工业化水平高的国家，往往会获得更多的利益，工业化水平较低的国家会处于不利的贸易地位。因此，在经济发展水平和工业发展水平相当的国家之间，自由贸易的发展和利益的分配通常是公平的。在地理上邻近的国家，通常其经济、工业化程度的发展差异不大，更容易开展地区自由贸易，更容易结合成一个较大的经济体。

由上述分析可以看出，经济一体化是兼顾自由贸易利益与国家利益的产物，是解决自由贸易中贸易利益分配不公问题的有效途径，所以在世界范围内广泛发展。当前，超过2/3的国家和地区都加入了经济一体化组织。经济一体化大致会经历四个阶段，分别是：①自由贸易区：成员国之间对内取消征收关税，对区域外国家各自独立征收关税；②关税同盟：相较于自由贸易区，各成员国对同盟外国家征收共同的关税；③共同市场：实现商品、资本、劳动力在成员国之间自由流动，对各成员国协调所得税制度和商品课税制度，以实现商品和生产要素市场的一体化，消除非成员国的非关税壁垒；④经济和货币联盟：在共同市场的基础上还进行政策的整合，对各成员国之间的经济政策、财政政策、货币政策等加以协调。

由于各成员国在经济一体化以前经济制度和政治政策不可能完全相同，在结合过程中必然要进行一定的经济协调。从经济一体化的发展阶段来看，商品市场的一体化是经济一体化的起点和基本内容，从关税协调开始，前三个阶段都与商品课税有关，由此可见，商品课税的国际协调在经济一体化中也占据着重要的地位。

二、区域经济一体化中的关税协调

区域经济一体化中的关税协调主要有两种：第一类是，对成员国之间的关税进行协调，对成员国以外国家的关税不进行协调，即允许成员国实施各自的对外关税政策，通常实施这种关税协调的经济一体化组织被称为自由贸易区；第二类是，成员国协调其内部和外部关税，在成员国国内取消关税，并对外制定共同的关税政策。通常，实施这种关税协调的经济一体化组织称为关税同盟。北美自由贸易区、中国-东盟自由贸易区和欧洲共同体在建立过程中都进行了关税协调。

北美自由贸易区于1994年成立，由两个发达国家美国和加拿大，一个发展中国家墨西哥组成，在签订的《北美自由贸易协定》中针对关税做了以下协调：在纺织品方面，美国和墨西哥将进口关税水平从45%降至20%，并取消配额限制。在出口汽车方面，墨西哥和美国，加拿大双方在5年内取消对轻型卡车的关税，在10年内取消对重型卡车、公共汽车等的关税。美国、加拿大分别取消其对墨西哥农产品征收的61%和85%的关税；墨西哥则取消对美国、加拿大农产品征收的36%和4%的关税。

2002年，中国与东盟10个国家签署了《中国-东盟全面经济合作框架协议》，从2005年开始全面减税，2010年中国对东盟93%的产品实现了零关税，中国-东盟自由贸易区正式形成。在2011~2015年，中国对东盟的平均关税从9.8%降到0.1%，东盟6个老成员国对中国的关税也从12.8%降到了0.6%，后来的4个新成员国对制成品的分类更精细，但也在2015年实现了对中国90%的产品零关税，至此，中国-东盟自由贸易区中零关税已经覆盖了双方90%~95%的产品。

欧盟的前身欧共体自1958年1月1日开始，依照《罗马条约》的规定，各成员国花12年，分三阶段逐步取消对内关税，实际上，欧共体的早期6个成员国只花了10年半就取消了对内关税，三阶段的累计削减关税分别为：40%，80%，100%，于1968年7月1日完成，同年取消了工业品的对内关税，之后一年取消了农产品的对内关税，之后新加入的成员国也依据协议协调关税。成员国之间的关税协调能使各成员国自由进入其他成员国的市场，对各成员国都有利，但比起对内协调关税，对外协调关税由于成员国的经济发展水平、对外部的贸易依赖程度、工业品的竞争优势各不相同，相关协调工作颇有难度。如何在兼顾有关国家的利益的基础上进行对外关税协调是一个难题，而欧共体在这方面提供了较好的处理经验。1968年7月1日，欧共体又开始对成员国以外的国家实施共同关税税率征税，当时联邦德国的经济实力和产品竞争力较高，采取的是低关税政策；法国和意大利的经济实力比德国差，产品竞争力较差，为保护本国产业所以采用了高关税政策；荷兰、比利时、卢森堡对国外市场依赖度较大，所以一直实行低关税政策。欧共体为应对这种情况，以1957年1月1日使用的税率为基础，将欧共体划分为四大税区（荷兰，比利时，卢森堡和联邦德国关税同盟），共同对外关税税率按算术平均法计算确定。2011年，世界贸易组织秘书处针对欧盟委员会2011年提供的2010年的相关贸易资料，排除贸易量为0或极低的税目，按世界贸易组织定义给出了欧盟主要贸易产品以算术平均法确定的进口关税税率，如表9-4所示。

表9-4 欧盟2011年分类实施进口税率情况表

分类	税目	算术平均数	税率范围
总	9 294	6.4%	0~200.6%
HS 01-24	2 251	15%	0~200.6%
HS 25-97	7 043	3.7%	0~85.7%
按WTO定义			
农产品（不包括水产品）	1 998	15.2%	0~200.6%
非农产品（不包括石油）	7 225	4.1%	0~26%
鱼及鱼制品	375	11.1%	0~26%
原油、成品油			
木材、纸浆、纸和家具	446	1.2%	0~10%
纺织品和服装	1 207	8%	0~12%
皮革、橡胶、鞋制品和旅行用品	275	4.9%	0~22%
金属	1 002	1.7%	0~10%
化学品	1 247	4.4%	0~17.3%
交通工具	257	5%	0~22%
非电子机械	885	1.7%	0~9.7%
电子产品	451	2.8%	0~14%
矿产品、宝石及贵金属	477	2.5%	0~12%
其他制成品/非农制品	633	2.5%	0~13.9%

三、区域经济一体化中的国内商品税协调

在区域经济一体化中，除了关税会阻碍成员国之间的商品自由流通，国内商品课税也会对一国的出口贸易产生影响，其主要协调内容有两方面。

（一）国内商品税课征形式的协调

因为国内商品税依据的是消费地原则，出口的商品应由进口国征税，所以出口商品在国内流转环节所征收的商品税应予以退税，如果以商品的全部流转额为对象进行课征，流转的环节越多，税负越重，而且无法知道在出口前不同产品经历了哪些环节，无法准确实施出口退税政策，所以需要以另一种课征形式来取代这种多阶段多环节的流转税。只对流转额中的增值额征税的增值税就成为一种较好的选择，只要明确最终销售价格和税率，不管其经历了几个流转环节，其最终承担的税负也是确定的。1954年，法国首先建立增值税制度，目前世界上已经有100多个国家实行了增值税，欧共体于1967年4

月颁布协调销售税课征形式的第一号令,要求成员国将销售税由周转税型转为增值税型,到1973年欧共体的6个创始国转换完成,除了欧共体以外,其余国家为加强与其他国家的公平竞争和自由贸易,纷纷实行增值税制度,1977年5月欧共体还提出了统一增值税计税依据和扣除方法的意见。

(二)国内商品课税税率的协调

目前,从世界范围的国际经济一体化发展进程来看,只有欧盟已经从事国内商品税税率的协调工作。早在1957年欧共体成立之初就提出在15年内建立共同市场,但是因为各成员国之间的非关税壁垒难以削弱而没有取得实质性进展。1986年欧共体共同签署了《统一欧洲法案》,并于1987年8月提出对成员国增值税税率和消费税税率进行协调的具体方案,方案主要内容有:①增值税取消高税率档,统一只设立低税率(4%~9%)和标准税率(14%~20%)两档,各成员国从低税率和标准税率两档中各选择一个税率作为本国税率;②各国增值税取消零税率;③统一消费税课征范围,仅对烈酒、葡萄酒、啤酒等酒类、烟草产品及矿物油产品征收消费税;④酒类、烟类、汽油类的消费税依据实行的税率按算术平均法计算,柴油、重油等按各国消费量为权数用加权平均法计算。但由于当时各国所依赖的税收来源各不相同,方案与原来的社会经济政策相悖,许多国家持反对意见。

1989年6月欧盟又对《统一欧洲法案》提出了修改意见,提出要采用更灵活的协调方案,主要修改的内容有:①各国对香水、汽车、家用取消课征高档税率,规定标准税率最低为15%,低档税率在5%左右;②在1996年底前,可保留以前实行的零税率和超低税率(1%~4%);③1993年1月1日起,香烟的消费税至少达到零售价的57%,对汽油和含酒精饮料课征的消费税税率不低于最低税率,对葡萄酒、取暖油等免征消费税。1999年,欧盟规定了增值税税率的下限为15%,上限为25%,成员国在欧盟的批准下可以实行低税率。目前,在标准税率中,丹麦和瑞典的标准税率最高(5%),卢森堡的标准税率最低(17%);在低税率中,适用一档税率的有丹麦、德国、荷兰、保加利亚、爱沙尼亚、斯洛伐克、斯洛文尼亚;适用二档税率的有希腊、葡萄牙、西班牙、英国、奥地利、立陶宛、塞浦路斯、捷克、匈牙利、拉脱维亚、波兰、罗马尼亚、克罗地亚;适用三档税率的有比利时、法国、卢森堡、芬兰、瑞典、马耳他;适用四档税率的有爱尔兰和意大利。部分欧盟成员国增值税税率协调情况如表9-5所示。

表9-5 部分欧盟成员国增值税税率协调情况表

国家	1993年5月1日			2013年7月1日		2018年6月1日	
	低税率	标准税率	高税率	低税率	标准税率	低税率	标准税率
比利时	1%、6%、12%	19.5%		0、6%、12%	21%	0、6%、12%	21%
丹麦		25%		0	25%	0	25%
法国	2.1%、5.5%	18.6%		2.1%、5.5%、7%	19.6%	2.1%、5.5%、10%	20%
德国	7%	15%		7%	19%	7%	19%
希腊	4%、8%	18%		6.5%、13%	23%	6%、13%	24%

续表

国家	1993年5月1日 低税率	1993年5月1日 标准税率	1993年5月1日 高税率	2013年7月1日 低税率	2013年7月1日 标准税率	2018年6月1日 低税率	2018年6月1日 标准税率
爱尔兰	2.55%, 12.55%	21%		0, 4.8%, 9%, 13.5%	23%	0, 4.8%, 9%, 13.5%	23%
意大利	4%, 9%, 12%	19%		0, 4%, 10%	21%	0, 4%, 5%, 10%	22%
卢森堡	3%, 6%, 12%	15%		3%, 6%, 12%	15%	3%, 8%, 14%	17%
荷兰	6%	17.5%		6%	21%	6%	21%
葡萄牙	5%	16%	30%	6%, 13%	23%	6%, 13%	23%
西班牙	3%~6%	15%		4%, 10%	21%	4%, 10%	21%
英国		17.5%		0, 5%	20%	0, 5%	20%
奥地利				10%	20%	10%, 13%	20%
芬兰				0, 10%, 14%	24%	0, 10%, 14%	24%
瑞典				0, 6%, 12%	25%	0, 6%, 12%	25%
立陶宛				5%, 9%	21%	5%, 9%	21%
保加利亚				9%	20%	9%	20%
塞浦路斯				5%, 8%	18%	5%, 9%	19%
捷克				15%	21%	10%, 15%	21%
爱沙尼亚				9%	20%	9%	20%
匈牙利				5%, 18%	27%	5%, 18%	27%
拉脱维亚				12%	21%	5%, 12%	21%
马耳他				0, 5%, 7%	18%	0, 5%, 7%	18%
波兰				5%, 8%	23%	5%, 8%	23%%
罗马尼亚				5%, 9%	24%	5%, 9%	19%
斯洛伐克				10%	20%	10%	20%
斯洛文尼亚				9.5%	22%	9.5%	22%
克罗地亚				5%, 10%	25%	5%, 13%	25%

注：欧盟原有15个成员国，2004年塞浦路斯、捷克、爱沙尼亚、匈牙利、拉脱维亚、立陶宛、马耳他、波兰、斯洛伐克、斯洛文尼亚等10个国家加入，2007年保加利亚、罗纳尼亚加入欧盟，2013年克罗地亚加入，表中0指零税率，不包括对出口商品实行的零税率

> 复习思考题

1. 国内商品课税实行什么原则？理由是什么？
2. 关贸总协定中，关税减让的主要方法有哪些？
3. 普惠制是怎样产生的？
4. 简述欧共体（欧盟）关税协调情况。

参 考 文 献

董再平，王红晓. 2018. 国际税收（第二版）. 大连：东北财经大学出版社.
范信葵. 2014. 国际税收. 北京：清华大学出版社.
葛惟熹. 2007. 国际税收学（第四版）. 北京：中国财政经济出版社.
经济合作与发展组织. 2015. 跨国企业与税务机关转让定价指南（2010）. 国家税务总局国际税务司译. 北京：中国税务出版社.
杨志清. 2017. 国际税收（第二版）. 北京：北京大学出版社.
朱青. 2018. 国际税收学（第九版）. 北京：中国人民大学出版社.
朱青，汤坚，宋兴义. 2003. 企业转让定价税务管理操作实务. 北京：中国税务出版社.
OECD. 2015. G20税基侵蚀和利润转移（BEPS）项目2014年成果. 北京：中国税务出版社.